U0165543

哈特與《法律的概念》
理解法律的性質

馬修・克萊默（Matthew Kramer） 著

楊建 譯

五南圖書出版公司 印行

繁體中文版作者序

我非常高興我 2018 年的著作《哈特與《法律的概念》：理解法律的性質》現在有了面向台灣讀者的繁體中文版。我非常感激楊建教授的出色工作，使這本書得以用中文的形式呈現給諸位。

撇開我的故鄉美國另說，台灣和以色列是我在世界上最為敬重的兩個國族。儘管他們每一天都面臨著來自敵對強權的極大壓力，這兩個地方都發展出並維繫著繁榮的自由民主治理體系。[1] 他們在很多社會問題上都保持著開明的態度，儘管他們身處在世界上這些態度普遍稀缺的地域。如今的世界，是一個國際性組織如聯合國或國際奧林匹克委員會紛紛迎合獨裁者的世界，但台灣和以色列都在此中表現出了偉大的韌性和勇氣。

日復一日面對著西北方向某個極為龐大的極權主義政權的好戰姿態，台灣人回之以對諸多政治道德理想更為濃烈的熱愛，正是對這些政治理念的恪守，使得台灣與極權治理體系有了雲泥之別。一個很好區分自由民主的台灣與威權專斷的中國大陸的標誌

---

[1] 我必須要指出，以色列目前的政府，由班傑明·納坦雅胡在 2023 年初的一次大選後組建，包括了一些持有極具排斥性觀點和目標的內閣成員。以色列的正直人士已經以前所未有的大規模示威，來強烈抗議納坦雅胡的新政府。2023 年 10 月，哈瑪斯對加沙附近社區的以色列平民實施了大規模的恐怖襲擊，目前的以色列政府對此的反應很顯然既無能又卑劣。我相信，在加沙即將爆發的戰爭結束後，目前的以色列政府將迅速下台。以色列繁榮的自由民主治理體系不僅一定會承受住外部恐怖分子和其他反猶太主義勢力的攻擊，也一定可以抵制住內部的部分政客團伙對自由民主的危害。

便在於，這本繁體中文版才是我 2018 年著作的完整翻譯。相比之下，簡體中文版刪去了一些令中國獨裁審查官不滿的段落，他們擔憂這些段落可能會鼓勵中國讀者獨立思考，進而突破強加於他們之上的意識形態枷鎖的束縛，僅僅是這種可能性就會讓這些審查官們震驚恐懼不已。我非常高興台灣人有充分的自由來作獨立的思考，他們沒有被他們的政府視爲必須在一套無所不包的監控系統下持續接受保護的嬰兒或笨蛋。

　　H.L.A. 哈特以法哲學歷史進程中開天闢地的巨人宗師著稱，我在這本書中所力求呈現的，便是他的法理論的構成。不僅如此，哈特還爲政治哲學做出了非常重要的貢獻，並且他堅定地捍衛了寬容、開放、個人自由等自由民主的理念。我不知道哈特是否曾到訪過台灣（我自己在 2012 年去過一次，參加中研院的一個學術會議），但我完全相信，他會與我一起爲台灣人和台灣的學者們對自由民主價值理想的堅守而鼓掌。職是之故，能夠在台灣出版繁體中文版的《哈特與《法律的概念》：理解法律的性質》一書，既是對哈特哲學才能的致敬，也是對台灣美德的一次致敬。

馬修・克萊默

英國劍橋大學

2023 年 10 月

推薦序
「法律的素顏」

　　哈特（H. L. A. Hart）是二十世紀英語世界最重要的法哲學家之一，他在法政哲學的許多領域，諸如法律中的因果關係、責任與懲罰、權利的性質及自由主義政治哲學與公民自由權等，皆曾著書立說。然而，在哈特的學術成就中影響最深遠的，仍屬其對法律制度之獨特結構與運作的描繪，以及隨之而來的關於法律之一般性質的闡述。面對現代社會中涉及法律的複雜現象，哈特拒絕以提出充分必要條件的方式來定義何為法律，也抵抗了對簡單而一致之理論模型的渴望。他反對簡潔的命令論式法律觀，認為這種理論模型錯誤地簡化了法體系內的規範類型，也模糊了法律實踐的規範性格。正如哈特在《法律的概念》一書開篇提及三個關於法律之一般屬性的問題（法律與以強制力為後盾的命令、法律與道德以及法律與規則之間的關係）時所試圖表達的：法律活動的諸種面向是如此的基礎而又不同，使得我們無法不帶任何扭曲地將其化約至某個對法律作出全面說明的定義性特徵。因此，哈特將法理論的重心從探索「法律」一詞的意義轉移到「現代社會中法體系的運作結構」，並以規則的實踐作為分析的起點，他使用了多組概念對照（如規律／規則、實效／效力、服從／接受、外在觀點／內在觀點、公民／法律官員、初級規則／次級規則等）來促進我們對複雜法律實踐的理解，與此同時，也對法實證主義的理論傳統進行了徹底改造。

　　《法律的概念》一書最重要的成就不在於提供了一個無懈可擊的宏大法律藍圖，而在於它揭露了許多饒富趣味的理論問題，

進而開啓了理論家們對法律現象的新視野與新思路。自 1961 年出版以來，英語世界中大多數的自然法學說與法實證主義理論，無不涉及對這本重要著作進行理論上的批判、深化或擴充，即使是晚近法哲學家們對於一般法哲學研究的後設思考，也不可能繞過哈特在《法律的概念》中所樹立的理論典範。

　　《哈特與《法律的概念》：理解法律的性質》一書作者馬修・克萊默（Matthew H. Kramer）1959 年生於美國麻州，現任英國劍橋大學法律與政治哲學教授，英國國家學術院院士（Fellow of British Academy）。如同哈特一樣，克萊默在法律哲學、政治哲學與倫理學領域著作等身，並在國際學界引發廣泛討論。克萊默是當代捍衛哈特式法實證主義思想的頂尖學者，也是在後哈特時代英美法哲學論辯的代表性參與者，在本書中，克萊默梳理了哈特在《法律的概念》及相關論文中的理論精華，以清晰的分析架構提綱挈領地呈現哈特法理論的核心觀點：法理論作為一種描述——說明式的哲學理論、對命令論式法律模型的深刻批判、法律是涉及規範運作與治理的人類活動、從事規範遵循活動所特有的行動者內在觀點、法體系中不同種類以及不同層次的規範、作為法律體系效力基礎的承認規則及其實踐、法律語言的模糊與歧義以及法律推理與解釋的不確定性、法律與道德的可分離性等等。

　　作為哈特的追隨者，克萊默對於其理論有深入肌理的掌握，在哈特理論的模糊之處，克萊默以其一貫的謹慎穿梭於文本之間，澄清哈特的觀點並提出補充，其中包含許多重要的理論開展，譬如本書第三章關於承認規則的細膩剖析，克萊默極具說服力地反駁了當代法哲學家認為承認規則僅僅課予義務的流行觀點，論證承認規則是既施加法律義務、又授予法律權力的一組涉

及法律確認與鑑別的規範，並在此基礎上對哈特式次級規則的相互依賴關係提出了更深刻的描繪。又如本書第五章闡明法實證主義所堅持的「可分離命題」實際上涉及了法律與道德之間各種關係的可分離性，並以「道德與不道德」、「道德與審慎」、「道德與經驗」幾組對比呈現道德的不同面向，運用這些道德的不同面向來分析法實證主義者與自然法論者之間對於可分離命題的爭論。在克萊默重構哈特理論的許多段落中，他也一絲不苟地回應當代其他法哲學家的不同意見，在這個意義上，本書已經不僅僅是哈特理論的引介，而更進一步呈現了英美法哲學在當代的理論開展與論辯。

　　此外，克萊默也對哈特的理論提出重要的批評，其中包含了：哈特對授予權力（及豁免）法律的忽視以及缺乏對這類法律之內在觀點的說明、哈特式的法實證主義需要對法律推理及解釋提出更細緻的理論說明、哈特過分專注於司法活動的分析而忽略了行政部門的法律實踐、哈特應該擴充對法律語句的語用分析以及對內在法律陳述的語意闡釋等等。這些對於哈特理論的反省，不僅哈特理論的捍衛者必須嚴肅對待與回應，也是任何一般法理學研究者值得持續思索的課題。

　　本書是研究哈特法哲學思想的一本可靠入門讀物，克萊默對哈特理論的精準理解與重構，呈現在全書條理分明的章節編排之中，讀者能夠迅速地掌握哈特的理論核心與思路，以及可能面臨的挑戰。另一方面，本書也完全適合專業法哲學研究者作為研究相關議題的參考，作者不僅對於所有的理論主張都提供了充分的論證，也在適當之處為讀者指明了值得進一步參考的相關文獻。本書譯者楊建教授的譯筆準確流暢，讓中文世界的讀者得以一窺克萊默筆下哈特法理論的堂奧，在學術傳遞的工作上居功厥偉。

　　克萊默教授曾於 2012 年受中央研究院法律學研究所之邀訪台演講，爲了本書在台灣出版，克萊默教授特地寫了一篇繁體中文版序言，從這篇序言可以看出他對台灣的友善關懷與支持。克萊默文如其人，他對理論細節的近乎苛求，呼應了自己高度節制的生活作息。正如他在一篇訪談中所透露的：自己的生活方式與治學態度皆受到自身對斯多葛主義之興趣的深刻影響，而這也成就了他的學術作品中始終清晰而精確的品質，讀者或許未必同意他的所有看法，但必然爲他嚴謹而仔細的態度所折服。藉由克萊默在本書中的努力，讀者將更能夠體會《法律的概念》這部經典作品所欲達成的理論目標：透過深入的思辨，法理論所欲說明與澄清的，是法律未施脂粉的眞實面貌：Law without Trimmings！

王鵬翔　中央研究院法律學研究所研究員

林執中　中央研究院博士後研究學者

目錄

前　言

　　我想先強調一下本書對幾個術語的用法。首先，與哈特（H.L.A. Hart）在他的著作中執著地使用「規則」（rule and rules）一詞相反，我更多時候用「規範」（norm and norms）一詞進行替代。這樣處理的理由是，哈特對規則一詞的運用，導致德沃金（Ronald Dworkin）（在他早期對法實證主義的批判中）錯誤地推導出哈特是在區分規則與原則的結論。德沃金進而認為，《法律的概念》（*The Concept of Law*）中闡明的法律模型不會包含原則。為了避免德沃金在這一點引致的混淆，通常我將使用「規範」一詞來指稱不同程度上抽象或具體、含糊或精確的所有準則。我偶爾仍會以「規範」同義詞的方式使用「規則」一詞。

　　第二，但凡在討論哈特的「承認規則」時，我都使用「規則」一詞。因為「承認規則」是一個如此專有而著名的哈特用語，任何用「規範」代替「規則」改寫他的措詞的方式都是無益的。不過，與他的寫法不同，為了點出哈特這一專有術語的獨特品質，我在本書以及我的其他一些著作中採取了大寫的方式，以大寫的「承認規則」（Rule of Recognition）（而不是「rule of recognition」）指稱司法審判中那些用以鑑別法律規範的根本標準。

　　第三，在本書倒數第二章我也用大寫來區分大寫的法治與小寫的法治。[1]大寫的法治是一個道德理想，這個道德理想由自由一

---

[1]　很顯然，「法治」（the rule of law）這個片語中的「規則」（rule）一詞就不是以「規範」（norm）的同義詞的方式被使用的。

民主之治理體系中的形式性與程序性面向所構成；而小寫的法治存在於任何使用法律體系進行治理的地方（無論它的體系是自由一民主的還是威權的）。不同於大寫的法治，小寫的法治就其根源來說並不是什麼道德理想。

第四，在全書中我交替地使用「正當地」（legitimate）和「被允許地」（permissible），以及「正當性」（legitimacy）和「容許性」（permissibility）。因此，當且僅當一個行為（a course of conduct, CC）沒有違反任何道德義務的時候，它是道德正當的。對一個行為道德正當的歸屬（ascription）本身並不能表明這個行為是道德上義務性的（obligatory），也不能表明採納這個行為會對任何人施加某些道德義務。唯一能從這個歸屬中推知的僅僅是，這個行為在道德上不是錯的。

第五，我在本書中使用的「公民」（citizens）一詞，指涉的是私主體（也包括不履行公職時的官員）。這個詞不限定於某一法域之下歸屬於某個國家的正式成員（full members），它也包括了不是正式成員的居民。這個詞的運用，對比的不是正式成員與居民，而是作為私主體的公民與公職人員。

第六，我不加區分地使用以下的術語和詞彙：「view-point」、「point of view」、「perspective」、「standpoint」、「vantage point」。

第七，我主要以兩個方式使用「有效的」（valid）（或者「有效性」或者「有效地」）一詞。當我討論司法審判中作為規範的法律之有效性時，我跟隨的是哈特的用法，指這些規範是從屬於法律治理體系中的一組法律。當我討論一個論證或推論的有效性時，我是在日常邏輯的意義上使用這一詞彙。也就是說，當且僅當一個論證不是所有前提為真但結論為假的時候，這個論證

才是有效的。

　　任何只包含了頁碼的引證，引用的都是《法律的概念》第二版（1994 年）。每一個對其他著述的引用——無論這些著述是哈特的還是其他學者的——都包括了出版年分。每一個僅靠作者名字不足以清晰標識的引用，都加上了作者的姓氏。

　　感謝 Polity 出版社的喬治・奧厄斯（George Owers）2016年委任我寫作本書，同樣要謝謝出版社的朱莉亞・大衛斯（Julia Davies）、蕾切爾・摩爾（Rachel Moore）和莎拉・丹西（Sarah Dancy）協助我全程推進本書的出版。我也要感謝對我就出版社的寫作邀請所寫的選題說明進行審讀的兩位匿名評審，他們的評議頗有助益。本書倒數第三版的一份匿名評閱對我更是有極大的幫助。具有同等價值的是我與我的博士研究生林執中先生大量的相關討論。我對授權規範的重要性以及哈特對此間歇性忽視的反思完全是被我與執中的討論所塑造的，他對這些問題的處理以一個有趣的方式有別於我。

劍橋，英國
2017 年 11 月

第一章
方法的澄清

對哈特理論的完整闡述將包括五大部分：(1) 法實證主義與法律的一般性質；(2) 法律中的因果關係；(3) 責任與懲罰；(4) 權利的性質；以及 (5) 自由主義政治哲學與公民自由權。對於以上每個部分的議題，哈特的著述仍將持續影響未來許多世代的哲學討論。不過，毫無疑問，哈特最大也最重要的成就是在第一部分。在所有人類均失去對法哲學的興趣之前，《法律的概念》都將是必讀之書——無論是英文原版還是無數種翻譯版本，它在這一領域最重要的經典著作中，公允地占據了一席之地。鑑於「當代思想大家系列叢書」對每本書篇幅的限制，我對哈特理論的闡述必然要求我在他畢生之作中進行選擇，當然哪一本書是合適的選擇也是顯而易見的。儘管我的這本著作還是會涉及上文提及的哈特在某些相關議題上的論述，全書將主要集中在《法律的概念》，以及他同樣是討論法律體系之根基的那幾篇最重要的論文上。

本書主要目標是詳細闡述哈特的論證並評估其哲學上的優缺點。只有在有助於呈現哈特推理思路的主旨或品質的情況下，本書才會涉及相關的思想史問題。這種嚴格的哲學取向，與他在寫作《法律的概念》時設定的目標也是相吻合的。正如哈特在他的經典文本的開篇（第 vii 頁）就交代的，他致力於為法哲學而非思想史做出貢獻。

　　在檢視他的哲學思考之前，我們還是應該先來回顧一下他的一生。[1]赫伯特・賴尼爾・阿道弗斯・哈特（Herbert Lionel Adolphus Hart）1907 年出生在英國約克郡（Yorkshire）的一個猶太人家庭，他在牛津大學新學院接受本科教育，1929 年獲得人文文學學位（綜合了古典語言學、古代歷史學與哲學）。在完成本科學業之後，他接受私教學習法律，並最終成為一名英國法律職業中的出庭律師。1930 年代在倫敦執業了幾年之後，哈特於二戰期間加入英國軍情五處工作。戰爭結束之後，他回到牛津大學新學院任哲學研究員，1952 年當選為牛津大學法理學講席教授，同時獲任大學學院研究員。他以其學術工作和對學生的訓練，使得牛津一舉成為世界級卓越的法理學研究中心。1968 年任期屆滿，哈特從法理學教授的席位上退出，幾年之後成為牛津布雷齊諾斯學院院長。作為一名勤奮的學者，在他學術生涯的最後幾年，哈特將他大部分精力投入在對傑瑞米・邊沁（Jeremy Bentham）著作的編輯與注釋之中。哈特於 1992 年去世，享年 85 歲。包括約瑟夫・拉茲（Joseph Raz）、約翰・菲尼斯（John Finnis）、尼爾・麥可柯克（Neil MacCormick）、赫爾伯特・莫里斯（Herbert Morris）以及威爾弗雷德・沃爾魯喬（Wilfrid Waluchow）在內，他的許多學生都躋身為下個世代最為卓越的法哲學家。

---

[1]　想看出色的哈特傳記可參閱 Lacey, Nicola. 2004. *A Life of H.L.A. Hart: The Nightmare and the Noble Dream*. Oxford: Oxford University Press. 想了解哈特個人的一些溫馨往事可參閱 Waluchow, W.J. 2011. "H.L.A. Hart: Supervisor, Mentor, Friend, Inspiration." *Problema: Anuario de Filosofiay Teoria del Derecho* 5: 3-10.

一、問題的提出

　　《法律的概念》第一章討論的是方法論問題。在這一章中，哈特提出了他將要處理的問題，以及他為了解答這些問題所採取的一般進路。他整體上的關切是要去描述法律或法律體系的一般屬性。不過，他沒有將這一關切直接處理成那個單一的問題──即「法律是什麼」的問題，而是區分出三個主要的研究路徑，以期匯總能夠找到該整體追問的答案。

　　首先，哈特提議找出法律體系中的命令與搶匪發布的命令之間的異同。在多大程度上，法律體系的運行類似於發布以強力為後盾的命令？換句話說，在何種程度上可以說，無論哪個社會，它的多種多樣的法律關係均類似於一系列嚴格的強制性關係？哈特主要在書的前半部分處理這個問題，雖然該書的後半部也自然而然地或隱或顯依賴於他對這個問題的回應。

　　其次，哈特試圖明確說明法律要求與道德要求之間的區別以及親和性。法律與道德共用了一套核心概念，無論是法律體系之中還是在道德領域，我們都要與諸如義務、權利、自由、權力、豁免等概念打交道。法律規範與道德規範也都是權威性的標準，人們行為的規範性意涵能夠根據它們得到判定。那麼，法律義務是道德義務的一部分嗎？總是存在遵守法律要求的道德義務嗎？哈特主要在《法律的概念》第八和第九章（以及同時期的一些論文中）處理這些與「法律與道德之間的關係」相關的問題，不過事實上，在其他每一個章節中哈特都有觸及這些議題。

　　第三，哈特努力解釋規範是什麼，為此他仔細思考了在何種程度上法律體系是以一套規範體系的方式進行運作的。當我們追

問規範是什麼的時候，我們是在討論任一規範的出現所導致的差異性。經由規範的指引所發生的規律性行為與沒有類似可指向規範指引的規律性行為之間有什麼區別？執行某個（些）事先制定的規範的司法或行政決定，與未像前者那樣執行事先制定之規範的司法或行政決定之間的區別是什麼？在一個法律體系內部，法官與行政官員的決定在多大程度上使得規定了確定性的矯治結果的法律運作起來？以及，在多大程度上這些決定透過自由裁量的選擇，擴張或修改了這些既存的法律？哈特在《法律的概念》的前幾章和關鍵的第七章著手處理了這些問題。鑑於他對法律體系即是由規範所組成之體系的命題的捍衛，以及該命題在使他的理論與他偉大的法實證主義前輩傑瑞米·邊沁（Jeremy Bentham）和約翰·奧斯丁（John Austin）的理論相區分之努力中的核心地位，他的法理學規劃能否成功，很大程度上取決於他對這些問題的回答的充分性。

二、致力於闡明的概念

前述三條線的追問匯總在一起能夠釐清法律體系的基本屬性。透過設置並探尋這些追問，哈特致力於闡明法律的普遍概念。不過，這樣描述他的理論規劃容易遭致一種誤解。正如他很快強調地那樣，他致力於去做的並不是某種編撰詞典的工作，亦即並非闡述「法律」或「法律體系」一詞被應用的充分與必要條件。相反，哈特反覆指出，他認為這種下定義的努力是徒勞的和誤導性的。因此，儘管概念總是對應與概念相聯的一般術語，哈特所致力的法律概念之闡釋，關乎的並非是法律一詞的語言用法

問題。不如這樣說，這是一種理解或領會某些現象的方法，是對形塑了日常言談與看法的法律（或法律體系）的理解。

　　哈特在《法律的概念》的前幾頁概述了他對法律體系的理解，只是該概述通常被忽視或遺忘了。在導論的開篇，他認為「大多數受過良好教育的人」或「任何受過良好教育的人」，對法律體系的結構有著一般的認知，對該法律體系中的各類、各例法律有著一般的熟識（第 2-3 頁）。這種認知與熟識成長於一個具有有效運轉的治理體系的社會之中，是其中任何受過良好教育之公民的常識的有機組成部分。哈特的哲學反思所致力闡明的，正是這種常識性的理解。

　　當哈特強調他致力的是對日常理解的法律 —— 法律的概念 —— 的闡述時，意思是說，他努力透過詳細說明日常理解的預設與衍生來澄清和完善法律的概念。換句話說，他力圖澄清日常的理解將什麼當作理所當然的，以及從中能推論出什麼。透過他對法律性質的闡述，哈特一方面自然是期望闡明這種無論在哪裡運行，都會深刻影響當地人們生活的重要制度，同時他也期望能夠讓他的讀者們更理解他們自己。經由對運行中的法律體系獲得一個更為精確的理解，哈特的讀者們也能對他們自己的觀點及其預設，獲致一個更為精確的理解。

　　所以說，哈特經典著作的書名既揭示了他研究的出發點，也揭示了該研究的終點。哈特的法理學反思從勾畫一個簡單的對法律的理解開始，該理解幾乎可適用於所有日常的目的，他接著充分利用對該理解之基礎與推論的詳細闡述，將這個初步的理解發展成一套縝密的哲學理論。哈特從一個相對表層的法律概念出發，最後獲致了一個非常深化的法律概念。

　　這裡需要注意的是，法律制度的日常理解是《法律的概念》的理論起點，這一點對該書的理論化工作之可理解性來說，是必不可少的。爲了發展他對法律的哲學闡述，哈特訴諸了一些觀念，哈特自始自終依賴於他的讀者們對這些觀念的熟識度。倘若他和他的讀者們不曾擁有這些對法律的前理論式的理解，他便不可能獲致一個精緻的理論化理解，這是因爲，從前理論向理論化的過渡需要前者提供基礎材料。無論哲學理論還是任何其他理論都不可能是無源之水，如果某個理論要爲其結論提供任何依據，要爲獲致這個結論提供支撐材料的話，某些命題就必須被處理爲給定的。《法律的概念》中最重要的給定，就是哈特在書的開篇所附加給大多數受過良好教育之公民的常識性認知。

三、核心事例的方法

　　在構設出他要處理的問題，詳細闡述對法律體系的初步理解之後——該初步理解構成了他法理論的起點，哈特仔細考慮了可以回答這些問題的方法，並以此結束了《法律的概念》的第一章。正如已經指出的那樣，他堅決拒絕任何想爲「法律」或「法律體系」下一個語詞定義的念頭。用他的話說：「很顯然，當我們回想『法律是什麼』這個反覆出現的問題其背後三個主要子問題的性質時，我們會發現，沒有哪一個問題是簡單到提供一個定義便可用作滿意的答案的。」（第 16 頁）。相信下定義的進路能闡明「法律」或「法律體系」一詞的適用性所需之單個必要條件與共同充分條件，哈特認爲，任何此類進路都將是徒勞的、異常僵硬的。這種進路會迫使他直接解決某些問題——某些涉及

法律體系的邊緣或者邊界的問題，而哈特希望推遲到他研究的最後再回答它們。倘若哈特一開始就以處理這些邊緣問題來建構自己理論的核心要素，那麼他就是用次要的問題主導了核心的問題（allowing the tail to wag the dog），調整他的理論框架以適應理論中的邊緣部分也就偏離了理論的核心部分。正因如此，哈特才爭辯，法律體系中的這些邊緣事例（instances）「只能是本書的一個次要的關切。因爲本書的目的並不是去提供一個法律的定義，根據這個定義設定的標準來判斷某個對該語詞的用法是否正確」。[2]

將邊緣性的法律體系貶謫到哈特研究規劃的尾端，這彰顯了居於該研究中心地位的方法。透過拒絕下定義之進路背後的主要預設——即法律的概念所含括的諸多現象因爲共享了概念的某些獨特屬性而相互關聯在該概念之下，哈特拾起了他的方法。哈特並沒有否定某些由其他概念所聚集起的現象，以上面那種下定義的方式也可以相互關聯在一起，但他堅持認爲法律的概念是不同的。他提出，當我們仔細注視可以被正確涵蓋在法律體系概念之下的多種協議或制度時，我們將找不到任何它們均共享的獨特的特徵束。[3]與其唐吉訶德式地追尋此類特徵束，哈特將他的焦點對

---

[2] Hart, H.L.A. 1994. *The Concept of Law*, 2nd edn. Oxford: Oxford University Press, p. 17. 根據這段表述以及哈特在其他段落中對定義之企圖的拒絕，讀者便會對德沃金將哈特的理論貼上「語義學」的標籤，並認爲哈特犯了「語義學之刺」的謬誤感到困惑與失望。德沃金的觀點可參見 Dworkin, Ronald. 1986. *Law's Empire*. London: Fontana Press, pp. 33-35, 45-46.

[3] 需要說明的是，我在這點上與哈特並不一致。在 Kramer, Matthew. 2007. *Objectivity and the Rule of Law*. Cambridge: Cambridge University Press, ch. 2，我力證，對富勒合法性八原則的闡述做適當地修正與擴充，能夠爲法

準了法律體系的核心或說典型事例。經由詳細說明作爲核心事例的法律所共享的核心特徵，可以實現發展出一套能夠含括所有核心事例的法理論目標，也是這種方法，進而使得哈特得以判斷，這一理論是否也能將許多法律體系的邊緣事例含括進來。

法律體系的核心或典型事例以兩個緊密關聯的方式呈現其核心性。第一，任何可被用作法律體系的核心事例，其區分都是清晰的。每一個這樣的事例都是一個範例，對於任何能輕鬆區分法律體系與非法律體系的人來說，都能毫無疑問地識別出它是法律體系。在該第一個意義上，法律體系核心事例的核心性即在於其自身直接的核心狀態。

第二，法律體系的核心或典型事例的核心性在於，任何可被歸類到法律的概念（或者法律體系的概念）涵蓋之下的邊緣事例，都是依據它們與核心或典型事例之間的關係而得到理解的。哈特注意到不同的現象之中，邊緣事例與核心事例之間可能存在很多不同類型的關係，但他認爲，對於法律的概念來說，邊緣事例與核心事例之間最重要的關係還是功能與內容上的相似度。以國際法以及小而簡易的社會之初級治理體系爲例，正是因爲它們的功能和內容與法律概念中典型國家法律體系之間的相似性，哈特認定這兩個法律體系的邊緣事例也可以含括在法律的概念之下。在哈特看來，功能與內容上的相似度是將法律概念的外延聯結在一起的紐帶，以彌補不存在任何能夠將該外延可以含括的所有對象聯結在一起的獨特特徵束的問題。[4] 正是因爲相似度是相對

治的存續確立一組單個必要條件與共同充分條件。

[4] 在哲學說法中，一個概念的外延便是該概念可以涵蓋的對象的範圍。

於核心或典型事例而言的，這些核心或典型事例因此便是該複雜統一的法律概念所依賴的中樞。

在《法律的概念》最後一章之前，哈特都聚焦在法律體系的核心事例之特徵上。在末章之前，他只是偶然觸及法律體系的邊緣事例。就像已經交代的那樣，哈特組建自己理論的主體以符合法律體系的核心事例，但並不試圖保證（或否認）它們也能契合邊緣事例。因此，當哈特描述他的理論之核心教義的時候，他對照的是作為典範的法律體系而不是所有的法律體系。在研讀哈特的文本時，牢記這一點的讀者才能在這些節骨眼上避免困惑。特別值得提醒的是，任何人在閱讀哈特該書第六章的時候都應當牢記這一點。我們在稍後還將看到，哈特在第六章清楚地闡述了「法律體系之存續所需的兩個最低限度的必要與充分條件」（第116頁）。這裡引述哈特的這句話，是相當令人困惑的，似乎是在暗示他在第一章及後面章節中明確拒絕了的下定義的進路。不過，如果我們意識到他是在為核心或典型的法律體系之存續確認必要和充分條件，而不是指向任何可被稱作法律體系的對象之存續條件，我們便可理解，引用的句子與哈特對下定義的進路之拒絕是一致的。即使哈特在該書某些部分忽略了明確交代他對核心事例方法的應用，該方法也充斥於《法律的概念》之中。

四、是一種哲學理論

儘管哈特對自己法理論組成部分的組建是為了與法律體系的核心事例相契合（雖然後來才確認這些組成部分是否也含括邊緣事例），但在另一方面，他的理論是相當廣闊的。它含括了法

律體系的所有核心事例，而不只是指向這個或那個特定法域之下的法律體系，且它確實含括了法律體系中所有可能可信地（credibly）存在的核心事例，而不只是事實上存在的那些事例。哈特的法理論是一個不僅包含了所有的現實性，也包含了所有可信的可能性的哲學理論。

透過構設一套超越特定法域的法理論，哈特探究的理論規劃明顯不同於與他理論關聯在一起的強硬對手羅納德‧德沃金的理論工作。在哈特看來，德沃金提出的是一個只立基於美國以及英國法律體系的法律模型（或者司法裁判模型）。哈特認為，無論德沃金用以解釋「盎格魯－美國」法律與裁判的理論模型品質如何，他的理論都是限定於特定法域而非超越法域的。為此，哈特援引了德沃金認為法理論應當「面向特定的法文化」的論斷（德沃金，《法律帝國》第 102 頁；哈特，《法律的概念》第 240 頁加以引用），在德沃金那裡，這樣的理論是「對特定階段歷史性發展中的實踐之詮釋」（德沃金，《法律帝國》第 102 頁）。哈特明確脫離了德沃金這種限定於特定區域的法理論進路，正如他強調的，他自己的理論工作「並不限定於特定的法律體系或者法文化」（第 239 頁）。

哈特對法律性質的闡述不僅超越了特定的司法管轄之界限，還超越了真實存在與可能存在的法律體系的界分。經由對任一核心或典型的法律體系之存續的必要與充分條件的描述，哈特發展的是一套不可能以某種方式被未來出現的某個新的法律體系典範所證偽的理論。倘若哈特的理論是正確的，即如果某個治理體系（SG）並不具備哈特所闡述的核心法律體系之存續所需要的必要條件所確定的一些特徵，那麼這個 SG 就不是一個核心的事例（儘管它有可能是一個邊緣事例）。哈特對法律的闡述不受

類似經驗性證偽的影響，這是因為該理論闡述所抓取的屬性，既是將來可能存在的核心事例的本質特徵，也是以前存續過的核心事例的本質特徵。哈特提出的是一個哲學性的理論，而非社會科學式抑或歷史性的理論。

可以肯定的是，哲學探究與社會科學探究之間的界限並不總是清晰的。正如約翰‧加德納（John Gardner）令人信服地指出的那樣，哲學家對社會系統的研究與諸如馬克斯‧韋伯（Max Weber）、艾彌爾‧涂爾幹（Emile Durkheim）等社會學家最為抽象層面的思考之間，並不存在根本的區別（《作為信仰一躍的法律》第 277-279 頁）。不過，儘管社會哲學與社會科學在邊界地帶是模糊的，整體上社會科學研究中的經驗性之普遍化與哲學反思與分析中的概念性命題之間，還是存在大量的區別。在一個高度抽象的層面上，概念性命題為經驗性調查結果的分類劃定了邊界。新的發現可能揭示出經驗性的普遍化是站不住腳的，或者過於以偏概全，因此經驗性的普遍化總是受制於經驗性的證偽或矯正；而哲學家提出的概念性命題卻不受制於經驗性的證偽或矯正──儘管它們肯定受制於哲學推理的證偽或矯正，哲學推理可以指出支撐命題的論證存在的失誤或其他可能的不足。這種對經驗性證偽的無感來自於以下事實：對某現象的哲學性說明旨在指明條件，以用作判定的基礎，判定哪些對象可作為、哪些對象不能作為該現象的事例。如果某些新的發現不符合這些闡明的條件，由這一事實本身便可得知，這些發現並沒有揭示出任何屬於討論中之現象的事例，由此並不能認為對該現象的哲學說明是站不住腳的，這些發現也沒有提供任何依據去支持主張該現象的哲學說明實為謬誤或是非常粗糙的結論（這裡需要說明的是，哲學家有時確實以透過指出和哲學理論相衝突的經驗實體或事件的方

式，成功反對了他們理論對手的哲學理論。只是，這種駁斥哲學理論的舉證想要有效，該反例只能是思想實驗式的而不是真實發生在現實世界的才行。畢竟，任何這類反駁的目的，是為了指出被審視的理論忽視或錯誤地處理了某些確切的可能性。對於該目的來說，這種可信的可能性是否已經具體化為世界中的現實，是毫不相干的問題。因此，儘管表面上看，某人援引經驗實體或事件來挑戰某一哲學理論，似乎構成了對哲學理論的經驗性反駁，事實上，如果這一反駁是成功的話，它是一種基於哲學推理的反駁）。

就像對待他的核心事例之方法一樣，研讀《法律的概念》的讀者也應當始終牢記哈特理論的哲學品性。在《法律的概念》面世最初的幾十年間，不少論者都錯誤地以為，哈特從事的是對法律體系起源的一個人類學式的研究。哈特確實經常談及從「前法律社會」到「有法律治理體系的社會」的過渡，這的確增加了對哈特法理論規劃方向的困惑。我們後面會看到，他書中的第五章對這類社會過渡的相關論述特別具有誤導性。在那裡，哈特試圖闡述他定義為「次級的」法律規範（該定義不是太有幫助）的性質與意義。就像我們將會看到的那樣，為了這個目的，哈特在不存在次級規範的社會與存在次級規範的社會之間進行了對比。他對這一對比的描述經常被誤認為是離題進行了人類學式的研究，是對發源自前法律社會的法律治理體系之進展方式提出了一種設想。倘若這種認為他的理論規劃是人類學式的批評觀點是正確的話，那麼斥責他的理論是可疑猜測的批評也會是正確的──因為哈特並沒有從事任何可以用事實支撐其前述設想的經驗性研究。事實上，《法律的概念》中對次級法律規範的討論並不是人類學或其他社會科學式的理論工作。相反，哈特這裡的論述是一種哲

學性的努力，以突顯和闡明次級法律規範的重要功能。爲此，他抽象地專注在次級規範的所有效用上，再繼而仔細考慮在沒有這些效用的情況之下，人際之間的交往將變得多麼欠缺成效。他投注在這些效用上的抽象思考，與其說是對確實存在過的社會以及可能存在的社會的描述，不如說是一種抽象的思想實驗。透過想像次級規範的缺位，哈特恰當地假定了我們能夠生動地把握這類規範在每一個可信的、可能的社會中的深遠意義。他進行的是旨在澄清的哲學探索，而非旨在溯源或探究因果的人類學研究。我們還會在第三章中回到這一要點。

五、不同社會的多樣性

　　儘管哈特致力於編織一個可以涵蓋法律體系的所有核心事例（包括眞實存在的以及可能可信地存在的）的理論，他的理論化工作有一個顯明特徵，即對不同法域中的法律體系的多樣性的強調。這一強調也許在他法實證主義式的堅持中最爲突出，他堅持主張，法律與道德之間存在的任何實質關聯，均是偶然性的。正如我將在本書倒數第二章分析的那樣，哈特這是在斗膽駁斥自然法學者提出的各種認爲法律與道德之間存在明顯的必然性關聯的主張。在這樣做的過程中，哈特反覆提請我們注意不同的法律體系在道德相稱或不相稱上的不同，注意在多大程度上道德考量可作爲法律判斷的基礎，以及構成激發官員與公民遵守法律的因素上的不同。當像哈特這樣的法實證主義者斷言法律與道德之間的分離時，他們是在斷言，不同的法律體系其自身的合道德性在很多方面是不一樣的。

　　哈特對法律體系的核心事例之多樣性的強調有另一個面向（一個部分關聯著的面向），這一面向在本書第四章中將變得非常明顯。儘管他對法律推理與解釋的思考是重要的，但哈特並沒有對法律推理是如何進行或應當如何進行提供任何具體的指引。他不願提供類似具體的指引，主要是因為，他意識到法律推理與解釋的技術在不同法域中存在著很大的差異，所以他並沒有因此未完成他設定的目標。儘管不同的社會中，這些盛行的技術間具有某些根本和關鍵的相似性，它們的具體情況通常在一個社會與另一個社會之間還是有顯著的不同。哈特試著調和這些差異性，但也在這樣的過程中，對超越法域闡述法律的性質的理論能否為官員創設和應用法律的方式提供一套便利的模版（template），產生了極大的懷疑。[5]這主要是因為，他堅持法律性質的理論能夠也應當是超越於特定法域的，他以這種方式疏遠了德沃金，不願意加入德沃金去共同發展一套精心製作也許可以準確抓取某些法域中的實踐，卻不能同樣好地抓取其他法域中的實踐的裁判模型理論。

　　此外，哈特還強調了不同社會的法律在內容上的明顯差異。可以肯定的是，正如本書倒數第二章將詳述的那樣，哈特在他對「最低限度內容的自然法」的思考中確實堅持認為，法律體系要想持續地延續下去，每個治理體系中的不同法律均必須包括

5　儘管馬克‧格林伯格通常在德沃金的路徑中寫作，他最近的一些工作在這個問題上明顯是支持哈特的立場的。具體可參見 Greenberg, Mark. 2011.「Legislation as Communication? Legal Interpretation and the Study of Linguistic Communication.」In Andrei Marmor and Scott Soames (eds.), *Philosophical Foundations of Language in the Law*. Oxford: Oxford University Press, pp. 217-256.

對非常嚴重的不端行為的基本禁令。不過，我們也將看到，即使就哈特的「最低限度內容的自然法」論證所強調的基本禁令來說，他還是為不同社會中法律間的實質差異留下足夠的空間（其中一些實質差異是強烈道德性的）。更不用說，在這些禁令之外，從這些無數的法律來看，他也為不同社會的實質差異留下了充足的空間。的確，類似的實質差異會持續存在，前述這種壓倒性的可能性是法實證主義者立場的必然推論──法實證主義者堅持主張，任何社會中的法律之存續只取決於人類創設法律的活動。正是因為這種創設法律的活動在不同的法域中是如此多樣化，這些活動所產出的法律之內容，在不同的法域中也必將是高度不同。

　　總之，哈特在力圖描述法律體系的核心事例所共有的基本結構與程序的同時，他還強調了這些體系之間存在著廣泛而紛雜的不同。的確，哈特極具洞見地指出法律體系所有核心事例均共用的這些特徵，對於這些差異來說是促進性的，因為這些法律體系的基本結構與程序可以用各式各樣不同方式來例示。填充（法律體系的）形式的實質內容，不可避免地受到歷史偶然事件、地理環境與文化的影響，哈特不只是注意到受這些偶然事件影響所引發的多樣性，在強調他的核心觀點──無論在哪個特定的社會，人們的行動、決定、態度的傾向對該社會中什麼被認為是法律的問題來說都是決定性的──的同時，哈特也堅持了多樣性這一點。

六、描述性說明的方法論

　　理解哈特法理論的關鍵，是要認識到他設計理論的目標是描述性說明式的而非道德性的。與德沃金不同，哈特並不打算藉由訴諸法律制度某些特別的價值或它們能夠促進的目的來證明它們的道德性。哈特自然不會否認法律制度能夠在道德上扮演有價值乃至至關重要的角色，但他的目標是去闡述這些法律制度的運作及其輪廓，而不是爲它們的道德性進行辯護。在哈特闡述他的這一目標的諸多場合中，最爲清晰的一次是在《法律的概念》首章的末尾。他在那裡坦承，他致力的是「透過對國內（municipal）法律體系的獨特結構提供一套改進過的分析，對法律、強制、道德這三種社會現象之間的相似及不同之處提供一個更好的理解，藉以推進法理論」（第 17 頁）。哈特宣稱，在自己的法理論中，他集中研究的是特定現象，「因爲對於闡述構成法律思想框架的概念來說，這些現象具有說明性的力量」（第 81 頁），他的這一觀點貫穿了整本書。類似的申明在《法律的概念》中比比皆是，尤其是在後記之中，哈特以此延續了他對德沃金的反駁。在後記中，哈特重申他「致力於爲作爲一種複雜的社會與政治制度的法律，給出一個說明性的和澄清性的敘述」（第 239 頁）。他還特別加了一句：「我的說明之所以是*描述性的*，是因爲它是道德中立的，也沒有正當化的目標：它並不致力於爲我的一般法理論中呈現的法律制度之形式與結構，做任何基於道德或其他理由的辯護或推薦，儘管在我看來，要想對法律進行任何有用的道德評價，前述的清晰理解是重要的第一步。」（第 240 頁）。所以說，哈特不僅在法理學適當的理論範圍這個問題上與德沃金有

了分野，他們還在前述的理論工作是否具有道德使命這個問題上
存在分歧。

（一）說明性理論的優點

　　對於一個旨在闡述和說明而非讚美或責難的理論來說，該理
論之優缺點的衡量標準應該是理論性說明的價值而非道德價值。
哲學家努力實現的說明性理論的優點主要有清晰性、準確性、簡
約性、充分性、一致性、廣延性與深延性（簡約性要求避免不必
要的預設；充分性要求含括旨在說明全部或幾乎所有現象的理
論，而不是忽略或扭曲這些現象的實質覆蓋面；一致性要求從很
多不同角度或透過許多不同方法都能得出同樣的結論以鞏固該結
論）。

　　哈特稱讚了上述每一個說明性理論的優點，並試圖在自己的
書中實現它們。舉例來說，他有段描寫美國法學家奧利弗・溫德
爾・霍姆斯大法官（Oliver Wendell Holmes）的話很有名：「有
些時候，霍姆斯明顯是錯的，但每當這個時候，他都錯得很清
晰，毫無疑問，這是法理學至上的美德。」緊接著他說：「我知
道很多人會說只有清晰性是不夠的，這也許是對的，但只要還是
以某種晦澀不明因而會被霍姆斯唾棄的方式去討論問題，以致該
問題混淆不清，這樣的法理學就還是有問題的。」（《法理學與
哲學論文集》第 49 頁）。鑑於他對霍姆斯平實寫作與分析之清
晰的高度評價，哈特在自己的哲學寫作中力求清晰性就毫不奇怪
了。在整個《法律的概念》中，哈特將他的理論規劃定位為努力
闡明法律體系的性質與法律思想的概念，在該書的開篇，他便指
出了他要力圖去澄清的晦澀不明之處。這些晦澀不明是包括霍姆
斯在內的許多法哲學前輩們提出的命題中，所帶有的言過其實和

情感傾向性等問題引起的，正如哈特在對這些前輩的理論努力作評價時所說，他們的工作既極富啓發又令人困惑：「他們的闡述猶如一道道光芒，讓我們得以洞悉法律中諸多被遮蔽之處，但這些光芒過於耀眼又讓我們對法律中剩下的部分視而不見，以致我們始終未能清晰觀得法律的全貌。」（第 2 頁）。

　　哈特在他對法律的反思中，也力求實現說明性理論的其他優點，這裡僅再舉一個優點爲例：充分性。就像將在本書的下一章中看到的那樣，哈特有力地批判了約翰·奧斯丁的法律模型。哈特認爲，任何充分的法理論在其說明性的框架中，都將包括對某些現象的準確描述，但奧斯丁忽略或者說嚴重地曲解了這其中的大部分現象。舉例來說，奧斯丁的理論完全忽視授予權力的規範，此外它還過分地曲解諸如習慣法等現象的意義。正因爲奧斯丁理論中的諸多缺失與曲解，他所「運用的簡單的秩序、習慣、服從等觀念，對於法律的分析來說並不充分」（第 77 頁），試圖以此闡述法律體系的基礎也是不夠的。哈特承認，奧斯丁的工作在非常高的水準上呈現了清晰性的美德，但他也令人信服地指出：令人遺憾地，奧斯丁在諸如充分性等其他說明性理論的優點方面嚴重不足。

（二）核心事例與道德

　　當然，德沃金並不是唯一抨擊哈特的方法論過於限縮的哲學家。哈特以前的學生約翰·菲尼斯（John Finnis）也是哈特方法論上另一個著名的批判者，他在他的名著《自然法與自然權利》（1980）的首章便提出了這個問題。在書中，菲尼斯讚揚了哈特在對法律制度做哲學研究過程中對核心事例方法的採納，他還進一步肯定了哈特對制度中參與者的內在視角與觀察者的外在視

角的區分。並且，菲尼斯同意，哈特認爲參與者的內在觀點對任何可稱之爲法律的體系之存在都是關鍵的，哈特的這一判斷是相當正確的。

　　但在稱讚了哈特的上述洞見之後，菲尼斯責備哈特沒能徹底堅持這些洞見。具體而言，菲尼斯指責哈特在闡述內在觀點時，沒能堅持核心事例的方法。他認爲，哈特也應當在內在觀點中區分核心事例與邊緣或異常事例。他宣稱，類似的區分將是在道德範圍內做出的（《自然法與自然權利》第11-16頁；《哈特所述「持續的問題」將如何持續？》第234-235頁）。也就是說，在執行法律規範以及運行法律制度的活動中，法律官員所持有的內在觀點，這一觀點的核心事例，會是依據合乎道德價值的考量——對共同善的關切——而行動的官員所持有的觀點。而內在觀點的異常事例，則是依據自私的考量或邪惡的考量來行動的官員所採納的觀點，這樣行事的官員，要麼完全不在乎共同善，要麼被一套錯誤到可怕的共同善的理解所支配。如果某些法域中，主要的法律－政府制度是由持有類似顯著異常之觀點的官員執行的，那麼這些制度顯然是法律體系的邊緣或異常事例。換句話說，菲尼斯堅持聲稱，他批評哈特未能接納一個實質道德性的方法——該方法能夠依據道德理由對法律體系做出劃分（劃分爲核心事例與邊緣事例）。

　　我在其他地方曾長篇反駁過菲尼斯對哈特的批評。[6]這裡，我們只需要注意一個可能會被錯誤理解的考量——以爲該考量能夠

6　See Kramer, Matthew. 1999. *In Defense of Legal Positivism*. Oxford: Oxford University Press, pp. 233-239. 其他人對菲尼斯的反駁可參見 Leiter, Brian. 2007. *Naturalizing Jurisprudence*. Oxford: Oxford University Press, pp. 166-

支持菲尼斯的立場。的確，所有的法理論——每一個不論關於什麼的理論——都是評價性的。每一個這樣的理論都要依賴於就該理論的主題來說什麼是重要的、什麼是不重要的判斷。有關重要與不重要的判斷就是評價性的判斷，因此每一個理論都是評價性的。菲尼斯所做的類似論斷具有非常堅實的基礎，但是正如我們已經看到的那樣，哈特是依據理論性說明的價值而不是道德價值來做出他的重要性判斷的。他挑選出某些現象認為它們特別重要，是基於它們在他試圖闡述的主要制度中的作用。在確認了他專注於這些現象能夠最佳實現他的理論性說明的目標後，哈特宣布：「正是基於這個原因，它們被視作法律概念中的核心要素，並在對法律的概念的闡述中，占據首要的重要性。」（第 17 頁）。

因此，儘管哈特的法哲學與其他理論一樣，都受評價性判斷的支撐，但這些評價並不涉及法律或任何法律體系的道德意義。就像對量子物理學的闡釋也依賴於說明上的重要性的評價，而這一純粹的事實並不會使得該闡述變成一種道德學說一樣，哈特的法理論依賴於類似的評價的這一純粹事實，也不會使得他的理論變成是有道德取向的。透過哈特的清算，可知對法律體系的核心

---

170. 菲尼斯道德化的方法論得到了以下學者的支持，可參見下述文獻：Endicott, Timothy. 2013. "The Generality of Law." In Luis Duarte d'Almeida, James Edwards, and Andrea Dolcetti (eds.), *Reading HLA Hart's The Concept of Law*. Oxford: Hart Publishing, pp. 35-36. Gardner, John. 2012. *Law as a Leap of Faith*. Oxford: Oxford University Press, p. 228. Perry, Stephen. 2009. "Where Have All the Powers Gone? Hartian Rules of Recognition, Noncognitivism, and the Constitutional and Jurisprudential Foundations of Law." In Matthew Adler and Kenneth Himma (eds.), *The Rule of Recognition and the U.S. Con stitution*. Oxford: Oxford University Press, p. 302.

事例與邊緣事例的區分，以及對運行法律的官員之內在觀點的核心事例與邊緣事例的區分，均不具有道德含義。這一區分的核心不在於官員觀點的道德正當性或者其他的道德屬性，而是在於每一個法律體系恪守法治要求的程度——這些法治的要求是形式性與程序性的，而非道德性的。治理的體系能夠很好地遵守這些法治的要求，使得它們成為法律體系的核心事例，而不論這些體系在道德上是值得還是不值得。我們在第三章和第五章還會討論這個問題。

（三）一個表面的背離

　　一些哈特的批評者認為，哈特在他理論工作的關鍵之處，放棄了嚴格的描述性說明的方法論立場。大多數類似的指控都是錯誤的，在涉及到哈特所強調的法律之規範性方面尤其如此。就像在本書的下一章中即將看到的那樣，哈特批判奧斯丁的法律模型不充分的主要原因，就是該模型完全不匹配法律制度的規範性。規範性之構成，指向的是應當成為什麼或應當發生什麼。因此，如果規範性的唯一類型是道德規範性——指向道德上應當成為什麼或道德上應當發生什麼，那麼看上去哈特似乎會認定，法理理論的充分性在一定程度上就是一個道德屬性的品質。

　　但是，任何這類質疑哈特對奧斯丁的批評的觀點，在兩個重要方面是有缺陷的。第一，就像我在本書倒數第二章將強調的那樣，道德規範性不是唯一的規範性類型。哈特清楚地看出，某個特定的法律體系中，指引官員的行動與決定的規範性考量，可能主要聚焦在、甚至只是聚焦在官員自身利益而非其他民眾的利益上。只要這種可能性在某些法律體系中是一種現實，這個體系之中的制度的規範性就是審慎而非道德的。因此，強調法律的規範

性的學者就很難決然相信規範性永遠是道德性的。所以，當哈特因為奧斯丁忽視了法律的規範性而指責他的理論不充分時，他並不是在主張奧斯丁忽視了某個內在的道德屬性，繼而他也不是在說法理理論的充分性這一品質就其本質是一個道德美德。

　　第二，縱使哈特錯誤地認定，法律的規範性就其內在來說從來不是審慎的而是道德的，縱使（在這個認定的基礎上）他繼續主張，任何一個充分的法理理論都必然要承認法律的規範性，他也不會因此就認為法理的理論工作就是一個道德的競業，他同樣不會主張這種理論工作的充分性之要求是某種程度上的道德美德。任何一個充分的法理理論都需要去闡述法律體系運作中，官員們所立下的道德誓約——倘若與事實相反，這種道德誓約做出確實是法律體系運作中必不可少的一部分的話——對這些道德誓約的闡述也應當是描述式的而非背書式的。正如哈特在回應德沃金時有力地主張的那樣：「即使描述的是〔一組道德勸誡〕，描述仍然是描述。」（第 244 頁）。

（四）另一個表面的背離

　　我們已經初步提及了哈特在《法律的概念》第五章中，對從前法律社會到有法律治理體系的社會之過渡的闡述，哈特的這個闡述，除了被拿來用作紙上談兵式的人類學探究的罪證之外，還被一些批評者理解為背離了哈特本應當堅持的純粹描述性說明的方法論立場。[7] 這些批評者將哈特的闡述理解為一種旨在從道德上

---

[7] 這類想法闡述得比較精確的一個例子可參見 Cotterrell, Roger. 2003. *The Politics of Jurisprudence*, 2nd edn. London: LexisNexis Butterworths, pp. 94-95.

證成不同社會中法律制度之作用的努力。他們指出，哈特將法律體系中的次級法律描述爲解決問題的方案，這些問題不解決便會嚴重折損大型社會中，人們彼此並肩生活在一起的努力，他們由此推斷，哈特不只是簡單地描述和說明這些次級法律的功能，而是在稱讚這些次級法律。

　　就像對哈特離題從他的純哲學思辨轉向人類學探究的擔憂一樣，鑑於哈特措詞經常粗心大意，擔心哈特從他嚴格的描述性說明的方法上偏移，這種擔心一定程度上似乎也是可以理解的。然而，就像前一個擔憂一樣，後一個擔憂也是毫無根據的。對它們的完整回覆不得不推遲到本書的第三章和第五章進行，不過這裡先對後面的回應作一個簡潔的預告應該是恰當的。批評者們斷定，哈特在對次級法律功能的思考中，從描述性說明的方法偏移到了道德證立的方法，當他們這樣斷定的時候，他們犯了我在前面第（二）點討論菲尼斯時所指出的不當推論的錯誤，亦即他們將重要性與道德價值混爲一談了。哈特當然認爲次級法律的作用非常重要——如我們將看到的——他明確指出，次級法律的存在對於人們行爲之間的協作是有利的，此外還有不少其他的理由支撐次級法律的極端重要性。但是，他不止在《法律的概念》中的一處明確地講過，這些次級法律規範的重要性並沒有轉化成任何內在的道德價值。這些法律規範可以取得的優勢既能夠被用於強烈不道德的用途，也能夠被用於道德的用途。所以說，哈特對於次級法律的功能之重要性的思考，並不是道德性的判斷，毋寧說，它們是理論性說明式的判斷，用以回答無論是在什麼社會，其中的某些現象在多大程度上塑造了法律制度，塑造了人們之間的互動。我們稍後還將回到這個問題上來。

（五）一個真正的背離

迄今為止，經過仔細的檢視，有關哈特明顯偏離了他描述性說明的方法的上述主張，已經被證明是沒有根據的。但是，確實有一處哈特真正偏離了自己的方法論立場。在《法律的概念》第九章的結尾，哈特權衡了對法律規範作廣義理解的法實證主義式的概念觀，與對法律規範相對地作狹義理解的自然法式的概念觀之間的優缺點。前一種理解的主張者否認規範的合道德性必定是這些規範成為法律的一個必要條件，而後一種理解的主張者則力爭，這些規範除非能夠滿足或超越一定的合道德性門檻，否則它們根本不能算作真正的法律。作為法實證主義者，哈特自然是支援相對廣義的法律概念，他也因此必然需要組織一些論證以辯護這個廣義的概念。

考慮到《法律的概念》採納的方法論之一般屬性，讀者會合理地期待哈特列舉出純理論性說明的考量，以辯護這個廣義的法律概念。哈特也確實列出了這一類考量，不過讓人困惑的是，在對廣義概念的辯護中，哈特同時還援引了一些道德性的考量，並涉入了些許廣泛的經驗性猜想。在廣義的法律概念與更為限定的法律概念之間進行選擇，有觀點認為，這種選擇指向的是語言用法的適當性，對此哈特恰當地進行了駁斥，接著他概述了做出該選擇的方法：「如果我們要在這些概念之間做出合理的選擇，這個合理性一定是因為，其中一個概念相比於另一個概念，要麼能夠更好地促進我們的理論性分析，**要麼能夠提升和澄清我們的道德關切**，要麼兩者兼而有之。」（第 209 頁，粗體為本書所加）。從粗體標示的句子可以明顯看出，哈特相信法實證主義至少可以部分基於道德的理由得到辯護。

　　哈特先是透過訴諸能支持廣義法律概念的理論性說明之考量，來實施他所宣稱的方法（第 209-210 頁）。他對這類考量的總結——我們將在第五章檢視這些總結——是有說服力的，不過這些總結極其簡練。與之形成對比的是，他花了很長的篇幅來詳述支持法實證主義立場的那些道德要素。為了從道德上支撐法實證主義的立場，哈特發展了兩種主要的思路。

　　首先，藉助於一些他並沒有證實的經驗性猜想，哈特主張，一個社會中的成員對這個廣義的法律概念的廣泛接受，將加強他們在做出是否遵守法律要求之決定時的敏銳度。他先是相當謹慎地主張，對狹義的法律概念的廣泛接受，就不會在類似決定的做出中提升人們的智慧與毅力。他是這樣宣稱的：「在狹義的法律效力概念的應用中，幾乎不可能訓練和教育到人們，也沒有容納雖然有效但道德上極端邪惡的法律的空間，在面對有組織之強權的威脅時，極有可能導致對邪惡進行抵制的僵化無力，或者無法清晰地理解，在要求服從之時，道德上真正利害攸關的事是什麼。」（第 210 頁）。但是，哈特接著更為大膽地主張，社會成員中廣泛流行的廣義的法律概念，則能夠幫助他們抵制邪惡的法律要求。他若有所思地說道：「在促使人們更為清醒地對抗公權濫用的努力之中，最為急需的是讓他們意識到，對某些規範之法律效力的確認，並不是服從它們的決定性理由，不論官方體系的威嚴感或權威感可能多麼強烈，它們的要求最終都必須經受道德上的檢視。」進而，哈特又透過對法實證主義式的法律觀的明確重申，將他的第一個道德論證推到了極致：「在官方的體系之外，一定存在某些東西可供個人做最後的求助，以解決他所面對的最終必須解決的服從的困境。那些認為法律的規則有可能在道德上是極端邪惡的人們，更有可能持有這種觀點，相反地，那些

認爲無論在什麼地方極端邪惡的規則都不可能是法律的人們，則不太可能持有這種觀點。」（第 210 頁）。

因爲存在兩大缺陷，哈特用以支持廣義法律概念的第一個道德考量失敗了。它的第一個缺陷我在上文已經評述過：哈特提出的道德考量建立在一些廣泛的經驗性猜想之上。這個問題之所以是問題，不是因爲這些猜想是不太可能的，恰恰相反，它們是高度可能的。毋寧說問題是在於，哈特沒有用任何相關的資料或研究來證實他的經驗性猜想——他的這些有關社會心理的主張。儘管這些猜想是可靠的，但它們的真實性卻沒有明顯到可以讓我們視作理所當然的地步。

第二個缺陷則更爲嚴重，該問題也同樣困擾了哈特的第二個道德論證。這個問題即是，哈特從他理論性說明的方法偏離到了道德證立的方法上，對於他所致力的理論規劃——抓取諸如法律體系這樣的制度之核心特徵——來說，該偏離是出奇地不合適的。畢竟，如果哈特支持法實證主義的第一個道德考量是正確的，那就直接證實了，對實證主義法律觀的普遍接受，隨之引致的是一些道德良善的結果。不過，只有當哈特的理論規劃從根本上說眞的是規定性（prescriptive）的，有著一個在不同的理論中進行選擇以實現值得追求的社會結果的目標——該目標與理論性說明的目的至多只存在偶然性的關聯，他有關實證主義法觀點的流行會帶來道德上良善結果的看法才可能是非常適當的。可是，從《法律的概念》第一章開始，哈特就堅定地堅持了理論性說明的方法論，而這個方法論就其根本來說，是描述性的而非規範性的。我已經引述了好幾段他清楚指明該方法論之方向的段落，我還可以就此進一步引證其他很多段落。鑑於哈特對他的一般方法論之忠誠，他在第九章的結尾如此唐突地臨時轉向某種道德化的

方法論是令人困惑的。

我們再來簡要地檢視一下哈特支持廣義法律概念的第二個道德推理的思路。該推理可以被解釋爲獨立於任何廣泛的經驗性猜想。自然法學者的狹義的法律效力概念認爲，規範能否具有法律的地位始終取決於它們的合道德性，而哈特主張，這樣的觀點過於簡化了，也模糊了惡法的存在能夠引起的各種棘手的道德難題。公民應不應當聽從類似的惡法並不是唯一迫切的道德問題，在此之外，至少還有以下的道德問題：官員應當實施這樣的法律嗎？違反此類法律遭致懲罰，公民應當順從嗎？對於行爲發生之時是合法的邪惡行動，法院可以正當地予以制裁嗎？哈特認爲，在否認邪惡的法律是法律的自然法進路之下，這樣的以及其他的道德難題將均被淹沒。他是這樣鄭重斷定的：「這些問題各自引發了非常不同的道德與正義難題，這些難題需要分別得到思考和回答：無論基於什麼目的拒絕承認邪惡的法律也是有效的法律，均不可能藉由這一拒絕而一勞永逸地解決這些難題。對於複雜微妙的道德問題，這種方法實在是過於粗糙了。」（第 211 頁）。

哈特用以支持法實證主義的第二個道德論證是有待增強的，並且可能僅在對抗某種非常粗糙的自然法理論時才是成功的。要對抗如菲尼斯這樣當代自然法學者辯護的更爲精緻的理論，哈特的這一論證就不那麼有說服力了。不過，比這些困難更具破壞性的，是我在往上數第二段提及的問題，亦即哈特爲實證主義法律觀提供了一種道德例證，這在他的整個理論規劃中是相當不合適的。儘管哈特的第二個道德推理並沒有依賴廣泛的經驗性猜想，但他事實上確實極力主張，實證主義的法律觀比任何自然法進路的理解都要更靈敏、更巧妙地呈現了各種情境之下道德問題的錯綜複雜性。即使哈特的主張確定是正確的，它也只是讓

我們留意到這一事實：我們有一個很強的道德理由去擁護實證主義的觀點。但這一事實本身無法證明這種觀點極重要地促成哈特所致力追求的理論性說明的事業。因此，儘管哈特在第九章的結尾暗示，前面提出的這些支持實證主義法律觀的道德理由，已經能充分證成他對該法律觀的採納，但事實上，這些理由與他所規劃的理論主旨之間是正交式的（orthogonal）。當然，對於一項研究主要社會制度的理論工作來說，它們並沒有減損哈特的理論，但同樣，它們也沒有增強他的理論。

　　萊斯利‧格林（Leslie Green）最近為哈特辯護，他認為哈特在捍衛法實證主義的工作中，並沒有真的偏離他的一般方法論（《法律中的道德》第 203-206 頁）。格林主張，哈特只是以自然法學者之矛攻自然法學者之盾，顯示按照他們的標準在理論之間進行選擇的話，反而法實證主義會勝出，以此智取這些粗糙的自然法學者。用格林的話說，哈特「不只是說自然法哲學家認為法實證主義是危險的這種觀點是錯誤的，事實上，法實證主義在道德上要更為*優越*！」格林總結道：「與其他所有人一樣，哈特也認為，對法律的正確理解，相比混淆的或錯誤的理解，是道德審思更好的基礎。但哈特並不認為對法律的理解之所以正確，是*因為*它更有利於道德審思。」（《法律中的道德》第 205 頁）。倘若哈特真的將自己限定在格林歸屬給他的立場上，那麼哈特在《法律的概念》第九章末尾的討論，就確實不能被視為偏離了他的理論性說明的方法論。但是，正如我在這一部分援引的哈特文本的第一句已經表明的那樣，事實上他並沒有像格林說的那樣限定自己。哈特並不只是簡單地試圖表明，自然法學者用以挑選法律制度之理論的標準，會挑選出實證主義法理學，他還將該標準接受為一個充分的根據——儘管不是唯一的充分根據，依此在廣

義的法律概念與狹義的法律概念之間進行選擇。因此，與格林斷言的相反，哈特確實暗示了，作為一種闡述法律的理論，法實證主義之正確性可以立基於它的合道德性之上。經由這樣的暗示，哈特相當令人錯愕地（儘管只是短暫地）偏離了他的一般方法論。

七、還原論的志向？

近年來，一些哲學家主張，哈特在《法律的概念》中推進的，是一個還原論式的理論規劃。安德列·馬莫爾（Andrei Marmor）最直言不諱地表達了這種觀點，他宣稱「哈特在《法律的概念》中的主要目標與奧斯丁的，沒有什麼本質的不同，即是說，都志在提供一套還原論式的法理論」（《告別（法理學中的）概念性分析》第 209 頁）。想要評估馬莫爾的這一論爭，我們顯然需要對「還原論」是什麼意思有一個清楚的理解。

緊接著我剛剛引述的句子，馬莫爾對他援引的還原主義做了進一步的補充釋義：「哈特法理論的主要目的是對法律提供一套說明，這套對法律的說明依據的是在性質上更為基礎的對象——也即社會事實，而進一步，這個社會事實又可以依據人們事實上的行為、信念和態度得到解釋」（《告別（法理學中的）概念性分析》第 209 頁）。鑑於馬莫爾將哈特的理論界定為還原論式的，他這裡是在對該界定進行闡述，是在假定，如果現象 X 可以還原到現象 Y，那麼現象 Y 相比現象 X 具有說明上的優先性。如果一個理論完全根據 Y 來解釋 X，而反過來卻不行，還原論之概念觀會初步認為，這個理論將 X 還原到了 Y。與這個還原

論的說明性概念觀共生的，是一個形而上的概念觀，「性質上更為基礎的對象」這樣的措辭便表徵了這一概念觀。也就是說，馬莫爾在這裡主張，將 X 還原到 Y，表明 Y 在形而上上比 X 更為根本（deeper）。很顯然，任何主張這類還原論的人都需要闡明 Y 相較於 X 的這種形而上之優先性的性質。

　　如文本展示的，這兩種彼此親和的對還原論的理解都存在於馬莫爾的論文之中。事實上，當馬莫爾推進對哈特理論工作之還原論屬性的討論時，他在重複我在上面引述過的那個聲明：「哈特顯然同意奧斯丁的觀點，都認為對法律之性質的理論性說明，應當是依據社會事實來對法律是什麼進行闡述，這些事實又能夠透過更為基礎的事實──有關人們如何行為、人們對他們的行為持有怎樣的信念以及支持這些共用的信念的那些態度與意向的事實──得到闡釋。」他繼續說道：「換句話說，這樣的觀點構成了哈特理論的標誌，即法律的基礎是社會規則，社會規則又能夠還原性地依據人們事實上的行為、信念與態度加以闡釋。」（《告別（法理學中的）概念性分析》第 214 頁）。

　　不過，到目前為止，以上引述的這些說明沒有一個能夠闡明形而上優先性的詳情──當馬莫爾談論將法律還原到有關人們的行為、態度以及信念等社會事實的時候，形而上優先性正是他想表達的。在明智地否認哈特追求的是某種語義還原論──根據該還原論，法律規範中的所有陳述都可以由依據諸如社會心理學等其他學科表述的陳述進行替代──的規劃之後，馬莫爾稍稍（僅僅是稍稍）對他所設想的那種形而上優先性展開了論述。他宣稱，哈特以及其他法實證主義學者所支持的還原論聚焦於「還原的某個形而上或者構成性的形式。形而上式的還原旨在呈現，某種不同的現象事實上是由另一個更為基礎的現象所構成的，也能

完全還原到該基礎現象上」。不過，在介紹了形而上上更爲基礎的現象與任何可還原到它的其他現象之間的構成性關係後，馬莫爾再次回到他所說的說明上的優先性：「在〔哈特的〕理論中，還原論是想呈現：法律是由社會實踐所構成的，這種構成能夠藉由人們眞實的行爲方式、他們所共用的對他們行爲的信念以及在這些相關的語境中他們所呈現出來的態度與意向，得到完整的闡述。」（《告別（法理學中的）概念性分析》第 216 頁）。類似的評論馬莫爾還說了一些，但其中沒有一個比我們這裡引用的陳述更有信息量。因此可以說，馬莫爾既沒有說清楚構成性的關係是什麼，也沒有說清楚爲什麼 Y 與 X 之間的構成性的優先關係或說明上的優先關係，就可以被恰當地描述爲 X 回溯到 Y 的可還原性。

　　馬莫爾論述之中的這些缺漏是重要的，因爲在我們能夠理解馬莫爾所訴諸的還原論之性質之前，我們沒有辦法對他將還原論式的方法論歸屬到哈特的做法做出評價。我們當然知道他思考的不是語義還原論，但對他所考慮的形而上之還原論的詳情我們實在是不清楚。既然是這樣，我們代爲檢視以下兩個可能的解讀。

　　幾乎可以肯定的是，馬莫爾並不認爲 X 與 Y 之間只是一種因果性的關係，因爲通常來說，因果關係相對的是構成性關係。而且，（在任何可信的還原性之概念觀以及因果性之概念觀之下）Y 能夠引起 X 這一單純的事實，其自身並不能構成 X 可以還原到 Y 的結論基礎。因此，更有可能的是，馬莫爾所設想的是以下這種類型的構成性關係：當且僅當 (1) 在除因果律之外的所有當時的情況之下，Y 邏輯性地衍生 X；以及 (2) 如果沒有 Y，除了因果律，當時的情境並不能邏輯性地衍生 X，那麼，X 完全由 Y 所構成。

　　設想這樣一個例子：約翰與托尼是唯一一對兩公里賽跑的競爭對手，約翰在沒有違反任何競賽規則的情況下比托尼先到達終點。結合除因果律之外所有當時的情況，他在托尼之前到達終點，邏輯性地衍生出他贏得了比賽。確實，在托尼之前到達終點——結合除因果律之外當時所有的情況——就等同於他贏得了比賽。當然，這些當時的情況中包括明確規定了獲勝條件的競爭規則，同樣也包括了約翰沒有違反任何可適用規則的事實。

　　當馬莫爾聲稱，從 X 回溯到 Y 的可還原性涉及到 Y 與 X 之間的構成性關係時，在如此概述的意義上，他很可能訴諸了構成性的概念。如果是這樣的話，他便是將這樣一種觀點歸屬給了哈特：結合任何因果律之外的所有當時的情況，法律官員與公民的行為模式、信念與意向邏輯性地衍生出法律體系之規範的存在及其運作。將這樣一種觀點歸諸給哈特是有充分根據的，但令人懷疑的是，這樣一種觀點能否被適切地稱作「還原論的」。當然，馬莫爾也許只是直接規定，「還原論的」這個術語適用於任何預設了剛剛所說的那種構成性關係的理論。儘管在這個規定的意義上，哈特的確提出了一種還原論式的法律模型，但這裡要討論的問題恰恰是該規定的適當性。如果某個規定是高度誤導性的，我們就應該拒絕這個規定。而將哈特的法理理論貼上「還原論的」的標籤就是高度誤導性的，因為這個標籤強烈地灌輸這樣一種印象，即在對存在的實體與發生的事件的整體考量中，法律規範（作為一種能夠還原到其他組現象的對象）不應被考慮在內。

　　在這裡，我將這個命題——任何由其他（組）現象**構成**的現象，不被列入對存在的實體與發生的事件的整體考量之內——命名為「不予算入命題」（Not Counted Thesis）。為了理解不予算入命題以及為什麼它不適用於法律規範，我們首先設想一個該

命題確切適用的場景，接著再設想一個該命題並不適切應用的場景，這兩個場景涉及的均是構成性的關係。經由對這兩個場景的探究，我們應該能夠弄清楚，將構成性的關係歸類爲還原性的關係是不是一種誤導性的歸類。

　　第一個場景是上面倒數第三段談及的約翰與托尼之間的競賽。考慮到因果律之外所有當時的情況，約翰先於托尼到達終點與他贏得了比賽之間是構成性的。現在，將不予算入命題應用於約翰的獲勝，該命題對這種情境的把握是正確的。在對已發生的事件進行整體考慮之中，約翰先於托尼到達終點與約翰贏得了比賽，並不是相互分離需要分別予以考慮的兩個事件，相反地，它們是對同一個事件的兩種不同的描述。正如我已經講過的，約翰先於托尼到達終點等同於他贏得了比賽，因此如果將贏得比賽與先於托尼到達終點記錄爲已發生的兩個事件，並進行重複考慮的話，我們就犯了錯誤。只需含括後一個對象就可以了。在這種情境中，約翰先於托尼到達終點與約翰贏得了比賽之間的構成性關係，可以被恰當地歸類爲還原性關係。

　　現在，我們設想一個大量的、持續性地交談行動累積形成的一種自然語言，譬如說英語。語言使用者的這些交談行動與意向（包括了諸如他們編排詞典與語法論著的行動），加上因果律之外所有當時的情況，集體地構成了該語言以及它各式各樣的句法與語義規則。我們能夠得出結論說，在對存在的實體與發生的事件的整體考量中，不需要考慮這些句法以及語義規則嗎？既然在前述整體考量中會考慮語言使用者多種多樣的交談行動及其意向，我們的考量中也含括由這些行動與意向構成的句法和語義規則會是一種錯誤嗎？顯而易見，這兩個問題的答案都是否定的。儘管根據這裡的闡述，語言使用者的交談行動以及共用的意向的

確建構了語言的句法與語義規則，但這些行動同樣也指向了這些規則——因為這些規則指引和構造著維繫它們的這些行動與意向。[8]倘若我們在對存在的實體與發生的事件的整體考量中只考慮這些交談行動與意向而拒絕這些句法和語義規則的話，我們將會丟失這個建構與指引過程中的相互性。約翰贏得了比賽與約翰在托尼之前到達終點，儘管表述稍許不同，它們說的是同一件事，語言使用者的交談行動及其意向與由它們建構的句法和語義規則卻是不同的兩件事。因此，一邊的行動與意向與另一邊的規則，它們之間的構成性關係並不能適切地歸類為還原性關係。

當然，句法以及語義規則不是物質實體而是抽象的規範實體。它們內在於交談實踐，是交談實踐的規範結構與準則。它們不是以因果機制的方式來指引這些實踐，而是作為人們運用其語言能力的定焦點（foci）來進行指引。再者，在任何令人滿意之對存在的實體與發生的事件的整體考量中，我們既要考慮物質實體，也要考慮規範性實體。

接下來，讓我們轉向法律體系的規範。正如公認的那樣，哈特認為，（結合因果律之外的所有當時的情況）法律體系的規範是由官員與公民特定的信念、意向與行為模式所構成。這種構成性的關係是類似於約翰在托尼之前到達終點與約翰贏得了比賽之間的關係？還是類似於交談行動及其意向與句法和語義規則之間

---

8 當我說這些行動與意向指向這些規則並受其指引的時候，我不是在說這個語言的所有合格使用者都能夠準確地、清楚地闡述這些規則。即使不能準確地表述這些規則，人們仍然能夠在穩定遵守這些規則的過程中接受規則的指引。對句法以及語義規則的遵守既可以透過個人在自己的言談中默默地加以應用，也可以透過當別人違反這些規則的時候傾向於識別出這些錯誤予以實現。

的關係？換句話說，法律體系的規範涉及的是還原性的關係嗎？不同於馬莫爾，這個問題的答案其實是：哈特所設想的構成性關係並不能適切地被歸類為還原性的關係。我在下一章還會強調（就像我在本章中已經簡單提及的那樣），哈特反覆批判奧斯丁的恰恰就是，對於所有法律體系的運行，奧斯丁遮蔽了法律規範在奠定和構造這一運行中的關鍵作用。

馬莫爾固執地力爭，「哈特自己的法理論與奧斯丁的一樣都是還原論式的」（《告別（法理學中的）概念性分析》第214頁）。如果「還原論的」這一術語只是表徵對構成性關係的現象進行闡述的理論，這樣的一個論斷就是正確的，但如果馬莫爾是在暗示，哈特透過遮蔽規範在法律體系的運作之中的實在性與中心性，與奧斯丁保持了一致，那麼這個論斷就是錯的。與遮蔽這些體系之中規範的實在性相反——即是說，與主張在對存在的實體進行整體考量之中不予算入這些規範相反，哈特反覆強調，如果我們不將法律體系理解為規範的體系，我們就不會理解法律的性質。儘管這些規範是由官員與公民的行動、信念與態度構成的，它們在指引維繫著它們的這些行動、信念與態度之中是有效的，它們也發揮著作用使得這些法律制度能夠組織在一起。鑑於哈特強調了規範的這些指引和賦能的功能（我們在接下來的章節中也能看到），將他的理論工作貼上「還原論的」的稱號即使在最好的情況下也是高度誤導性的。哈特認識到，法律規範是由行動、信念與態度所構成的，這與以下的事實是完全一致的：規範不只是不同描述之下的行動、信念與態度。

八、自然主義的志向？

　　我對馬莫爾的回應可能會引起其他一些法哲學家的不滿，因爲近年來，這些哲學家將一個顯明的自然主義的立場歸屬給了哈特。換句話說，這些哲學家認爲，哈特否認了任何不具因果效能的實體之實在性。[9]既然抽象的規範性實體不具因果效能，因此這些哲學家堅持主張，哈特否認了法律規範的實在性。

　　最有力將這種觀點歸諸給哈特的是布萊恩・萊特（Brian Leiter），儘管就此他主要談論的是道德規範。他寫道：「衆所周知，對於道德規範，凱爾森與哈特都是形而上上的反實在論者，即是說，他們均否認這類規範是客觀存在的，他們均否認，對世界之中有什麼的最佳形而上描述會包括有關道德上對與錯的事實。」（《法理學中的界分難題：懷疑主義的新例證》第671頁）。萊特接著說：「對於*規範*，哈特接受的是反實在論。」（《法理學中的界分難題：懷疑主義的新例證》第671-672頁）。斯蒂芬・佩里（Stephen Perry）同樣主張：「儘管哈特反對先輩立基於制裁與預測的法理論，但他還是共用了他們的自然主義與經驗主義立場。」（《所有的權力去哪了？哈特式的承認規則、非認知主義，以及法律的憲法性與法理性基礎》第311頁）。都凱文（Kevin Toh）也有類似的主張，認爲哈特致力的是「一個

9　譯者注：因果效能（causally efficacious），這一術語的意思指向事物自身所具備的引起與被引起的能力，譬如撞球運動中，撞球的重量和速率是具有因果效能的，但撞球的顏色則不是。在機械行爲論（epiphenomenalism）或副現象論中，作爲闡述身心關係的哲學學說，這一哲學立場主張，只有物理狀態具有因果效能，而心智狀態則不具備。詳盡的介紹可參考史丹佛哲學百科全書 Mental Causation 詞條。

與自然主義的世界觀相一致的對於法律話語的說明」，都教授進一步指出，這種自然主義世界觀的堅定支持者「不會認可不能在自然科學與社會科學中得到說明的屬性」（《哈特的表達主義以及他的邊沁式規劃》第 84、80 頁）。在差不多相同的脈絡中，斯科特‧夏皮羅（Scott Shapiro）也斷言，哈特藏有一個「爲法律在自然世界謀得空間的衝動。因此，哈特提出了一種法律語義論的敘述，以試圖讓法律語言成爲標準的自然主義式實體」（《內在觀點是什麼？》第 1168 頁）。

　　在處理這些論斷之前，有必要先作一些說明。當萊特使用「客觀存在」一詞時，他似乎特指強（strongly）獨立於心智的存在。當且僅當某些事件的發生或者某些實體的持續存在，不依任何群體中任何成員無論是單個還是集體的心智活動爲轉移，則它們是強獨立於心智的（《作爲道德理論的道德實在論》第 26 頁）。

　　現在，儘管我們將在本書的第四章和第五章看到，哈特有關道德的性質之見解並不像萊特說的那樣，是「眾所周知」地那般清晰的，但哈特確實持有這樣的觀點，即認爲道德的正確原則並非是強獨立於心智的。[10] 要明確得多的是，哈特恰當地認爲，法律規範的持續存在並不是強獨立於心智的，倘若心智的造物永遠不復存在的話，法律規範也就不存在了。與強獨立於心智相反，法律規範的持續存在是一種弱的獨立於心智，亦即這類規範的持

---

[10] 哈特在這個問題上持有這樣的立場，我堅決地反對他的這一觀點。可參見 Kramer, Matthew. 2009a. *Moral Realism as a Moral Doctrine*. Oxford: Wiley-Blackwell, ch. 2.

續存在並不依賴於任何特定個體的心智活動。[11] 儘管如此，雖然任何一般法律規範之持續存在，是弱的而不是強的獨立於心智，並沒有理由得出結論認爲法律規範應當被排除出對存在的實體和發生的實踐進行的整體考量（萊特有些傾向性地將這種整體考量稱作「對世界之中有什麼的最佳形而上之描述」）。而且，正如我已經指正的，將那個結論強加給哈特是沒有依據的。

　　在以上我對萊特的引證中，儘管他主要談論的是道德規範而不是法律規範，他似乎並不會說任何與我剛剛講述法律規範的內容不一致的話。不管怎樣，他在這裡似乎是從「道德規範的持續存在不是強獨立於心智的」這一點，推導出了道德規範的非實在性。因爲**法律**規範的持續存在的確不是強獨立於心智的，那麼對於它們的非實在性，萊特似乎也會做出一樣的推論。這樣的推論，與貫穿他論著之中其所持有的好戰式自然主義觀點是一致的。在這種觀點中，他將因果效能用作眞實存在之實體的標誌。

　　我在其他地方曾長篇批判過萊特的自然主義（《作爲道德理論的道德實在論》第 199-207 頁），對他未能在上帝這樣的超自然實體與道德原則這樣的非自然實體之間做出區分，以及對他將一個偏自然科學的方法規則扭曲成非科學性的形而上之教義，特別進行了批評指正。在這裡，我不再重述對他一般立場的反對意見，我轉而想指出的核心要點是：在有關法律規範的實在性這個問題上，沒有任何一概而論的自然主義觀點可以合理地加諸到哈特身上。哈特不僅反覆重申過這些規範的實在性，也一再預設著

11　譯者注：讀者讀到這裡也許會困惑。與完全獨立性不同，這裡弱的獨立性是指，法律規範的持續存在並不依賴於任何個體的心智活動，但依賴於社會之中個體與個體共同實踐形成的整體的心智活動。

它們的實在性。他充分認識到，一般法律規範的持續存在是弱獨立於心智的，以及體認到這些規範如上面第七點概述的那樣是由官員與公民們的行為、意向與態度所構成的。與此同時，哈特也有力地斷言，這些規範也形塑著、指引著這些法律體系的運作，是它們使得這一運作成為可能。法律規範的這些指引力、形塑力與賦能之力等作用的發揮，不是根據它們內具的因果效能，相反地，依據的是人們對規範性問題所具有的運用理性的能力。

哈特是在極簡主義真理觀與實在論如現今這般流行前從事法理學探索的，但倘若他在後面這個時代創作的話，他非常有可能被這類極簡主義理論所吸引。[12] 換句話說，舉個例子的話，他會假定以下兩個命題在邏輯上的等值性：(i) 一個命題斷定，在法域 J 中，謀殺的法律禁令是的確存在的；(ii) 另一個命題斷定，謀殺在 J 中是被法律明令禁止的。一旦法律規範的實在性或它的存在以這種極簡主義的方式加以理解，顯而易見的是，它能比照適用於任何內容的法律，因此並不存在懷疑這類規範是否以及能否存在的基礎。無論以何種方式，對它們的實在性的承認都不會是「不科學的」。可以說，哈特正確地主張了對存在的實體進行整體考量必須納入這些規範，也因此哈特合理地擁護了一個不適宜被稱作「還原論」的立場。

---

[12] 我對極簡主義的主要解說可參見 Kramer 2007, 71-82; 2009a, 200-7, 261-88. 在那裡，雖然不是不加鑑別的，我猛烈批評了 Horwich, Paul. 1998. *Truth*, 2nd edn. Oxford: Oxford University Press 以及其他一些文獻的觀點。

第二章
哈特論法律權力與法律的規範性

　　在《法律的概念》前半部分的大多數篇幅中，哈特首先仔細剖析了十九世紀法學家約翰・奧斯丁提出的法律模型，進而爲闡述他的法理論打下了基礎。儘管哈特在一些地方擴充或者修改了奧斯丁的模型，其目的是爲了突顯奧斯丁模型的優勢，再進而呈現其模型失敗之根源，哈特詳述並加以批判的法律命令理論與奧斯丁所捍衛的理論是極其相似的。一方面，哈特在很多重要的問題上，質疑了奧斯丁對法律的理解，但他並不致力於完全摧毀奧斯丁的理論，他敬重奧斯丁與傑瑞米・邊沁，視他們爲法實證主義傳統中最偉大的兩位先賢，並且再三稱讚他們對「法律是什麼」與「法律應當是什麼」之區分的強調。另一方面，儘管哈特讚賞奧斯丁的實證主義以及其行文與分析的清晰性，但哈特認爲奧斯丁的法律命令理論整體上是一個障礙，妨礙了對法律體系的性質獲致一個有遠見的理解。正如我在第一章分析的那樣，哈特特別反對的是，命令理論以其自身的理論方式遮蔽了法律的規範性。他對奧斯丁的各種批評都旨在證明該理論的不足之處：這種理論與法律體系之中的規範的實際運行格格不入。

　　儘管在十九世紀的後半葉以及二十世紀的頭幾十年，奧斯丁提出的法律命令理論特別具有影響力，也因由哈特的批判，它繼續維繫了著名的地位，但它並不是命令理論的唯一版本。在《法律的概念》之後寫作的論文中（《論邊沁》第 108-109、225-227頁），哈特不止一次提到，邊沁發展出了一套更爲精緻的命令

理論，這一理論避免了不少哈特揭示出來的奧斯丁在這一理論的後續發展中所具有的缺陷。不過，不管邊沁的法理論是多麼地精巧，多麼富有洞察力，它一樣沒能規避奧斯丁理論的主要問題，即它混淆而非闡明了法律的規範性，以致該理論所處理的法律的每一個重要面相實際上都被它給曲解了。因此，哪怕哈特在《法律的概念》中處理的是邊沁而非奧斯丁的法理論，他總體的以及相當大部分具體的結論與他在回應奧斯丁中得出的本質上將是一樣的。

儘管邊沁的命令理論版本更為優越，奧斯丁的法理論其實也比哈特所呈現的更為強大、更有策略。我在其他地方曾針對哈特的一些批評為奧斯丁做過辯護（《法理論、政治理論及其解構》第 106-112 頁），也間或試著強調過奧斯丁著作的一些優點（《奧斯丁論懲罰》第 117-119 頁）。不過，對於哈特大多數的具體批評以及這些批評的整體要旨──指向法律的規範性──之合理性，我總是樂於肯認。而且，對於奧斯丁法哲學的某些方面我也提出了一些自己的疑問（《為法實證主義辯護》第 98-101 頁；《奧斯丁論懲罰》第 104-117 頁）。因此，哪怕法律命令理論的捍衛者能成功地擋開哈特某些具體的攻擊進路，哈特與奧斯丁交鋒的結果還是很明顯：是哈特的法理論取代了奧斯丁的法理論。相應地，雖然本章的某些討論會批評哈特，但它們也不會支持奧斯丁。整體來說，本章認為，哈特擊敗了他偉大的法實證主義先輩。

一、奧斯丁的法律模型

　　《法律的概念》整個第二章都被哈特用來概述奧斯丁研究法律之進路的主要內容，但這裡一個簡要的勾勒就夠了。奧斯丁致力於將所有法律體系中的各種關係描述為一系列的強制性關係。在這些關係之中，占據主導地位的人物是奧斯丁式的主權者，TA 是一個人或一群人，這個社會中的其他人以習慣性的服從對 TA 表示順從。在該法域中，主權者習慣性地被所有其他人服從，但在該法域的內與外，主權者均不服從任何其他人。在奧斯丁的模型之中，主權者與順從的公民之間的關係，類似於搶匪與他的受害者之間的關係。搶匪會向他的受害者發布一些命令，主權者同樣也會向主權者統治之下的公民發布一些命令。在這兩種情境之中，這些命令都以暴力手段的威脅為後盾，任何不遵守這些明確下達的指令的人，都會被執行這些制裁。因此，正如搶匪與受害者之間的關係是完全強制性的，主權者與公民們之間的關係也是一樣。

　　儘管在主權者與公民們的所有關係都是純粹強制性的意義上，主權者是個顯而易見的搶匪，但奧斯丁認識到，主權者所發布的命令，其特徵與搶匪所發布的任何典型的命令明顯不同——主權者的命令是常設法律（standing laws），而非特定情境下的指令。當搶匪命令受害者舉起雙手時，他的命令指向特定的個體，他要求該特定的個體去做的是某種高度特定的舉動。即使搶匪說的是「把手舉起來」，而不是「現在馬上把手舉起來」，每一個牽涉其中的（那個情境中的）人都會認知到，前一個表述與後一個表述是同一個意思。而且，任何典型的由搶匪咆哮發出的

命令，其效力都是短暫的。倘若搶匪搶了受害者的錢包然後逃走了，又或者也許在如員警之類的第三人的介入之下，搶匪的搶劫夭折了，他對受害者發出的舉起雙手的命令也就失效了。

相比之下，法律上的主權者發布的命令是常設法律，它們在兩個主要的方面通常具有普遍性，通常來說，它們是長期有效的（數年、數十年甚至更久）。它們的普遍性既關涉法律所要求的行為模式，也涉及法律施加要求的人群範圍。與透過諸如「這裡」、「現在」等這樣或含蓄或明確的索引詞進行指定，要求在高度確定的時間、地點內做特定情境下的行動不同，常設法律施加的要求通常指向可以在不同的時間、地點發生的一般類型之行為。同樣地，和向以姓名或第二人稱代詞挑選出的特定個體發布命令不同，常設法律通常指向的是一整個階層，譬如說全體公民。[1]因此，無論是適用的方式還是發布的方式，法律上的主權者頒布的大多數命令都是普遍性的。同樣地，這類命令大多數也是持續性的，能夠保持它們的法律身分多年，而不是只能存續幾秒鐘或幾分鐘的時間。立基於持續性以及普遍性，奧斯丁式的主權者之法律不同於由搶匪所發布的任何典型命令。

前述主權者的命令與搶匪的命令之不同，奧斯丁是意識到了的，並在他的法律模型中做了相應的說明。主權者的統治與搶匪之治的另一個不同，直接與主權者的命令之持續性相關。搶匪對受害者的支配通常是非常短暫的，法律上的主權者對在 TA 的法

---

[1] 哈特對於「法律總是向某些階層的人們發布的」這種說法很謹慎（第21-22 頁）。他對使用「發布」以及「發布」的同源詞與法律相關聯的這種保留態度，我並不贊同。施加義務的法律是向所有它施加了一個義務，以及所有它授予了一個相應的主張權利的人發布的。

域之下的公民的支配卻是長久的。也因此，受害者對搶匪的服從是短暫的，而公民對主權者的服從是持續的。繼而，奧斯丁將公民的服從定性爲習慣性的。他們的服從與受害者對搶匪的順從類似，均產生於對不服從將遭致暴力威脅的回應。因爲這些威脅在曠日持久的歲月中是眞實有效的，由它們引致的服從也相應地延綿長久。

　　如果不說永遠的話，至少通常來說，主權者統治之下的人群要遠大於受制於搶匪命令的人數。相應地，與搶匪之治的持續性相關聯的，通常是所有的受害者均服從他的指令（因爲部分受害者的反抗要麼立即遭致槍決，要麼直接導致搶匪失敗），而主權者的命令遭遇不服從的情況則要多得多。儘管公民的習慣性服從必須是廣泛的，但在相關的管轄之內卻不需要是普遍的。根據奧斯丁的分析，哪怕一些公民持續性地設法逃脫制裁以嘲弄主權者的法律，主權者的統治仍然可以維繫。由此可見，奧斯丁式的主權者其統治存續的條件有那麼一些的模糊性，正如哈特清楚指明的那樣：「究竟要有多少人必須遵守多少（主權者的）普遍性的命令才可以說法律是存在的，這個問題就像問一個男人的頭髮要少到只有多少根才能算作禿頭一樣，是無解的。」（第24頁）。

　　奧斯丁法律模型的所有這些特徵都被哈特簡潔有力地捕捉到了，他在《法律的概念》第二章的結尾處對之做了這樣的概要重述（第25頁）：

　　根據對這一問題的（奧斯丁式的）簡潔說明，……無論哪裡要存在法律體系，就必須要有某個人或一群人發布以威脅爲後盾的普遍性命令，並且他們的命令能得到普遍地遵守，而且人們通常相信不遵守便會遭致所威脅的制裁。這樣的人或群體必須對內

是至高無上的，對外是獨立自主的。如果依照奧斯丁的用法，我們稱這樣至高無上和獨立自主的人或群體為主權者的話，那麼任何國家的法律都必然是由主權者或者服從 TA 的部下所發布的以威脅為後盾的普遍性命令。

二、授予權力的法律

　　在概述了奧斯丁的法理論之後，哈特接著提出了一系列反對它的有力重擊。儘管其中些許具體的批評低估了奧斯丁法理論的彈力，但他的大部分批評有力地揭示了奧斯丁法律進路的不充分性以及失真的嚴重程度，也展示了這一進路的窘境是如何源自於它對法律以及法律體系之規範性的無視。哈特將他的反對意見歸成了幾類：奧斯丁全神貫注在施加義務的法律上，而忽視了授予權力的法律；奧斯丁無力解釋法律如何將主權者群體中的成員置於法律義務之下；在他的法律體系模型之中，奧斯丁無法安置任何習慣法；對於主權者的論述存在諸多缺陷，特別是在主權者能夠立法的事項範圍之限制這個問題上。我不會在本章中無益地窮盡哈特所有的質疑，而是選擇深入探討其中的幾個問題。讓我們從他對奧斯丁忽視了授予權力的法律的控訴開始。

　　不過，這裡需要作一些初步的澄清。哈特在《法律的概念》中並沒有對他筆下的法律權力交代得非常清楚。根據美國法學家韋斯利·霍菲爾德（Wesley Hohfeld）非常有影響力的分析，法律權力是指透過採取某些行為即可對法律關係做出改變的能

力。[2]在這個廣義的法律權力概念之下，某個違反法律要求的人因此就應用了一次權力，改變了他自己以及其他人譬如執法官員的法律地位，他使得他自己有責任被逮捕或承受其他的強制措施，也使得某些有法律權力和法律責任的人得以訴諸這些措施。只是，儘管哈特讚賞也熟悉霍菲爾德的工作，他自己的法律權力概念要比前者的更為狹窄。在《法律的概念》中，哈特並沒有清楚地界定這一概念的輪廓，不過他似乎將權力的類別，限定在霍菲爾德式的權力中通常對被授予權力的人有益的那一類。換句話說，（在這個相關的意義上）持有者被授予一項權力通常要比沒有被授予這項權力更好。[3]與所有霍菲爾德式的權力一樣，這一限定之下的法律權力也對應著權力主體或者其他一些人的責任。責任是一種受制（susceptibility）於他人或易受自己或他人行使權力影響的地位。法律權力的存在衍生出具有相同內容的法律責任的存在，反之亦然（在霍菲爾德的意義上，責任絕不是不利於責任主體的。譬如說，某個慷慨又富裕的表兄實踐了一次捐贈的權力，對有責任承受這一權力行使之影響的受贈人來說，顯然是有

2　See Hohfeld, Wesley. 1923. *Fundamental Legal Conceptions as Applied in Judicial Reasoning*, ed. Walter Wheeler Cook. New Haven, CT: Yale University Press, pp. 50-51. 對霍菲爾德之法律地位分析的全面闡述，可參見 Kramer, Matthew. 1998. "Rights without Trimmings." In Matthew Kramer, N.E. Simmonds, and Hillel Steiner, *A Debate over Rights*. Oxford: Oxford University Press, pp. 7-60, 101-111.

3　對《法律的概念》中哈特的法律權力概念另一種不同的（但相容的）解釋，可參見 MacCormick, Neil. 2008. *H.L.A. Hart*, 2nd edn. Stanford, CA: Stanford University Press, pp. 97-98. 當然，我不是主張哈特認為對授予權力的法律之證成會永遠立基於這樣的事實，即授予權力總是對被授予權力的主體有利。任何這類證成的預設，當涉及到授予公共權力的法律時都將變得特別的怪異。

利的而非不利）。

　　哈特承認，奧斯丁式的主權者發布的命令與施加人們法律義務的刑法或者侵權法有些相像。不過，他主張，在奧斯丁式的命令與任何國家均存在的授予人們權力的各式各樣的法律之間，則沒有類似的相似性。在後一種法律之中，皆是使得人們得以進行締結契約或者轉讓不動產，抑或向慈善機構捐款等私人交易的規範。在授予權力的法律中，還存在著授權官員以實踐立法、行政、司法之功能的規範。這類授予權力的法律爲任何法律體系之存續和運行所必備，卻在奧斯丁的法律模型之中無立足之地。在奧斯丁的模型之中，所有的法律皆是苛以要求的命令，這些命令以暴力之威脅爲後盾，懲處不服從的行徑。恰如哈特宣告的，「在授予並限定立法權行使之方式的規則與刑事法律規則之間，存在著根本的區別，後者與以威脅爲後盾的命令有幾分相似」（第 31 頁）。與邊沁一樣，奧斯丁的確爲授予自由的法律留下了餘地——主權者可以表達撤回或者修改由之前的命令所施加之要求的意志——但授予權力的法律之作用被他的理論框架給抹除了。在對奧斯丁的批判中，哈特一次又一次地表明，奧斯丁的法律模式預設了授予權力之規範的運作，但它無法對此進行任何的說明（這裡值得一提的是，對於奧斯丁對授予豁免之法律的忽視，哈特應該也是頗爲不滿。根據霍菲爾德的解釋，豁免是一種不受法律關係某些改變所影響的地位。舉例來說，美國憲法第一修正案授予了每一位美國公民以豁免權，國會立法不能剝奪他們特定的法律自由。奧斯丁式的命令理論對於授予豁免的法律也一樣，不能提供任何比對授予權力的法律更多一點的適當說明）。

　　哈特在幾個方面強調了施加義務的法律與授予權力的法律之間的不同。譬如說，他注意到，施加義務的法律確立的是無條

件的要求，而授予權力的法律確立的要求卻要取決於被授予權力
的主體行使這項權力的意願。施加義務的法律所提出的特定方式
的行動，是「要被法律施加義務的主體禁止去做或者必須去做，
不管他們是否願意」，但授予權力的法律「不會要求人們無視他
們的意願去以某個特定的方式行動」（第27頁）。可以肯定的
是，特別是在公共部門，人們有時負有法律義務去行使他們被賦
予的法律權力。在這種情況下，掌握這些權力的人被法律要求以
特定的程序去行使這些權力，而不論他是否有意願這樣去做。但
是，這種絕對的要求並不是由權力的授予所創設的，而是由與權
力相伴隨的義務所施加的。哪怕該權力與義務是由同一條法規確
立的，該法規中授予權力的部分與施加義務的部分也不一樣。

　　哈特用於標示施加義務的法律與授予權力的法律之不同的
另一個緊密相關的方式是，施加義務的法律透過禁止某些行為方
式進而在規範上關閉了機會，而授予權力的法律透過給予人們
「實現他們意願的能力」（第27頁）擴展了機會。當以這種方
式做對比時，哈特腦中想到的機會，是給予個體做出私法上的諸
多規劃，譬如授權規範使得人們得以締結契約、訂立遺囑、設立
信託、構築婚姻、成立公司等。他進一步指出，沒能在創設這些
規劃的過程中遵守指定的程序，只會使得創設這些規劃的努力失
效，而不構成「對任何責任或義務的『侵犯』或『違反』，更不
會是某種『冒犯』。而且，用這些詞彙去設想（這個不遵守）將
是非常難以理解的」（第28頁）。

　　施加義務的法律與授予權力的法律之間的不同，在公法環
境中將比在私法環境中更為突出。在闡述授權官員從事立法、行
政、司法活動之諸多法律的時候（第28-32頁），哈特舉了一個
立法的例子，形象地突顯了這類法律與施加義務的法律的區別：

「假設某個提案在立法機關獲得了多數的投票而被正式通過，投票支持這項提案的議員並不是在『服從』要求生效法案必須得到多數決的那個法律，同樣地，那些投票反對〔這項提案〕的議員也談不上是服從了還是違反了〔那個法律〕；即使該提案沒能得到多數投票，因此並沒有法律被通過，情形也還是一樣。」（第31-32頁）。哈特總結道：「〔規定了多數決立法程序的法律與施加某些義務的法律〕兩者在功能上的根本差別，使得在刑法相關領域可以妥當地加以適用的術語，並不適合被運用在這個地方。」（第32頁）。

（一）授予權力的法律可能被改造成施加義務的法律嗎？

奧斯丁的支持者也許會堅持主張，授予權力的法律實質上就是施加義務的法律，以此來反駁哈特。如此主張的支持者會聲稱，當試圖在法律上做出某些安排的活動因未能遵守法律上規定的生效要件而失去效力或無效時，這種效力的喪失或無效性就是對未能服從法律要求的懲罰。進而，這些支持者會主張，任何類似將締結契約或其他法律安排之程序要求明確化的法律，均是以不服從即懲罰之威脅為後盾去施加義務的法律。

哈特沿著上述思路構設了一個令人信服的反駁論證。他首先指出，為權力的實踐設定條件的這些法律，與其說是給那些不按照該設定行事的人們施加了一些伴隨著懲罰的義務，毋寧說，它是為這些實踐提供了一套規範的結構。他以立法活動與遊戲之間的類比，強有力地證明了第一個論點（第34頁）：

倘若某個法律上的提案，因為沒能獲得所要求的多數決而

未能成爲法律，便將這種失敗稱作懲罰，這是非常荒謬的。將未獲通過的事實比作刑事法律中的懲罰，就像是將遊戲中的得分規則，理解成消除所有其他的動作只留下踢進球門或跑回本壘一樣，倘若這種理解成功的話，所有的遊戲也就消亡了。同樣地，只有把授予權力的規則理解成要求人們按照某種特定的方式行動，並且其中的「無效」規定是爲了激發人們服從這些要求，我們才有可能將這些規則轉變成以威脅爲後盾的命令。

　　儘管立法活動與遊戲之間類比的例子很具有說服力，哈特還是令人遺憾地誇大了用以反對奧斯丁支持者的第一個論點。他本應當承認，在某些時候無效可以被適當地解釋成在功能上等同於懲罰，即它們都是被用來指引人們不去做某些類別的行爲。畢竟，毫無疑問地存在著一些授予權力的法律，它們設下具備的條件，是爲了阻止人們採取某些行動。譬如說，法律規定，某個約定將是無效的契約，除非該約定的雙方都滿足了一定的年齡要求，並有著清醒的意識。法律所規定的這兩個行使締結契約的權力所必備的條件，毫無疑問就是爲了阻止人們做出某些具有剝削性質的事情，不服從這些條件所導致的無效在功能上就等同於懲罰。哈特本應當也本能夠承認這一點，他需要做的只不過是強調，實踐權力的很多條件——諸如他提及的在立法和遊戲中起作用的那些條件——與我這裡提到的締結契約的條件是非常不一樣的。很多權力實踐的條件，其確立都是爲了給各種不同的活動與事業提供規範性的框架，而不是爲了阻止不好的行動。

　　無論在哪種意義上，哈特用來反駁奧斯丁的支持者們的第二個論點，都是更爲有力的。他指出，即使不對不服從的行爲附加任何懲罰，施加義務的命令也能夠合理地存在。的確，正如我在

其他地方闡述的那樣（《正確理解權利》第 66-67、69-73 頁），不用說那些只是沒有被執行的法律命令，就算是完全不可能被執行的法律命令，它們也能扮演重要的行為指引的功能。與之形成對比的是，授予權力的法律如果對所授權力之行使沒有設定任何必要的條件，那將是不可理解地無意義的。也正因如此，授予權力的法律如果對不遵守它所設定的行使條件的行為，不附加無效的後果，也將是不可理解地無意義的。這是因為，不遵守權力的行使所應必備的條件，將衍生出該權力之實踐的無效性。正如哈特聲明的那樣（第 35 頁，文中的強調為原文所加）：

> 假使不遵守〔任何〕〔權力行使的〕必要條件並不導致實踐的無效，我們便無法合理地說，這個〔授予權力的〕規則是存在的……哪怕對非法律規則而言也是這樣。無效的規定是這種規則不可分割的組成部分，而在同一個意義上，施加義務的規則所附隨的懲罰則不是。倘若沒能在門柱之間攔住球也不算不得分的「無效」的話，記分規則〔以及它為該遊戲提供的規範結構〕就不能被說成是存在的。

（二）另一種將授予權力的法律改造成施加義務的法律的努力

　　儘管尼爾・麥可柯克並不支援奧斯丁的命令理論，他也不依賴無效性等同於懲罰的主張，事實上，他有力地反駁了這個主張（《哈特》第 111 頁），但是他還是以一個不同的方式，將授予權力的規範建構成了施加義務的規範。在重述和擴充了哈特對某一道德規範的闡釋之後——該道德規範規定了成功許諾的條件，

授予了人們透過滿足設定許諾的條件爲自己施加約束的權力——麥可柯克斷言，這個道德規範「從屬於哈特的『施加義務的規則』（obligation-imposing rules）這一類別，它告訴我們，人們『有義務』去做什麼」。他接著說：「只不過，這種義務是附條件的。我肩負*那個*〔約定的〕義務的條件是，我們彼此都是適格的主體，我在適當的環境之下，做了適當的意思表示。」（《哈特》第 95 頁，斜體爲原文所加）。稍後，麥可柯克將這個有關承諾的授權規範定性爲「一個相當明確的『施加義務的規則』」（《哈特》第 96 頁）。在後面幾頁的討論中，當他主張有關承諾的授權規範是「『一個施加義務的規則』，其『權力』〔是〕由這個規則授予，因爲決定人們何時受『約束』的那些條件是根據該規則設定的」的時候，他反覆重申了這一定性。麥可柯克堅稱：「該規則並不只是授予權力，抑或只是施加義務。它既授予權力也施加義務。立基於實施『援引規則』的行動，該規則既施加了一項義務，同時也賦予了一項權力。」（《哈特》第 101 頁）。

　　根據對這些摘錄的一連串引證標注——包括三段對「施加義務的規則」這一短語的援引，我們也許可以推知，麥可柯克已經在他對授予權力的規範與施加義務的規範的合併中誤入歧途。與他理解的相反，他所提及的附條件的義務根本就不是一項眞正的義務。反之，它是霍菲爾德式的責任（liability），更具體一點說，它是引發了一項義務的一個責任。讓我們回想一下，法律或道德責任是指，受制於某人實踐其法律或道德權力之影響的地位。換言之，責任與權力是一對相生的地位，其中一方的存在與內容將衍生出另一方的存在以及相同的內容。因此，珍施加給自己一個基於承諾的義務，這一道德權力衍生出她的道德責任——

她有一個道德責任去透過實踐她的這一道德權力來引致那個道德義務，同時該道德權力也是從這一道德責任中推導出來。不同於麥可柯克，他所談論的附條件的義務其實正是這樣一種責任。基於同樣的道理，不同於麥可柯克，他所談論的那個約定性的規範並不是施加義務的規範，相反，它是一個授予權力（經由一定的步驟，人們對自身施加一個承諾性義務的權力）並產生相應責任（人們有一個責任，透過實踐那些指定的步驟，以產生那個承諾性的義務）的規範。簡而言之，這恰恰是哈特所聲稱的授予權力的規範。

正是因為任何內容的權力的存在將衍生出擁有同樣內容的責任的存在，反之亦然，因此每個授予權力的規範，同時也就是建立責任的規範，一個規範無法只授予權力卻不建立相應的責任。進而，哈特所解釋的那個基於承諾的授權規範，同時也就是一個建立起責任的規範。儘管麥可柯克主張相反的結論，但這樣的規範並沒有施加任何的義務——對該授權規範所授權力的成功運用，才會對實踐了這一權力的人施加一個基於承諾的義務。

另一個反對麥可柯克將授予權力的規範與施加義務的規範混為一談的理由是，並不是所有的權力都施加義務，此外還有創設自由、權力或豁免的權力。一個創設了一項自由的權力，對應的並不是一個引發一項義務的責任，而是一個獲取自由的責任。當然，同樣地，一個創設了權力的權力對應的是獲取某個權力的責任；一個創設了豁免的權力對應的是獲取某個豁免的責任。因此，授予上述幾種情形的權力的規範，並不會建立某項附條件的義務（亦即引致某項義務的責任）。比如說，當某個規範授予某人以權力，經由指定的程序來給予其他人一些豁免權，那麼這個規範就因此建立了一項附條件的豁免權（亦即一項獲取豁免的責

任）。所以，即使有人像麥可柯克那樣，誤將附條件的義務當作義務，他也應當對所有授予權力的規範都可以適當地建構成施加義務的規範的觀點予以否定。

（三）授予權力的法律應當被理解成施加義務的法律中的要素嗎？

到目前爲止，我們檢討了幾個錯誤的將授予權力的法律還原成施加義務的法律的努力。現在，我們應當來認眞思考如下這個我稱之爲「歸入命題」（Subsumability Thesis）的主張：

不是主張授予權力的法律可以被還原成施加義務的法律，而是主張它們可以被歸入施加義務的法律，成爲其中單純的組成部分或要素。

在《法律的概念》中，哈特尤爲仔細地考慮了這個由漢斯‧凱爾森（Hans Kelsen）闡述過的命題（第35-42頁），雖然在之後的文章中，他主要探究的是由邊沁提出的某個更爲溫和的版本（《論邊沁》第118-122、200-219頁）。

歸入命題並沒有觸犯前文已展示過的那些錯誤，它既不依賴於將無效性視作懲罰的歸類，也不依賴於麥可柯克將義務與附條件的義務混爲一談。事實上，哈特沒有基於邏輯的或形式的理由反對這一命題，相反地，正如我們即將看到的那樣，他反對這一命題的理由是：該命題遮蔽了授權法律獨有的功能或說社會角色。

儘管在《法律的概念》中，哈特集中精力主要處理的是與凱爾森關聯在一起的極端版本的歸入命題，他在文中也論述了邊沁的溫和版本。根據溫和版本，諸如禁止偷盜、縱火等施加義務的

法規命令，屬於指向公民的完備（full-blown）法律，而在表面上，授予權力的法律則不是完備的法律，而是對適用某些施加義務的法律之充分條件的說明。因此，溫和版本歸入命題的支持者們將授予權力的法律理解爲眞正的法律——即那些施加義務的法律——的組成部分或片段。極端版本歸入命題的擁護者們同意，授予權力的法律只不過是完備法律的部分或片段，但他們主張，唯一完備的法律不是指向公民的而是指向官員的。這些法律指引官員們在指定的條件之下實施懲罰，授予權力的規範自身就是這其中的一些條件，累積起來可以觸發懲罰，而且它們進一步規定了這些條件。根據極端版本的黨羽們對歸入命題的理解，指向公民的施加義務的法律同樣也是其中的一些條件。

　　哈特令人信服地指出，極端版本的歸入命題顛倒了法律的主要方面與次要方面。透過頒布權威性標準，法律治理體系的主要功能是爲公民提供行動指引，協調公民間的行動，維護公共秩序，建立各種活動的規範框架。[4]對這些主要功能來說重要但屬於從屬地位的，是各種解決糾紛和懲罰罪犯的機制。哈特再次卓有成效地將法律體系的規範類比爲諸如棒球這樣的遊戲規則。對於將所有這些規則均理解爲是對裁判員和記分員關於在何種條件

---

[4]　當然，正如我在其他地方（Kramer, 1999, 45-8; 2007, 113-15）討論過的那樣，在極端情況下，可能存在這樣一種法律體系，指向公民的法律之頒布只是通過司法與行政的裁決來實現的。隨著裁定及其說理的累積，這些決定的模式以及這些說理的內容將成爲普通公民以及他們律師的行動指引，他們由此知曉規範，他們行動的法律後果也正是由此得到評價。僅僅透過這種間接的頒布方式進行治理的法律體系，在任何大型的社會都是不可想像的，但它確實可能存在於某些小而簡單的社會之中（這裡還需要指出的是——正如我在第五章還會強調的那樣——我這裡所講的法律的主要功能並不必然是道德性的）。

下他們應當得出什麼結論、做出哪些舉動的指示的做法，哈特強調了這種理解的不合理之處（perversity）。儘管特別指向裁判員與記分員的那些規則也是重要的，但諸如棒球這樣的遊戲，其大部分規則主要是指向球員的。倘若我們將所有這些規則都解釋爲主要是或者專門是指向裁判員和記分員的，我們便會破壞評委們的工作，因爲我們將因此忽略這些規則爲球員提供行動指引以及使得他們相互配合、協作在一起的諸種方式。正如哈特說的那樣：「這種對規則的改造所強加給它們的統一性，遮蔽了規則發揮作用的方式，遮蔽了球員在應用規則實現戰術行動時的態度，同樣也遮蔽了它們在儘管是競爭性的、但相互協作的社會事業中的功能，恰恰被遮蔽掉的才是遊戲。」（第40頁）。

　　儘管溫和版本的歸入命題並不主張所有的法律規範主要是或專門是指向官員的，它也同樣以扭曲和混淆的代價追求著統一性。哈特鼓勵他的讀者們「從實踐〔被授予權力的〕主體的視角」去考慮授予權力的法律。當我們留意內在觀點的時候，我們便能夠理解，授予私主體權力的法律是「超越和凌駕強力之控制的由法律加諸進社會生活的額外要素」。哈特解釋道：「這是因爲，擁有這些法律權力，使得私領域的公民成爲了私領域的立法者，倘若沒有這些規則，他們純粹不過是義務的承擔者。在契約、信託、遺囑以及能夠設立其他結構的權利與義務的範圍之內，他被授予了充分的資格來決定這些法律事務。」哈特用一個反問句精闢地闡述了他的觀點（第41頁）：「何以運用的方式如此獨特，產生的便利如此巨大而出衆，乃至施加義務之規則的影響也要部分立基於這些權力的運行，反而這些授予權力的規則不應當被理解爲不同於施加義務的規則？」（需要注意的是，哈特沒有主張，他也無需主張私權力廣泛地存在於每一個法律體系

或至少是每一個典型的法律體系之中。在一些原初的以及共產主義法律體系之中，私權力的存在是比較稀少的。哈特會很樂意地承認這一點，同時堅持，即使是在這些法律體系之中，歸入命題也遮蔽了這些僅存的授權法律的獨特性。在大量存在這些私權力的眾多法律體系之中，對於授權法律的獨特性，歸入命題更是嚴重地失真的）。

當授權規範被視作只是施加義務的規範之片段時，那些授予官員們法律確認、立法、司法、行政等公權力的規範也一樣被曲解了。正如將在下一章中看到的那樣，哈特認識到，這些授權規範對於任何一個法律體系的存在和運行來說，都是至關重要的。因此，他寫道：「將這些規則理解爲只是義務規則的某個部分或片段，甚至比在私領域更加遮蔽了法律以及在它的框架之下成爲可能的那些活動的獨特特徵。」（第41頁）。猶如其他地方一樣，在這裡，哈特不是立基於邏輯的或形式的理由反對歸入命題，而是因爲，任何此類理解授權法律的理論，都嚴重缺乏對這類法律在塑造社會習俗與社會交往中之重要性的把握。

（四）哈特對授權規範的忽視：內在觀點

鑑於哈特對奧斯丁漠視授權規範的批判非常清晰犀利，他自己在其理論研究的若干重要部分卻遺漏了這些規範，便特別令人驚訝。我可以舉出好多例子以引證他對授權規範的忽略，但爲了使本章保持一個可控的長度，我將只做出兩個引證（我在本節展示第一個例證，在下一節展示第二個例證，進一步的例證將是在第三章的末尾）。

在上文第三節的倒數第二段，我已經提到了權力擁有者的內在觀點。哈特在對溫和版本的歸入命題的反駁中便援引了這個

內在觀點。但令人非常側目的是，他沒有對權力擁有者的內在觀點做出過任何解釋。他對內在觀點的闡述——哈特對法哲學所做的最重要的貢獻之一——完全集中在施加義務的規範上，而不是在授予權力的規範上（也不是在授予豁免的規範之上）。他本意是用該闡述去重新說明任何接受了社會規範的人的觀點，但事實上，他重新說明的只是那些接受了**施加義務**的規範的人的觀點。

在《法律的概念》的第四章，哈特描述了作為內在觀點之標識的批判性反思態度（第 55-75 頁）。經由這一描述，哈特旨在闡述對於他對奧斯丁之批判，以及他自己的替代性法理論來說均極其重要的兩大區分：立基於規則指引的行為與只是立基於習慣的行為的區分，以及實踐的參與者與觀察者之視角的區分。在本書的下一章，我們將檢視哈特對觀察者之外在視角（以及非參與者可能採取的另一個重要視角）的思考。在這裡，我們只集中聚焦在內在觀點上，它涉及到參與者對某個規範、實踐或機制的接受。

儘管批判性反思態度是一種情感，它表現為三種行為處置方式（內在觀點的內在性是對於某個規範或實踐或制度的內在性，正是在回應這個規範或實踐或制度之中，呈現出這樣幾種行為處置方式）。對於某個規範 N，某人顯示出批判性反思態度，一般來說，他會傾向於服從規範 N 的要求，同時他也會傾向於批評那些違反這些要求的人，並且他還會傾向於認可施加在違反行為上的責難之適當性——無論他本人何時違反了規範 N，哪怕是不知不覺地違反也一樣。恰如哈特持續強調的那樣，這些行為處置方式的背後可以有多種不同的動因（第 197、231-232 頁）。

在現有的文本中，哈特對於內在觀點的分析本來非常具有洞悉力，其令人困窘之處在於，該分析只適用於施加義務的規範

而非授予權力的規範。[5]縱觀他對社會規範與內在觀點的討論，他所設想的均是由施加義務的規範所設立的絕對要求。正如他寫道的：「在存在〔社會規範〕之處，偏離通常被視為有待批評的過失或錯誤，這些被威脅了的偏離，也會面臨要求服從的壓力。」（第55頁）。換句話說，哈特這裡所思索的社會規範，明顯不同於他所設想的授予權力的規範，後者的角色是為多種不同的法律安排提供結構或框架，而不是阻止人們從事很多被認定為錯誤的行為。他的確在《法律的概念》的其他部分談到授予權力的規範——它們好似規定如何進球或奔跑才能得分的未加編纂的遊戲規則，但在他對反思性批判態度的闡述中卻未能將這類規範含括在內。同樣地，儘管在努力強調授予權力的法律與施加義務的法律在功能上的區別之時，哈特訴諸了權力擁有者的觀點，但他並沒有為該觀點的闡述提出一個足以匹敵的分析，以與他對人們在接受施加義務的規範時所展現出來的批判性反思態度所作的分析形成對比。

這個缺失在哈特的法理論中是值得注意的。不只是因為它將哈特自己與其他那些忽視了法體系中授權規範之功能的法哲學家們擺放在了一起，而且也是因為哈特對適合於施加義務的規範之內在觀點的描述，並不能直接修改成適用於授權規範之內在觀點的描述。儘管任何充分的有關後者的描述與前一個描述之間肯定有一些明顯的相似之處，但它們之間也一定會有一些重大的不同。那麼，讓我們檢視兩個說明授權規範之下的參與者之內在觀點的進路。這兩個進路之間並不是相互排斥的，甚至有可能在對

---

[5]　少數注意到此點的評論者之一是 Stephen Perry（2009, 308-9）。遺憾的是，佩里由此出發，得出了關於哈特法哲學非常錯誤的結論。

這一問題進行適當的徹底解決中結合在一起。

首先，我們可能認爲，只有在這樣幾個條件之下，某人才算對某個授權規範（PN）做了內在觀點式的接受：(1) 他通常傾向於認可行使 PN 所授權力的任何行爲所產生的效果，並且他通常傾向於認爲所有未能成功行使這些權力的行爲，均不會產生那些效果；(2) 他通常傾向於批評或糾正那些未能認識到上述效果之發生或不發生的其他人；(3) 他通常傾向於認可他在未能認識到這些效果之發生或不發生時所遭致批評的適當性。很顯然，這三個要素與哈特說明批判性反思態度的三個要素是相對應的。只不過，與主要指向 PN 本身相反，這幾個要素主要指向的是行使 PN 所授予之權力的行爲。對任何這些行使權力之效果的認可，既是一個認知問題，同時也是一個行爲問題。人們對這些效果的認可既是透過理解它們——每當他有理由去做這樣理解的時候，也是藉由在回應這些效果的過程中，調整自己的行爲和決定。當然了，在很多場景中，這種對自我行爲與決定的調整可能完全是慣常的、不加反思的。儘管如此，只要一個人有理由去著手這些調整但卻沒能這樣去做，他至此就未能對該 PN 採納內在觀點式的接受——除非他以自我批評或他人規勸的方式及時糾正了自己的過失。

其次，我們可能認爲，只有在這樣幾個條件之下，某人才算對某個 PN 做了內在觀點式的接受：(1) 在行使這些權力很明顯是有裨益且正當的情況下，他通常傾向於行使 PN 授予他的權力；(2) 在行使這些權力很明顯是有裨益且正當的情況下，他傾向於批評那些持續未能行使 PN 授予給他們的權力的人們；(3) 在行使這些權力很明顯是有裨益且正當的情況下，他傾向於認可他因持續未能行使前述權力所遭致反對意見的適當性。同樣地，

這裡提煉的三個要素，每一個當然都是與哈特說明批判性反思態度的三個要素相對應的。

也許有人可能會擔心，上面兩段並沒有闡述授權規範上的內在觀點，而是對施加義務規範之內在觀點的闡述。根據這種設想，上文倒數第二段提煉的是某人接受某個施加了他義務的規範之內在觀點，該義務要求他對任何行使某些具體權力之行為的效果予以認可；而上文最後一段提煉的是某人接受某個施加他義務的規範之內在觀點，該義務要求他在行使某些特定的權力是明顯有裨益且正當的情況下去行使這些權力。傾向於提出這種擔憂的讀者會進而認為，我並沒能提供一套對授權規範之內在觀點的說明。

面對這種質疑，這裡有兩個適當的反駁。首先，即使基於論證的便利，假定我對 PN 之內在觀點的闡述，只不過是對某些施加義務規範之內在觀點的闡述的具體說明，我們也應當主張，這些闡述加總在一起詳細敘述了接受 PN 之人的內在觀點。鑑於與之相關的施加義務之規範，要麼是要求認可行使權力的效果，要麼是要求行使這些權力，對每一個這類規範上的批判性反思態度的具體說明，也會跟對與 PN 相關的內在觀點的說明相一致。某個採納內在視角接受相關施加義務之規範的人，他對 PN 的接受本身就包含了他對內在視角的採納。

對上文倒數第二段所概述擔憂的進一步反駁是，我對接受 PN 之人內在觀點的闡述要遠比該質疑所暗示的要更為廣闊。這些闡述每個的確都詳細敘述了某些施加義務之規範的內在觀點，但這些闡述所能涵蓋的範圍要遠為廣闊。我的第一個闡述依然適用於任何這一類情境：該闡述所涉及的批評指向的不是某個義務的違反，而是某個智力愚鈍的事例。同樣地，我的第二個闡述也

能適用於任何這一類情境：該闡述所涉及的批評指向的不是某個義務的違反，而是某個不審慎的事例。換句話說，即使不存在要去認可行使 PN 所授權力之行爲效果的義務，以及不存在於明顯有裨益的情況下要行使這些權力的義務，人們仍然能夠對 PN 採取內在觀點式的接受。因此，（無論是哪一個版本）我對接受 PN 之人內在視角的提煉，並不能還原爲對接受施加義務規範之人內在視角的提煉。

現在，儘管我已經試著駁斥了有關授權規範之內在視角上對我的兩個闡述的質疑，但我並沒有將這兩個闡述之中的任何一個用作定義性的公式。毋寧說，它們均是提示性的，以激發對這一問題的進一步思考。正如我在上文設想的那樣，在對這一問題的完整處理中，這兩個闡述需要合併在一起。對於 PN 上內在觀點的存續來說，兩個闡述中每一個勾勒的均是其存續必要的三元條件，而不是充分的三元條件。這裡的關鍵目的只是指出，哈特在他對內在觀點的分析中忽視了授權規範（以及授予豁免的規範）的事實。做出如此重要的工作以讓同仁注意到授權規範之重要性的哲學家本人居然忽視了它，這一點是相當令人側目的。

（五）哈特對授權規範的忽視：自我施加的義務

在《法律的概念》最後一章，哈特對國際法的約束所施加給國家主權的限制做出了大體上值得稱讚的論述。但是，該論述中有一簡短部分呈現的混淆是災難性的——該混淆也是哈特忽視授權規範的另一個例證。[6]哈特在那裡旨在駁斥有關國際法的自願主

6　傑里米・沃爾德倫（Waldron, Jeremy. 2013. "A 'Relatively Small and Unimportant' Part of Jurisprudence?" In Luis Duarte d'Almeida, James

義理論，該理論力圖「透過將所有國際法上的義務都認作諸如許下承諾這類自我施加的義務，來調和國家主權（的絕對性）與國際法中有約束力的規則之存續」（第224頁）。在對自願主義理論的這一描述中，哈特正確地指出，此一理論所待解釋的關鍵在於國際法施加在國家之上的義務。自願主義進路的支持者主張，任何這類義務的啓動，都要經由每一個處在這一義務之下的國家對它們的接受。儘管哈特以這樣的方式正確地開始了對自願主義的討論，但在他決心證明「旨在表明國家因爲其主權，而只能服從或受其自我施加的規則約束的論點」（第224頁，原文中的強調被省略）的不一致時，卻跌入了混淆之中。儘管他已經開始將自我施加的**義務**這一論點歸於自願主義者以作糾正，但在上文中，哈特錯誤地歸於他們的還是自我施加的**規則**這一論點。這一錯誤彌漫在他力圖揭露自願主義之不一致的整個過程之中，如他爭辯的那樣「認爲國家可以經由承諾、協議或條約給自身施加義務的這種〔自願主義〕觀點，與國家只服從於它所加諸在自身上的規則的理論之間，其實是不一致的」。他詳細解釋道（第225頁，斜體強調爲原文所加）：

　　因爲，爲了使無論是口頭的還是書面的語詞，在特定的條件下能發揮像承諾、協議或條約的作用，並因此產生義務和賦予他人得以主張的權利，規定了國家必須要做它以適當的語詞表態去

Edwards, and Andrea Dolcetti (eds.), *Reading HLA Hart's The Concept of Law*. Oxford: Hart Publishing, pp. 209-223.）對哈特有關國際法的思考做出了非常多的目中無人的批評，但奇怪的是，他卻未提及哈特的這條推理，這本是我認爲能夠構成例外的可以被批評的一個點。

做之事的規則就必須先行存在。很顯然，這些先行存在的規則，無法透過某個自我施加的服從義務來獲得其自身的義務性地位。

　　儘管哈特的主張是對的，不加區分地否認在國際法領域存在獨立於接受的規範之可能性，將會與國家能夠自我施加義務的主張不相一致，但他也因此攻擊了一個稻草人[7]——因為自願主義論者否認的不是獨立於接受的規範之可能性，而是存在獨立於接受的義務之可能性。他們對後一個可能性的否定與對前一個可能性的肯定之間是不衝突的，這是因為，可以適用於國家的規範還包括了授予權力的規範，授權規範之中有一些是獨立於接受的。授權規範自身並不是義務性的，在授予權力的範圍裡，它們並沒有對國家施加任何義務。因此，在國際領域，一些授權規範獨立於接受的屬性（acceptance-independence）與加諸在國家之上的所有義務，都是經由接受而自我施加的這一主張之間是不衝突的。

　　當哈特在上文中寫道，國家對自身施加義務的規範無法從任何自我施加的服從義務中獲得該規範自身的義務性時，很奇怪，他未能看出這些規範是授予權力的規範而非施加義務的規範。與其他授權規範一樣，它們不是義務性的，因此它們不需要從任何其他來源中獲得義務屬性。它們不是對每個國家施加義務，相反，它們賦予每個國家對其自身施加義務的權力。最令人困惑和沮喪的是，我在這裡所做的澄清，恰恰是哈特在《法律的概念》第三章中對授權規範的討論所做的必要之修正。他在那裡強

---

[7]　譯者註：稻草人謬誤係邏輯謬誤中的一種錯誤，意思是，設置了一個不存在的或者虛假的很好攻擊的對象予以攻擊、批判。

調，授予權力的法律對於它們所針對的任何人來說均不是義務性的——「這類法律並不施加義務」（第 27 頁）——並且他正確地指出，使得人們得以經由特定的許下諾言的程序，來約束自我的承諾性規範就是授權規範的典範（第 43 頁）。鑑於那些使得個人能夠約束自我的承諾性規範，在道德上對應著使得國家能夠進行自我約束的國際法規範，哈特對國際法規範所具備的授權屬性視而不見，就眞的十分令人費解。

三、立法者困境

在他對奧斯丁式的命令理論的批評中，哈特的一般策略是力圖指出，任何類似的理論都會因爲模糊了法律的規範性而遭致失敗，這一策略很好的例證便是，他控訴命令理論無力解釋掌握著主權的立法機關，它們中的成員們如何可能受到自己頒布的命令的約束（第 42-44 頁）。儘管幾乎在任何一個社會，最高立法機關的成員們都會被豁免於某一些適用於絕大多數人的法律要求，但他們也需要與所有其他人一起遵從大多數日常的法律要求。與所有其他人一樣，這些成員也不能合法地從事縱火、謀殺、欺詐、強姦等行爲。在這些以及其他許多方面，每一個治理體系的實際情況都與奧斯丁式的搶匪命令模型不相契合。當搶匪向他的受害者發布命令，他只是命令的發布者而非承受者。奧斯丁自上而下的法律模型，結合其刻畫的從統治的地位強加命令於其公民之上的主權者形象，的確沒有爲這些主權機構中的成員留下也要受這些命令約束的空間。

正如哈特已經指出的，對於奧斯丁的擁護者來說，最誘人的

辯護策略是將每一位立法者區分出私人個體的身分與作爲主權官員的身分。施加在立法者身上的法律要求，是立法者們集體對前一個身分的他們施加的，這些法律要求則是集體中的他們以後一個身分作爲主權機構的成員做出的。可見，奧斯丁的擁護者會傾向於做出這樣的回應。這種公與私的區分本身是無可指摘的，但是如哈特所說，它無法成爲奧斯丁的支撐。畢竟，任何類似公與私的區分，都預設了賦予一部分人公權力以作爲立法者來履職的授權規範的應用，但正如我們已經知道的，在奧斯丁式的命令理論之中，並無授權規範的立足之地。每當有人訴諸公與私的區分以順應哈特的洞悉——在任何一個典型的社會，日常的法律要求都將適用於這個社會最高立法機關中的成員——他就已經放棄了奧斯丁式的對於法律的理解。

　　因此，正是透過提出剛剛述及的論點，連同他對其他反對理由的回擊，哈特揭示出了，何以奧斯丁式的命令理論之不可克服的弱點根源於其對法律的規範性的持續無視。奧斯丁的擁護者們將一次又一次地發現，克服命令理論之局限的唯一途徑，是拋棄這一理論，以接受一種能將法律體系理解成一組複雜地相互關聯在一起的規範之矩陣的路徑。這一基本觀點也遍布在哈特對奧斯丁的後續批判之中，我將在本章對此予以總結。

四、來源自習慣的法律

　　在幾乎每一個法律體系之中，法律均不只是來源於諸如法律制定、司法裁判、行政法規以及憲法條款這類正式淵源，它還來源於一些習慣性的實踐。在諸如商業這種人類生活特定的領域，

當某些實踐是長期存續的、被普遍遵守的、同時也是合理的時候，這些實踐形成的規範在某些情況下，也會被法官或行政官員認為具備法律上的約束力。儘管幾個世紀以來，在大多數法律體系之中，習慣作為法律來源的重要性已經降低，但它並沒有完全消失。任何對法律的性質的充分說明都需要解釋，習慣性的規範如何能夠成為法律規範。

奧斯丁的確力圖對此提供一個解釋。當然，他所面臨的問題在於，習慣性規範成為一國的法律似乎與他自上而下的法律創設模式明顯不相調和。法令是奧斯丁式的主權者從凌駕於公民之上的主權地位向這些命令之下的公民發布的，而習慣性的規範來源於廣泛而分散的個體或組織逐漸累積成形的相互交往模式。這類規範的顯現是一種自下而上的結晶，而非自上而下的強加。

注意到他對法律創設的解釋與習慣性的規範需要得到充分持久且廣泛的實踐，才有可能進展成具有法律約束力的準則之間的明顯不一致之後，奧斯丁試圖透過一條由兩個主要前提構成的推理來克服這一困難。他首先強調，在任何特定的國家，習慣性的規範在被法官或行政官員（主權的公職人員）援引和應用之前都不是法律；接著他辯解道，主權者對法官與行政官員援引和適用習慣性規範的行為表達了默許，因為他本可以撤銷他們的決定進行干預卻沒有這麼做。進而，奧斯丁認為他已經平衡好了習慣性規範成為法律與他的論點（所有的法律都立基於主權者的意志，是其意志的體現或表達）之間的關係。

哈特對奧斯丁論證中的每一個前提都進行了攻擊（第 46-48頁）。對於第一個前提，哈特主張，至少在與我們相類似的法律體系之中，奧斯丁顛倒了習慣性規範與司法或行政裁決之間的真實關係。與習慣性規範因為被司法或行政官員援引和適用才

獲得法律的地位相反，習慣性規範應該被司法和行政官員援引、適用，是因為這些規範就是法律，而司法與行政官員有義務也被授予了權力去做這樣的確認。哈特認為，就純粹的可能性來說，可能存在著某個典型的法律體系，在其中某些習慣性規範是以奧斯丁描述的方式獲得其法律地位的。但是，在我們所熟悉的典型法律體系之中，這些規範成為法律的進程都與奧斯丁所闡述的相反。至少，這些我們所熟悉的法律體系屬於非常可信的事例，對應更真實的可能性。這便意味著，奧斯丁無視這些事例，堅持主張習慣性規範在被逐個地援引和適用之前從來不是法律，只不過是他的法理論具有致命不足的另一個表徵。

在對奧斯丁有關默許之前提的回應中，哈特同意，主權者沒有推翻某個具體的司法或行政裁定的背後，可能是他對所做之事的默認。但是，這不可能是主權者不予干涉的唯一原因，而且通常來說，也不是主權者放棄推翻司法或行政官員裁定的最可信的原因。在一個龐大的國家法律體系之中，主權者在無數場合均不干涉的背後，最可能的情形是，對上述所有裁決進行監控在事實上是完全不可能做到的。主權者的不干涉，更通常被解讀成他對某個裁決不可避免地一無所知，而非對它的贊成。而且，即使在少數的場合主權機構的成員對司法或行政官員適用習慣性規範是知曉的，他們默許這類適用的原因也不是認可這類做法，相反，他們可能只是意識到，每天持續推翻這類裁斷，會侵蝕司法或行政官員的權威。因此，儘管在某些時候，習慣性規範的援引與應用沒有被上位者撤銷，可以被正確地推論為主權者的默許，但在無數其他的情形中，對干預的沒有發生都存在著其他的解釋。奧斯丁的擁護者們無法正確地假定，在每一個沒有被挑戰的司法或行政裁定背後，均是主權者的默許。正因如此，奧斯丁的擁護者

們也就無法主張，每一個這樣的決定都立基於主權者的意志。習慣性規範可以不以如此立基的方式成為法律。

簡而言之，奧斯丁式的闡述習慣性規範成為法律的進路是非常不充分的。在我的下一章中，哈特自己對於這類規範成為法律的闡述將得到呈現，不過我們應當已經清楚的是，獲得法律身分本身即是規範的產物。正如我們將看到的，賦予某些習慣性規範以法律身分的基礎性規範無法被分析成奧斯丁式的命令（這些基礎性規範透過明確諸如存在的持續性、遵守的普遍性與內容的合理性等屬性，從而使得法律的身分可以被賦加到那些習慣性規範上）。許多這樣的基礎性規範，都是授予權力的規範，即使某些基礎性規範屬於施加義務的規範，它們也不是來自於某個在上的主權者的命令。因此，儘管對某些習慣性規範成為法律進行闡述所面臨的問題，最初可能是難以理解的，但它已經被證明是哈特能夠劈開奧斯丁式的法律創造模型的楔子之一。哈特的替代模型將在本書的下一章中得到檢視，其優勢恰恰來自於它避免了奧斯丁理論中無法補救的扭曲性特徵。

五、主權者的諸多限制

讓我們以檢視奧斯丁對主權者在法律上享有不受限制之特權的堅持結束本章。邊沁認為，一個國家中的最高立法者是可以被限制與分割的（《論邊沁》第九章），但與邊沁不同，奧斯丁主張主權者的統治從來不受任何法律的制約。在對奧斯丁這個觀點的反駁中，哈特同意，可能存在著某個法律體系，在其中最高主權者或主權機關的確不受任何法律的箝制。但是，奧斯丁並不只是在對存在這類法律體系的可能性或真實性進行確認，奧斯丁的

主張要強烈得多，他認為，主權者不受法律限制的特權是每一個法律體系之存續的概念性必要條件。哈特合理地質疑了這一概念性命題，並點出了可能誘導人們接受這一命題的幾個混淆及其根源。這裡我們特別需要注意哈特指正中的兩個要點。

　　第一，一個潛在的混淆來源於這樣一種觀點，即對主權者之統治的任何法律限制，均必須存在於法律義務之中。需要澄清的是，即使這個觀點是正確的，它也不會排除法律限制的可能性。這是因為，正如邊沁認知到的（《論邊沁》第108-109頁），施加給主權者的法律義務，完全可能經由不同形式的司法審查予以實施。不過，當我們意識到這些限制通常存在於權力的克制之中，而非法律義務的強加之上時，對主權者之統治的法律限制，其可能性將變得更為清晰（第69、70頁）。例如，美國憲法第一修正案規定，美國國會不得有剝奪美國公民諸種法律自由的法律權力。假如國會制定了某個試圖限制第一修正案中所保護的某個或多個自由的法案，任何正確審查這一法案的法庭都會宣布該法案無效，因為它超越了國會被法律授權的範圍。正如本章第一節已經闡述過的那樣，國會所定法案之無效，並不是對違反了某一法律義務的懲罰，而是試圖實施一項本不存在的法律權力的必然結果。對主權者立法權之限制的典型形態通常便是這類限制。

　　第二，另一個潛在的混淆來源於對至上性與無限性的混同（第70-71頁）。在美國治理體系的聯邦層面，最高的立法機關是國會，最高的行政機關是總統，最高的司法機關是美國最高法院，這些機關在政府每的一個分支內部均是至高的，但其中沒有一個機關在它的權力範圍之內是無限的。任何傾向於捍衛奧斯丁的學者，都需要時刻對法律至上性與法律無限性之間的區別保持清醒的認識。

　　奧斯丁本人倒不是沒能注意到美國治理體系中，最高立法機關需要在它被授予權力的範圍內制定法律的限制，但是與得出法律上的主權者在任何國家都不是必然不受法律限制的結論相反，奧斯丁得出的結論是——明明事與願違——美國的國會，無論是其自身還是其與總統的結合，均不構成美國治理體系中的主權者。奧斯丁肯定地說，其實美國的治理體系之中，在名義上的主權者背後，真正的主權者是全體選民。

　　哈特對奧斯丁的這一處理進行了猛烈地抨擊（第 71-78 頁），其核心要點在於，奧斯丁再一次藉助了他的命令理論根本沒有加以闡述的授權法律的運行。讓我們以下述方式仔細展開這一問題。美國目前的選民大概是 2.3 億，如果他們要扮演奧斯丁式的主權者的話，他們得能做出決定。但他們能夠以幾個好友決定在哪家餐廳用午餐的方式達成非正式的合意嗎？一個障礙在於，採取這種非正式地做出決定的方式，會使得自上而下發布命令的奧斯丁式的主權者變得很奇怪。當朋友們不拘禮節地一致同意去某個地方用午餐時，他們並沒有命令自己去臨幸這間餐廳，當過去這間餐廳時，他們也不是在服從他們自己。同樣地，倘若某些法律規範是選民經由類似非正式地取得合意的決定模式做出的，美國全體選民中的成員也不是在命令他們自己服從這些規範。奧斯丁整個命令與服從的法律模型根本就無法適用到全體選民這類情境，而且一個更嚴重的問題在於，那種以為 2.3 億選民可以按照幾個朋友選擇餐廳的模式取得非正式合意的想法，純粹是荒誕不經的，哪怕是在一個更為限定、具體的事務上，想讓這麼多人達成非正式的合意也是完全不可行的，奢望在諸多歷時更久、更為宏觀而複雜的公共政策上取得很多類似的合意更是荒唐可笑。

　　簡言之，倘若美國的選民們要像主權者那樣行動，他們取得決定的方法不可能是幾個朋友之間協商式的，全體一致地取得非正式的合意甚至就不是一個靠譜的目標。相反地，他們做出決定的方法必然要經由一系列規則與正式程序的組織和引導。這種複雜的安排要處理諸如以下的問題：誰有資格參與決策的制定？適格的民眾何時、在哪、以何種方式參與這些進程？這一決定的進程之中如何確認和選擇待解決的議題？人們在這一程序中的建言如何能得到最佳的彙聚？為了議案或候選人選舉的成功，需要給予什麼程度上的支援？如何執行這些決定？有了處理這些問題以及無數其他問題的各類規則與程序，2.3 億全體選民才能夠集體地做出決定。任何想要為大國（甚至小國也一樣）的全體選民能夠扮演奧斯丁式的主權者這個觀點進行辯護的人，都將不得不同意，這一角色的履行必然需要涉及到這些各類規則與程序。只不過，對於奧斯丁的捍衛者來說，非常麻煩的問題在於，這些剛剛說到的規則和程序都是由授予權力的法律創設的，而奧斯丁的命令理論沒有為這類法律留下任何空間。正是這類法律使得全體選民中的成員透過遵守具體指定的諸種程序和安排，讓參與集體決策的行動具有約束力，從而做出權威性的決定。沒有了這些規定了以上程序和安排的法律，任何集體性的決策都將因欠缺組織性而徒勞無功。因此，要想證明奧斯丁將全體選民定為主權者的處理，他的捍衛者們就不得不拋棄他的命令模型，代之以一套能夠充分解釋法律體系之中的所有法律的理論。

　　因此，透過剖析奧斯丁對主權者的論述，哈特再一次強調了他反對奧斯丁整個法理論的核心論點。任何遮蔽了法律之規範性的法理進路，都不會是成功的。哈特在他對奧斯丁批判的結尾處這樣說道（第 77 頁）：

　　反對這個〔奧斯丁命令〕理論的上述論證……是根本性的，它們足以歸結爲這樣一種主張，即該理論不只在細節處是錯的，而且「命令」、「習慣」、「服從」這些簡單概念對於法律的分析來說，不可能是適當的。它轉而需要的是某個授權規則的概念，該規則以受限或不受限的方式賦權給某些主體，使他們得以遵循特定的程序以一定的方式進行立法。

　　對於奧斯丁的法律模型，哈特還提出了很多輔助性的反對意見，但貫穿他對奧斯丁法理論之反思的，是他對法律體系根本上來說是一套規範體系的堅持。當然了，堅持這一點並不是就要否認法律體系不能用作實施強力控制與引導的工具。哈特非常清醒地意識到，透過這些方式——這些潛在非常危險的方式——法律體系的運行提高了運行法律體系的群體的集體強力。不過，哈特將對這一要點的認知與他同樣堅定的另一個認知結合在一起，即法律體系的這些運行本質上是規範性的。我們接下來研究哈特自己的法理論的主要內容將會發現，他對法律的規範性的強調無處不在。

第三章
哈特法理論的基本構成

在與奧斯丁的命令理論拉開距離之後，哈特組建了自己的替代性進路。儘管他堅定地堅持著幾個不同版本的命令理論也從屬的法實證主義傳統，哈特致力將這一傳統與他在奧斯丁的法理論中暴露出的不實與曲解相分離。他不是試圖在奧斯丁命令理論的範圍內對其缺陷做些胡亂的修補，而是致力於取代這個理論，執掌法實證主義的傳統至一條完全不同的道路。在這一過程中，他著力為他在《法律的概念》一開始引入的三個主要問題（法律與強制力之間的關係問題、法律與道德之間的關係問題以及法律的規範屬性問題）提供一組滿意的答案。最值得注意的是，為了反對奧斯丁的法理論，他努力給予法律制度的規範性以應有的重視，並在同時強調，這些制度的規範性並不必然是道德性的。正如他所宣告的那樣：「〔命令理論〕失敗的根源在於這一理論所賴以建構的基本要素，也即命令、服從、習慣與威脅等概念，並沒有含括，它們的組合也無法產生規則的概念，但沒有規則這個概念就無法解釋哪怕是最初級的法律形式。」（第80頁）。

在完成對命令理論的批判之後，哈特組合了他自己的法理模型的大部分要素，不過他在批判的過程中已經引入了這些要素中的一些部分。在本書的第二章，我已然提到了哈特對內在觀點與其他觀點的區分（或一系列區分）。儘管他對幾個觀點的主要討論是在完成與奧斯丁的對峙之後，但他最初提到內在觀點卻是在這一對峙的過程之中。部分基於這個原因，也部分是因為這些觀

點之間的區分在哈特法哲學中的重要性，本章從將從這些區分說起。

　　不過，一個初步的告誡是必要的。在第二章的第四節，我指責過哈特，他對內在觀點分析的方式使得其只適用於施加義務的規範，而不適用於授予權力的規範以及授予豁免的規範。我在那裡大膽提出了兩個對於授權規範上之內在觀點的解釋，任何對維繫法律體系運作之觀念的全面說明，都必須含括這兩個解釋或者其他可替代性的解釋，以確保這一說明能夠包括官員與公民們以授權規範為核心的觀念。只不過，由於在這裡繼續展開我對哈特之忽視的矯正，將導致現有討論變得無法管控地冗長，所以在這個部分我將順著他的做法，將內在觀點描述成僅適用於施加義務的規範的樣子（在本章的最後一部分，我將重新批判哈特的疏忽）。

一、內在與外在的區分

　　正如在第二章中闡述過的，內在觀點是參與某個實踐、活動或制度的人的觀點。這樣的人為了維護這個實踐、活動或制度中施加義務的規範，而對這些規範採取批判性反思的態度。正如我們所看到的那樣，這個批判性反思的態度將自身展示為三種行為處置方式：通常傾向於遵守那些施加義務的規範；通常傾向於反對那些違反這些規範要求的他人；以及，通常傾向於認可自己因為違反這些要求而遭致責難的適當性。因此，對某個施加義務的規範 N 採取批判性反思的態度，就是接受 N 並展示出對 N 的認同。不過，正如我在第二章第四節曾短暫提及並在本節後文中也

將強調的那樣，這一認同的態度，並不需要建立在任何對 N 合
道德性的肯認之上。某人當然可以基於道德的原因對 N 持批判
性反思的態度，但他也完全可能基於自我利益考量或其他的什麼
原因抱持這一態度。哈特不止一次指出，促使公民或官員支援法
律規範的動機可以是相當多元的（第 197、203、231-232、257
頁）。儘管如此，無論是何種考量促使某人對 N 抱持認可的態
度，那個態度都是這位參與者所持有的觀點。任何持有這一視
角——內在視角——的人都會堅持認為，N 所施加的要求對他和
其他人均是具有約束力的。

　　正如我在第二章中說明的那樣，實踐中參與者的內在觀點是
與觀察者的外在觀點相對立的。不過，這裡需要注意的是，存在
著兩種不同的外在視角。有些奇怪的是，在《法律的概念》中，
哈特集中主要精力用於外在視角一個難以置信的極端版本上，而
對更重要的另一個版本卻著墨甚少。[1]對某個實踐或制度採取極端
外在觀點的觀察者，會將該實踐或制度理解為其中的參與者們規
律性行為之形態的展現。這樣的觀察者並不力圖以被觀察的人們
所理解的方式去理解他們的行動，相反地，對於呈現著他們對所
參與的實踐或制度所抱持批判性反思態度的行為，這樣的觀察者
只是像氣象員監測雲層形成模式或測量大氣氣壓那樣，記錄參與
者行為中的規律性。極端的外部觀察者只關注人們行為的表象，
主要依賴諸如「原因」、「結果」、「規律性」、「可預測性」
和「可能性」等概念，作為解釋某個制度或實踐的關鍵。儘管這
樣的觀察者也許不會否認人們秉持著他們的觀點與信念，但他無

---

[1]　See Hart 1994, 89-91. 本書的第一段與下一段主要源自 Kramer 1999, 165-6.

視了這些心智狀態，以便集中在可觀測的行為實例（諸如責難或稱讚）上。

從溫和的外在視角進行理論研究的進路就相當地不一樣。採取這一視角的觀察者當然不會忽視占據著極端外在理論者中心的制度和實踐的那些面向，但他參考了這些習俗和實踐中的參與者們的規範性態度、信念與關切。他闡述了這些參與者們理解他們自己行為的方式，並將這些理解納入了他對這些制度或實踐的整體說明。他當然找尋這些制度或實踐中行為的規律性，但他也肯認諸如接受或支持或忠誠的態度在這些行為模式中的作用，並且他將這些態度限定於實踐中的參與者。他自己作為一個外在的觀察者，並不持有他所觀察到的這些制度或實踐中的諸種態度，但他認識到，任何對這些制度或實踐的充分分析，都需要揭示這些制度或實踐是如何為參與者的這些態度所激發的。此外，當然了，在作為觀察者的同時，他自己也有可能是這其中某些制度或實踐的參與者，如果是這樣的話，他自己也會展現出他歸諸於其他參與者的那些態度（請注意，參與者所持有的在這些制度和實踐中的接受或支持的態度並不必然源自道德考量，一個溫和的外在觀察者，通常應該對促使人們去參與和支持這些制度和實踐的背後考量之性質，抱持開放的立場。正如上文已經說到的，當闡述公民與官員們對於法律制度的內在觀點時，哈特本人對這一問題便是持開放的態度）。

如此看來，儘管哈特在《法律的概念》中對溫和外在觀點的處理，要遠比對極端外在觀點的簡潔，但事實上前者對於法哲學要比後者明顯重要得多。它是哈特自己在對法律體系的審思中所採納的觀點，它也幾乎是所有當代法實證主義學者（以及許多當代非法實證主義法哲學家們）所採納的觀點。即使是當代並

不從溫和的外在觀點出發的法哲學家們——譬如德沃金的追隨者們——也幾乎不會轉而選擇極端的外在視角。相反地,他們立基於忠誠的參與者之內在觀點來呈現對法律的解釋。因此,法哲學之中最重要的視角區分並不在內在觀點與極端外在觀點之間,而是在內在觀點與溫和外在觀點之間的區別。無論極端的外在觀點對某些社科法學家有多麼重要,它在法哲學中都沒有什麼重要性可言。

當哈特主張,極端的外在觀點是那些對自己國家中施加義務的法律不願持有完全批判性反思的態度,遵守它們僅僅只是為了避免遭致制裁的公民們典型會持有的觀點時(第90-91頁),他在某種程度上誤導了他的讀者們對極端外在觀點的理解。倘若哈特說的是真的,極端的外在觀點將會比我指出的重要得多。然而,那些僅僅只是為了避免制裁而守法的公民們,事實上通常所持有的觀點是基於溫和的外在視角而非極端的外在視角。一位心懷不滿的公民如果認知到法律體系是由持有特定規範性態度的一群人管理著,那麼他通常將會更具洞察力地理解該法律體系的運作——也會因此處在一個更為有利的位置來預測在特定情境之下,這些法律體系運作的結果。這位心懷不滿的公民自然不會持有這些態度,但只要他沒有無視所在社會的其他民眾所持有的這些規範性態度,他便能夠更有效率地實現自己的目標。簡言之,從溫和的外在觀點出發要比從極端的外在觀點出發,更能有效地幫助他實現自己的目標。對於想要待在法律限制的邊界之內,確保預先規避違反這些法律限制將會遭致的懲罰措施(或者其他矯正措施)的公民來說,前一個視角而非後一個視角將是他們會採取的典型姿態。當然了,任何有法律專長的人也會建議這類公民採取前一個視角用作典型的姿態,而非後一個。

當哈特認爲，確定法律義務時所使用的道義性詞彙，「僅僅只是持內在觀點看待自己和他人行動的人們所需要的。而自限於觀察行爲之規律的外在觀點所不能呈現的，是規則在那些通常是社會多數人的生活中，以規則的功能發揮作用的方式」（第90頁）時，他更是進一步誤導了他的讀者們。哈特在這裡完全無視了外在觀點中的溫和版本，把極端版本的外在觀點當作唯一的版本來寫。採取溫和外在視角的法哲學家必然需要使用道義性的詞彙——「義務」或「責任」的話語及其相關概念，因爲他需要理解他所調查的司法制度及其實踐。同樣地，因爲他需要理解這些制度與實踐，他便需要努力闡述使這些制度與實踐成爲可能的規範，以及又是如何被其中的參與者們用成規範的。他作爲溫和外在觀察者的任務，便是去把握這些參與者的規範性態度，這樣他才能將這些態度歸諸給這些實踐者們。不理解這些參與者們對於自己行爲的看法，他便無法完成他的描述任務。

總而言之，儘管哈特在《法律的概念》中做出內在與外在的區分時，簡略地提及了溫和的外在視角，但此後他專注於分析極端的外在視角的失敗，基本上忽略了前一視角。[2]儘管溫和的外在視角貫穿他自己的法理論之始終，他還是忽視了對它的闡述。哈特當然有理由去組建他對於極端外在觀點的反對意見，但有時他給人留下的印象是，這一觀點之缺陷的唯一替代方案只有內在觀點。讀者可以透過留意哈特本人的寫作所立基的溫和外在觀點，來消除這一印象。

---

[2] 哈特在《法律的概念》第六章（第102-103頁）再一次短暫地提及了溫和的外在視角，他在第二版的後記中則給予這一視角更爲顯著而持續的討論。

二、模擬的觀點

　　即使我們充分闡述了作爲極端外在觀點與內在觀點之替代方案的溫和外在觀點，我們也還沒有關注到制度或實踐之外的觀察者所能採取的調研參與者之制度或實踐的另一個重要觀點。儘管在後來的一些著作中對這一觀點有所關注（《論邊沁》第 153-155 頁；《法理學與哲學論文集》第 14-15 頁），哈特在《法律的概念》一書中近乎完全忽略了它，它即是我在其他地方（《爲法實證主義辯護》第 165-166 頁；《爲哈特辯護》第 38-40 頁）稱作「模擬的」觀點。與持溫和外在視角的人類似，持類比視角的人也致力於理解實踐或習俗中參與者的規範性態度。但是，與持溫和外在觀點的觀察者不同，持模擬觀點的觀察者不只是將規範性態度與信念歸諸給前述的參與者，此外他還將這些態度與信念表述成彷彿是他自己持有的態度與信念一樣。他以參與者的內在觀點進行講述，但並沒有因此使他認同這些觀點。

　　在某種程度上，可以稱該視角爲「朗誦」，因爲從事模擬之人所做之事與歌劇演員的表演非常相似。舉例來說，如果一個演員在《奧賽羅》中扮演伊阿古，他將朗誦伊阿古的臺詞並盡其所能向觀眾展現伊阿古的思緒與情感 —— 伊阿古的看法或觀點。但即使是對這一角色的一流演繹，也根本不能算作是對伊阿古惡行的認可。當一位熟練的演員成功地把握了伊阿古的想法，並因此奉獻了一場引人入勝的演出，他仍然可以強烈地不贊成（而且幾乎肯定是強烈地不贊成）他演出來的惡行。

　　不過，歌劇演員的朗誦與模擬進路理論家的描述之間的類比，在一個重要的方面被打破了。儘管一些劇碼的演出需要或允

許對不少臺詞進行即興創作，但大部分劇碼的演出則不行，大多數演出所朗誦的臺詞是由劇作家預先寫好的。在一齣正規的《奧賽羅》的演出中，飾演伊阿古的演員必須朗誦莎士比亞為這一角色所寫下的部分或全部臺詞，他只能增添少許或根本不作自我的創作。相比之下，持類比視角的理論家則需要不停地對他所講述的那組信念的含義進行闡發。他非常可能就做出了推論，或發展出了一組論證，或進行了其他人迄今未曾想到的延伸。哪怕他所重述的直接是前人已經表達過的想法和情感，他通常也不會將自我限制在逐字複述已經寫下或說出的臺詞之上。因此，一段模擬的闡述既與朗誦有極大的相似性，又存在明顯的不同。這兩種交流的模式，每一種都能傳達並非是他自己的觀點，但即使我們允許能夠讓一段熟練的戲劇變得更具生動的創造力與奇思妙想，類比的視角也要遠比臺詞的朗誦更具創新的空間。

在《法律的概念》中，類比的視角僅出現過一次，而且非常得不顯眼。在討論法律體系中的官員經由一些論斷將某些規範確認為該體系中的法律時，哈特主張這些從官員們的內在觀點出發所作的論斷，「預設了該體系是普遍有效的這一外在事實陳述的眞值」（第104頁，引文省略了原文中的強調）。但是，他謹愼地反對了那種認為對該體系之普遍有效性的確認構成了前述每一個論斷之含義的必然要素的觀點。他解釋了為何這類觀點會過於強烈（第104頁，保留了原文中的強調）：

儘管，討論體系之中的某個從未被制定或者已經被廢止的規則的效力，通常是沒有必要或無意義的，但也並不總是沒有必要或無意義的。講授羅馬法的一個好方法，就是把它講得彷彿這套法律體系還是有效的，然後去討論其中某些規則的效力，並根據

它們的規定來解決法律問題；又譬如為了恢復被革命破壞的舊社會秩序，並拒絕新秩序，方法之一就是固守舊政權法律效力的判準。這恰恰是某些白俄羅斯人的做法，他們仍然根據在沙皇俄國時代才有效的某種血統規則來主張財產權。

在一個章節附註中，哈特補充說，他在剛剛這一索引段落中的立場使得他與漢斯・凱爾森區分開來。哈特認為，凱爾森是主張，對於確認某一規範屬於法律體系中的有效法律的任一陳述來說，該法律體系普遍有效性的隱性確認是至關重要的（第295頁）。

儘管哈特並沒有明說他這裡所描述的，是與內在觀點和兩個外在觀點並行的另一種觀點，但他確實是在暗示一個模擬的立場，從該立場出發可以宣讀法律之確認的聲明或其他聲明。不同於古羅馬時代的法學家，當講授古羅馬法的當代教師斷定某些規範屬於古羅馬法律體系中的法律時，他並沒有預設該法律體系的有效性。相反地，他只是講述得**彷彿**這套體系仍然有效一樣。他類比古羅馬法學家的言說方式，但並不接受古代法學家如此言說時會有的（有關羅馬法律體系有效性的）預設。

當然，從類比的視角出發所宣讀的某些法律之確認的陳述，的確會預設該特定法律體系的有效性。設想這樣一個例子，一位教師不是模擬古代羅馬法的法官有關法律之確認的宣告，而是模擬當下他所身處的法域內法官的宣告。因為他是從一個他並不真正持有的內在視角出發進行言說，因此他講述的是一個模擬的觀點。但是，在他模擬的宣告之中，每一個被確認為法律的條文，都確實是他所作宣告之時所處法域之內的切實有效之法律體系的產物。因此，與模擬一個早已不存在的法律體系之中的法律

官員有關法律之確認的裁定的教師不同，模擬他所在社會的法律官員有關法律之確認的裁定的教師，的確預設了他模擬宣告中的法律體系之普遍有效性。事實上，正是因爲他理所當然地認爲現行體系是普遍有效的，他才傾向於進一步認爲，他的學生責無旁貸應當了解該體系中的法律。在實現熟練掌握對他們具有重大裨益的這些知識目標中，他將類比的觀點用作了一個生動的教學技巧。

不過，儘管並不是從類比視角出發所作的每一個有關法律之確認的宣告，都會懸置（suspended）通常對於有效性的預設，（像上文教古羅馬法的教師或者白俄羅斯人所作的）一些宣告則的確懸置了這一預設。有時在後一類的陳述中，可類比的不只是司法或行政官員這一角色，而且也可以是做出這個陳述所關涉的該法律體系的功能性。[3]

三、模擬觀點與內在觀點之區分的模糊之處

雖然模擬觀點與內在觀點分別對應著不予背書和給予背書的立場而各不相同，但在一些情境中，它們之間的區別是不確定的。讓我們考慮一下這類情境的三個主要類型。第一種類型可

---

[3]　儘管哈特從沒有仔細、準確地闡述過這一預設的含義，但他對此的理解與羅伯特·斯坦納克（Robert Stalnaker）的實用主義觀點非常相似：「一個人的預設，是他在對話、研究或審思中通常無意識地、理所當然地信以爲眞的主張。它們是無需明說即被應用——有時甚至不會被注意到——的前見。譬如，它們可以是省略式三段論中被隱匿的前提，或者是應當怎樣實現某項要求或者應當如何接受某個建議的沒有說出來的指示。」（1973, 447）。也可參見 Toh 2005, 87 n21.

以在哈特所舉的白俄羅斯人的例子中看到，蘇聯時代的這些白俄羅斯人繼續索要根據沙俄法律本應由他們繼承的財產，以此表達對沙皇政權的忠誠。一方面，倘若這些白俄羅斯人自欺欺人地堅信，沙俄政權仍然是普遍有效運行著的治理體系，那麼他們對繼承權的主張就是從內在觀點而非模擬觀點做出的，伴隨這些主張的就會是有關該體系之有效性的預設──當然了，這是個不成立的預設。另一方面，很明顯哈特沒有假定這些白俄羅斯人在自欺欺人，他們有關繼承財產的主張便是從模擬觀點做出的，並不持有任何關於沙俄治理體系有效性的預設。但是，他們做出這樣的主張，恰恰是為了強調對那個治理體系的認可。對於沙俄時代的部分或全部法律，他們抱持的是充分的批判性反思態度。因此，儘管他們在對他們所訴諸的法律治理體系的現行效力上，並不持有任何幻想，且他們的講述是模擬性的，但他們的講述同時又與內在觀點相似──與其說是不予背書，毋寧是給予了背書。它們橫跨了內在視角與類比視角區分的鴻溝。

　　我在其他地方曾經討論過使得內在與模擬的區分變得模糊的第二種情境（《為法實證主義辯護》第 166 頁註腳 19）。假定某個治理體系中的某個官員對該體系中施加義務的法律展現了充分的批判性反思態度，他這樣做純粹只是為了避免不以這樣的方式行動便會施加到他身上的懲罰。他行動的理由完全集中在避免懲罰上，因為他對於他所援引和應用的法律感受不到任何獨立的道德認同或審慎支持。一方面，他以官員身分所作的宣告是從內在觀點做出的，因為這些宣告均是批判性反思態度支配下的產物。鑑於他執掌著他所援引和應用的法律，他也可以被合理地說成對那些法律和含括法律的體系展示了認可。另一方面，這種展示僅僅只是一種展示。作為體系之中的一名官員，他是在模擬官

員透過援引和應用體系中的法律的這些舉動所釋放出來的忠誠信號。儘管只要他對執法不力遭致懲罰的擔憂強烈而持久，他對忠誠的模擬就會強烈而持久，但這確實是一個佯裝的情形。因此，對於他的宣告來說，內在觀點與模擬觀點之間的區別被抹掉了。

　　我們將從法律領域轉向倫理領域，以討論使得內在與模擬之區分失效的第三種情形。具體來說，我們將簡單考慮一下精神病患者的心態。[4]大多數精神病患者都能理解道德概念，只是他們當中的很多人在情感或認知上，完全不能被這些道德概念的適用性所打動；他們當中的其他人，則是被這些概念的適用性導向了錯誤的方向。也就是說，後一類精神病患從明知故犯的邪惡行為中，獲得了強烈的快感。他們知道他們的行為是可恥的，他們正是被這種認知所逼著去犯下錯事，他們對自身行為不正當性的認識正是促使他們變得非常開心的原因。如此看來，當這樣的一位精神病患者形成了某一組行為是邪惡的判斷的時候，他是真的得出了自己的判斷而不是模擬或重述他人得出的判斷。他需要自己理解什麼是道德上的正確和責任，而不只是別人理解的道德上的正確與責任。只有透過抨擊真正的正確和責任，他才能實現自己嘲諷正確與責任的目標。也因此，他的道德結論並非是從類比的視角做出的。然而，儘管他是以非類比的方式從內在觀點得出了

---

[4] 我在其他地方有對精神病態較為詳細的討論。可參見 Kramer 2009a, 277-80; Kramer, Matthew. 2011a. *The Ethics of Capital Punishment*. Oxford: Oxford University Press, pp. 242, 244-245; Kramer, Matthew. 2017a. *Liberalism with Excellence*. Oxford: Oxford University Press, pp. 164, 166; Kramer, Matthew. 2017b. "Shakespeare, Moral Judgments, and Moral Realism." In Craig Bourne and Emily Caddick Bourne (eds.), *Shakespeare and Philosophy*. London: Routledge.

他的結論，他根本就不打算按照這些結論的規定行事，恰恰相反，他強烈地傾向於反其道而行之。因而，他的道德判斷便是以獨特的、令人不安的方式橫跨了內在與類比之區分的鴻溝。

四、初級規範與次級規範：一般性區分

除了區分人們面對規範所採納的觀點之間的不同，哈特還區分了不同種類的規範。本書的第二章已經檢視了他對於施加義務的規範與授予權力的規範的區分，現在讓我們來檢視哈特有關初級規範與次級規範的區分，這一區分是他的法理論中最重要的部分。

哈特對於「初級」、「次級」的使用，以及經由這組術語所呈現的區分，都有那麼一點誤導性。正如我在第一章已經指出的，哈特誤導了他的讀者，因為他宣稱次級規範補充初級規範的進程，就等同於從前法律社會過渡到有法律治理體系的社會的進程。在以這種方式描述了問題之後，哈特給人留下了在哲學家的搖椅中沉溺於人類學猜想的印象。讀者不應該屈服於這樣的印象，而是應當認識到哈特所做的其實是一場思想實驗，以促進對次級規範所發揮的關鍵作用的理解。倘若我們能夠想像這些作用都消失了會是怎樣的一幅場景，我們就能夠深刻地理解，對於無論哪一個社會來說，次級規範的作用是多麼地重要。

那麼，初級規範與次級規範有什麼不同呢？對於它們的區分，哈特並沒有完全成功地給出一套令人滿意的一般性闡釋。他為概括這一區分所作的主要努力應在此詳細援引（第 81 頁）：

在一種規則類型的規範之下——這一規則可以被稱之為基本的或初級的規則，人們被要求去做或者不得去做某事，無論他們對此是否願意。另一種類型的規則在某種意義上寄生於第一種規則之上，或者說，是第一種規則的次級規則；因為這類規則使得人們得以透過做或說一些事情進而引入新的初級規則，廢止或修改舊有的規則，或者以不同的方式決定其發生或控制其運作。第一種類型的規則施加義務，第二種類型的規則授予權力，無論是公權力還是私權力。第一種類型的規則規範的是具體行為或其變動；第二種類型的規則所給予的行動則不僅導向具體行為或其變動，還包括責任或義務的創設或改變。

這段經常被引用的段落存在不少缺點。一個相對較小的缺點在於，該段落兩次暗示，所有由次級規範創設的權力都是改變責任的能力（或改變施加責任的規範的能力）。事實上，正如我在本書的第二章已經表明的那樣，法律權力是改變任何類型的法律地位（或法律規範）的能力。一些法律權力確實是改變、創設或廢除法律義務的能力，但還有大量其他的法律權力是改變、創設或廢除法律權力的能力，但哈特錯誤地提出了不同的認知。

好幾位評論者都注意到了（格林，《法律的概念第三版說明》第 314 頁；哈克，《哈特的法哲學》第 19-21 頁；麥可柯克，《哈特》第 130-134 頁；拉茲，《法律的權威》第 178-179 頁；塔珀，《權力與次級改變規則》第 248-268 頁），上一段的引文之中更大的一個弱點是，哈特在其中引用了多個標準來劃分初級和次級規範。因為這些標準的外延並不相同，換言之，它們在做前述的劃分之時，各自所用的方式並不會挑選出相同的規範組合，哈特便沒能為這個劃分給出一個統一的一般標準，但這本

是他有關法律是初級規範與次級規範的聯合體這一論述的核心。在他區分初級規範與次級規範的方式中，首要的也是最突出的辦法，是將前者等同於施加義務的規範，將後者等同於授予權力的規範。倘若初級與次級的二分只能按照這樣的思路來理解的話，那麼它們就會被哈特在對奧斯丁的批判中，有關施加義務的規範和授予權力的規範的縝密思考所覆蓋。然而，正如我們將看到的，大多數哈特所歸類的次級規範不只是授權規範，也有施加義務的規範，即是說，它們既包括了施加義務的部分，也包括了授予權力的部分。此外，施加義務的規範與授予權力的規範這一組簡單的二分法，也與前文其他的一些論述並不全然吻合。

更值得注意的是，這一二分法也與哈特有關次級規範寄生於初級規範之上的主張並不一致（另一組劃分並不存在類似的依賴關係）。哈特在這裡所使用的「寄生」一詞，是在哲學的層面以一種技術性的方式表達次級規範的內容預設了其他類別的規範存在的意思。他所力圖去闡述的要點即是他後來有關次級規範的論斷，此即次級規範「可以說是與初級規則完全不同層級的一種規範，它們全都是*有關*初級規則的規則」（第 94 頁，保留原文中的強調）。如此看來，一方面，每一個授予權力的規範──授予豁免的規範也一樣──的內容都預設了另外一些類別的規範的存在，這的確是真實的。但是另一方面，一些施加義務的規範以及一些賦予自由的規範的內容，也同樣預設了其他一些類型的規範的存在。舉例來說，法官被施加了在特定條件之下行使法定判決權的法律義務，施加這項義務的規範的內容預設了授予判決權力的規範的存在。同樣地，法官有在特定的條件之下行使判決權的法律上的自由，這項賦予法官以法律自由的規範，其內容也預設了授予判決權力的規範的存在。因此，當根據寄生性這一屬性來

劃分初級規範與次級規範之時，它並不對應著施加義務的規範與授予權力的規範的區分。所有授予權力和授予豁免的規範都是寄生性的，但並非所有寄生性的規範都是授予權力或豁免的規範，其中一些寄生性的規範是施加義務的規範，還有一些是賦予自由的規範。

第三種限定初級規範與次級規範的方式，可以在上述引文的最後一句中提煉出來，它一樣聚焦在規範的內容之上。在引文的最後一句之中，哈特主張初級規範的內容可以完全列舉為具體物理行為，而每一個次級規範的內容則不僅指向具體行為，也包括一些規範性的改變。他隨後以下述論斷再次附和了上面這個主張，他說「初級規則涉及的是個體必須做或不得做什麼行為，……次級規則關注的全都是初級規則自身：它們明確了初級規則可以最終被確認、制定、廢止、變更的方式，明確了違反初級規則的事實最終被查明的方式」（第 94 頁）。最後這個劃分初級規範與次級規範的標準在外延上等同於上一個標準，也因此與第一個標準的外延不相等同。

儘管上文所引用的這一大段落可能會使得《法律的概念》的大多數讀者得出（至少是初步地得出）「初級」與「次級」的劃分等同於「施加義務」與「授予權力」這一對二分法的結論，我們應當對這種傾向予以抵制，並應當認識到該段落中所能推出的三個標準中的第二個才是決定性的。也就是說，將規範區分為初級規範或次級規範的關鍵是在於，某個規範的內容是否預設了另一種規範的存在。根據這一標準，所有授予權力的規範與授予豁免的規範都是次級規範，只不過，某些施加義務的規範與賦予自由的規範同樣也是次級規範。所有的初級規範都是施加義務的規範或賦予自由的規範，但在哈特的意義上，並不是所有施加義務

或賦予自由的規範都是初級的，它們其中有一些是次級規範，就像所有的授予權力或豁免的規範一樣。正如已經指出的，也是即將再次看到的那樣，對初級與次級的劃分持有這一理解的最主要的原因是，這樣的理解才與哈特本人對次級規範這一特定類型的規範之界定相一致。

五、初級規範與次級規範：哈特的思想實驗

在《法律的概念》第五章中，哈特鼓勵他的讀者們想像一個沒有次級規範的社會。他指出這樣的社會，會面臨的三大主要問題。首先，對現行初級規範的存在及其內容會存在無法解決的不確定問題。哈特這樣寫道：「如果出現規則是什麼或某個規則的確切適用範圍是什麼的疑問，將不存在解決這些疑問的程序，無論是訴諸某個權威的文本，還是求助在這類問題的宣告上具有權威的某個官員。」（第 92 頁）。其次，會存在一個嚴重的停滯問題，因為不可能存在使得現行的初級規範能夠被審慎地改變的任何方式。更為離譜的是，也不會存在任何可以審慎地改變這些現行初級規範所規定的權利、義務和自由的方式（第 92-93頁）。再次，在違反現行初級規範的行為發生與否方面，存在著更進一步的無法解決的不確定性。即使這個假想的社會之中的人們能夠對規範 N 的存在及其內容取得一致的意見，他們也可能對特定情境之下規範 N 有沒有被違反爭執不下，但並不會存在和平地和權威地解決這一分歧的方案（第 93-94 頁）。進一步說，哪怕並不存在對規範是否被違反的疑問，也會欠缺任何權威地執行懲罰，或者對規範的違反進行救濟的方式。在家族或部落

成員協助下的自我救濟將是唯一的途徑。

即使是在一個小而簡單的群體內部，上述的三個問題也會非常嚴重。事實上，第二個問題——停滯的問題——對於再小而簡單的群體也會造成致命的危害。畢竟，它的結果將是沒有人能夠獲得任何財產權，就更不用說有誰能夠轉讓任何類似的權利。除了單純的轉移占有，像權利的轉讓這種最常見的交易更是不可能發生。在這樣的條件之下，任何可信的社會，哪怕是再小的規模，也不可能出現和持續存在。這就是為什麼哈特的思想實驗，不應當被理解為某個有關已經發生的過渡到有體系的法律治理這一事實狀態的人類學預設的主要原因。相反地，他的思想實驗是促進我們理解次級規範的實施具有極其重要功能的一個手段。這些功能可以避免或緩解哈特詳細闡述過的三大問題（正如我在本書的第一章已經力爭過的，次級規範在人類社會中的作用並不必然是道德的。儘管這類規範的運行在任何社會都是各種重要的倫理價值實現的必要條件之一，但幾乎不會是充分條件，同時它們也是諸如成建制的奴隸制這種大規模邪惡工程要想實現的必要條件之一。因此，儘管次級規範的功能非常重要，這些功能多變的道德品質很大程度上取決於它們所處的運行環境。這一點在本書的倒數第二章中還會得到進一步的強調）。

與上述三大問題相對應的是三種次級規範（第 94-98 頁）。第一個是承認規則，它為在任何給定的社會識別屬於法律的規範提供了權威的確認。儘管哈特對其做出了這樣的命名，緊接著我們就會解釋，承認規則是一系列的規範。它們中的一些規範施加給法律官員以責任，要求他們實施某些標準以確認法律的存在及其內容，承認規則中的其他規範則授予官員以權力，使他們法律確認的決定對他人產生約束力。透過施加這些責任和授予這些權

力，現行法律的存在及其內容上不可解決的不確定性便得到了處理。需要注意的是，正如我們將在後面看到的那樣，對該問題的緩解與官員們自身對承認規則的實質所存在的分歧之間是一致的。一個有效運轉的法律體系之中，官員們之間對承認規則所設定的主要判準有著趨同的理解，但他們之間也會經常就這一判準的細節產生分歧——這就像說英語的和說其他自然語言的就語言的具體用法和語法細節產生分歧一樣。不過，官員們之間廣泛的趨同，在很大程度上消除了適用於人們行為的法律上的不可解決的不確定性（關於承認規則，我待會兒還會作更多的討論）。

　　哈特列舉的次級規範中的下一個是改變規範。他在對奧斯丁的批判之中談及很多的授予權力的法律即屬這一類。例如，在這一類別中，多是賦權人們做出諸如締結契約、構築婚姻、訂立遺囑、設立信託、產權轉讓等多種法律安排的法律。與授予私權的法律一道的，是授予立法以及行政法規制定等公權的法律。授予這些公權的法律使得一般的法律規範得以創設、修改或廢止，而授予私權的法律則使得在一般法律規範之下確立的法律地位——諸如主張權、責任、自由、權力和豁免等——得以創設、修改或廢止。那麼，透過這些授予權力的法律，嚴重的停滯問題便得以避免。

　　哈特將最後一類次級規範稱作「裁判規則」（第 97 頁），但由此顯示出他對法院活動的過度偏愛和對行政活動的相對漠視。他的這種過度偏愛貫穿他的法哲學，但對他有關法律體系運作的分析或者對法實證主義的辯護來說，都不是必需的。因此，我們建議讀者避開他對法官的過度關注，並給予行政官員（他們的範圍覆蓋從大型機構的主管到基層員警）同等的考慮。當然了，在大多數法律體系之中，行政官員的決定都有可能被法官的

裁定所推翻。只不過，在司法體系的等級之中，情況也是一樣，
低級別法官的裁定也有可能被高級別法官的裁定所推翻。此外，
除非行政官員的決定真的被推翻，否則這些決定對其行為所適用
的每個人，都具有約束力。因此，賦予行政官員公共權力的法
律，與賦予法官公共權力的法律一樣，都是法律治理體系在違反
現行法律的行為是否發生、程度幾何的問題上，用以解決存在的
不可解決的不確定性問題的手段。與其將哈特的最後一類次級規
範稱作「裁判規範」，我們不如稱之為「司法與行政規範」或者
更精煉地稱之為「法律適用規範」。在大多數法律體系之中，這
些規範建立起集中的運行懲罰和其他救濟的機制，儘管自我救濟
從沒有完全地被這類救濟機制所取代。

　　在我們以更長的篇幅繼續深入檢視承認規則之前，我想提出
四點以結束這裡的討論。首先，我們需要再一次注意，（儘管有
一些粗心的措辭）哈特並不是在對次級規範的出現提供一個發生
學上的解釋。與其說哈特是在致力於說明導致次級規範產生的原
因，不如說他在努力突顯這類規範在政府的運作，以及人們日常
互動中的至關重要的作用。正是因為這些規範的功能是如此地重
要與普遍，它們在有關法律和政府的理論論述中，反而容易被忽
視 —— 就像空氣中氧氣的至關重要性，容易在對人類社會的思考
中被忽視一樣。經由想像如果人類社會沒了氧氣會怎麼樣，我們
可以有力地把握空氣中氧氣的重要性，同樣，我們也能夠透過想
像人類社會沒了次級規範會怎麼樣，來把握它們的重要性。哈特
正是基於這樣的目的，在激發他的讀者們的想像力。

　　這裡需要注意的另一點是，哈特對於次級規範的分類可能會
讓讀者們誤以為，這些規範是非常整齊清晰地被劃分出來的。事
實上，就像哈特自己所注意到的，也是本章後面會探究的那樣，

在任何一個法律體系的治理之中，這些重要的次級規範之間都是以複雜的方式相互依賴的。一些方面的相互依賴是非常明顯的，比如在任何一個法域之中，缺乏或默示或明示地依據承認規則進行法律之確認的宣告，該法域中的法律適用規範就不可能被實施。我們將會看到，這些重要的次級規範之間相互依賴的其他方面要更為複雜和微妙。基於目前討論的必要，我們只需注意到，在任何的法律體系之中，這些基本的次級規範的劃分都不會像哈特的三分法所顯示得那麼乾淨俐落。

這裡需要提及的另外一點是，我自己最喜歡的理解初級規範與次級規範之區分的方式，在哈特有關次級規範的分類中得到了印證。儘管某些授予權力的次級規範並不關聯著任何義務，但在哈特的分類之中，許多授予權力的次級規範，的確固有地聯結著義務。最為明顯的，也是已經指出來過的，還將在後文中以更長的篇幅進一步討論的承認規則既是授予權力的，又是施加義務的，它同時賦權又責成政府官員在其管轄權內，依照一定的標準進行法律的確認。同樣地，法律適用規範既賦權又責成法律治理體系中的司法和行政官員，按照法律的條款去廣泛實施該體系中的法律。正是因為許多哈特定義的次級規範在授予權力的同時，也伴隨著義務的施加，我們便可以確信，初級與次級的劃分並不等同於施加義務與授予權力的劃分。

最後，哈特對於次級規範的解釋看起來陷入了麻煩的循環論證。畢竟，法律適用規範授權的，是身分作為法官和行政官員的那部分公民，但這些規範在被（法官和行政長官）官員們根據現行承認規則確認為法律適用規範之前，其自身又不具有實施的可能性。因此，某些公民作為法官和行政官員的身分，既是法律適用規範實施的前提，又是其生效之後的實施結果。現在，儘管本

章會直接地處理這個看似爲眞的循環論證，但這要等闡述完承認
規則的性質之後再進行。我們將會看到，解決這一難題的關鍵在
於，在兩種認知之中做出區分，經此區分，改變法律關係的能力
可以被正確地歸類爲法律權力。

六、承認規則：面向誰發布的？

　　讓我們以追問誰是承認規則的受衆來開啓對它的探究。一個
施加義務的規範指向的是任何被施加了某項義務或被授予了某項
對應的主張權的人，一個授予權力的規範指向的是，任何被賦予
了某項權力的人。那麼，承認規則是施加了誰法律確認的義務，
又賦予了誰法律確認的權力呢？

　　有些時候，哈特寫得好像承認規則在任何社會都是指向所
有人似的──政府法律官員和私主體。比如，他說道：「在任何
一個接受承認規則的地方，民衆和官員都被給予了用以確認初級
義務規則的權威標準。」（第 100 頁）。當評論某個設想的只
包含了一個判準的簡易承認規則時，哈特也這樣寫道：「這一簡
單形式的承認規則，其存在將在官員以及**民衆**根據這一準則來確
認規則的日常實踐中展示出來。」（第 101 頁，粗體爲本書作
者所加）。在幾頁之後，他又提到「承認規則實際存在於法官、
政府官員以及**其他人**的實踐之中」，並且哈特確認道「承認規則
的存在，只能表現爲法院、政府官員和普通民衆，根據一定的
標準鑒別法律的這一複雜但通常是一致的實踐本身」。[5]哈特的這

---

[5]　Hart 1994, 109, 110, 引文中的強調爲本書作者添加。這裡援引的幾段引

些論述使得德沃金的論斷變得可以被理解（《法律帝國》第34頁），他認爲哈特主張，「法律的眞正根基，在於作爲一個整體的社群對某個根本性的宗師規則的接受（哈特稱之爲『承認規則』）」。

　　只不過，任何追隨德沃金對哈特的解讀的誘惑，都要被堅決地抵制。[6]對於哈特的該理論，無論是他說過的觀點，還是他意在表述的觀點，德沃金都錯誤地將其解讀爲，承認規則的受衆指向的是承認規則所在社會的全體成員。但在哈特更爲深思熟慮的場合，他均清楚地認識到，承認規則的接受對象是政府法律官員——是對承認規則來說，他們的行爲和態度具有構成性的那些人們。舉例說，哈特寫道「當然了，在法庭基於〔承認規則〕提供的判準所作的實踐，與其他主體做的類似實踐之間存在著差別：當某個特定的規則被法院正確地鑑別爲法律，法院再於這個基礎之上做出某個結論時，它們所講的內容具有由其他規則所賦予的特殊權威地位」（第101-102頁）。同樣地，他認爲「當

文在另一個方面是成疑的，因爲它們錯誤地將承認規則歸類爲某種法律確認的實踐。確切地說，正如哈特所辨析的那樣，承認規則是法律之確認的實踐中內生於其間的一組規範。我在其他地方曾經證明過，儘管偶爾措辭有些粗心大意，哈特明確且堅定地把握住了這一要點。可參見 Kramer, Matthew. 2013b. "In Defense of Hart." In Wil Waluchow and Stefan Sciaraffa (eds.), *Philosophical Foundations of the Nature of Law*. Oxford: Oxford University Press, pp. 31-33.

6　我在其他的論著中堅定地抵制過他的解讀，可參見 Kramer 1999, 134. 還有一些學者解讀認爲，哈特將承認規則的受衆限定爲政府法律官員，這類觀點可參見 Gardner 2012, 283; Green 2012b, xxviii-xxx; Lamond, Grant. 2013. "The Rule of Recognition and the Founda- tions of a Legal System." In Luis Duarte d'Almeida, James Edwards, and Andrea Dolcetti (eds.), *Reading HLA Hart's The Concept of Law*. Oxford: Hart Publishing, pp. 108-112.

在某個案件的裁定之中，民間與法院在有效性或無效性的問題上發生了衝突，說前者的論述必須被撤回往往是有道理的」，不過他正確地補充道「認為〔普通民眾的〕陳述被撤銷是因為它們被證明是*錯誤的*，這可能是一種教條式的理解……因為在這些陳述是錯誤的這一事實之外，還存在許多撤銷它們的理由」（第 102頁，強調為原文所加）。更重要的是，在後文中的一個段落中，哈特明確地否認一個法律體系的可操作性要求其公民「普遍地共用、接受或認可終極承認規則的約束力——該規則規定了最終評估法律之效力的判準」（第 114 頁）。根據哈特的理解，承認規則施加法律之確認的義務，以及授予法律之確認的權力的對象是政府法律官員，而不是普通民眾。只有官員才被授予了權力，他們在各自的管轄範圍內對法律是什麼所做的決定，可以約束所有其他人。

這裡需要做出兩個備註，每一個均是基於哈特所作的一些論述。第一個，可能存在著非常小而簡單的社會與法律體系，在其中官員與民眾的區分是非常脆弱的。在這樣的社會，正如哈特注意到的（第 114 頁），所有的成年公民在現行承認規則的形成中都貢獻了力量，也因此均被承認規則賦予了鑒別法律的權力。儘管如此，哪怕在法律體系的所有邊緣事例中，這種情況是高度可能的，但在大而複雜的社會，其中法律體系的典型事例——哈特重點關注的分析對象——則是以官員的角色與公民的角色之間明確的劃分為標誌。在任何一個典型的法律體系之中，承認規則都是明確指向官員的，都是由他們來完成法律確認的工作。

第二個，儘管在任何典型的法律體系之中承認規則的對象都被限定為政府法律官員，普通公民（他們自己或通過他們的律師）可以也常常對承認規則中的某些判準做出了貢獻。雖然他們

有關這些判準的決定與宣告，不像官員們所作的決定與宣告那麼具有權威性，也儘管他們因此並沒有直接地爲承認規則的實質內容做出貢獻，但他們仍然可以透過塑造官員們進行法律確認時的預期和態度之網，來間接地改變承認規則的實質內容。特別是在自由民主的政體之中，普通大眾中所盛行的預期和態度通常會持久地影響官員們的觀點。儘管大眾成員欠缺法律權力，不能用他們有關承認規則的結論來約束其他人，但他們的角色——至少在自由民主政體之中——不是，也不需要是全然被動的。事實上，當普通公民參與進來的時候，自由民主的治理體系，通常要比他們冷漠無情、無動於衷的時候做得更好。

七、承認規則：授予權力與施加義務

迄今爲止，有關承認規則的表達，我都是將其呈現爲既是授予權力的又是施加義務的。就如我在其他文章中爭辯過的那樣（《法律與道德在何處相遇》第 104-105 頁；《爲哈特辯護》第 28-30 頁），在任何一個社會之中，承認規則的確都是一系列規範的複雜組合——其中的一些規範是授予權力的，另一些是施加義務的。有不少評論者認爲，承認規則只是施加義務的，或者只是授予權力的，[7]但所有這些主張都是錯誤的。相反地，承認規則

---

[7]　認爲承認規則只是授予權力的，這類觀點中最著名的表達可參見 Fuller, Lon. 1969. *The Morality of Law*, rev. edn. New Haven, CT: Yale University Press, p.137. 認爲承認規則只是施加義務的，這類觀點的幾個例證 see Gardner 2012, 103-5; Lamond 2013, 101, 114, 115; MacCormick 2008, 32-3; Perry 2009, 296; Raz, Joseph. 1980. *The Concept of a Legal* System, 2nd

是由施加義務規範與授權規範所組成的一個混合體。讓我們來仔細思索一下這個問題，我們先重讀一下哈特有關該問題的幾個論述，然後再來考慮幾個支撐性的論證，這些論證能夠證明，承認規則是一個複雜的規範性混合體。

哈特某些時候將承認規則寫得似乎只是授予權力的而非施加義務的，譬如當討論被稱之為裁判的規則的時候，他說道：「與其他的次級規則一樣（當然也包括承認規則），裁判規則與初級規則處於不同的層級：儘管它們可能被施加法官以裁判義務的其他規則所強化，但它們本身並不施加義務，而是授予司法權力。」（第 97 頁）。在集中討論承認規則的時候，哈特宣稱：「當法官們應用法體系中的承認規則，依此將某個法令鑒別為有效的法律，並將之用於糾紛的解決之中時，『服從』一詞也不能妥當地描述法官們的這些作為。」（第 113 頁）。倘若我們回顧哈特有關授予權力的規範與施加義務的規範之間的區別的思考——我在本書的第二章對哈特的這些思考做了闡述——我們便能注意到，最上面的這段引言與他之前講述的授權規範的特殊性是相呼應的。如哈特在先前的評論中說過的那樣，根據事先規定的程序來實施權力的人，並不是在「服從」這些有關程序的規定。將他的這一觀察推廣至承認規則的執行上，他便是在強烈地主張，承認規則是授予權力的而非施加義務的。事實上，對於上段引言之中的「服從」一詞，哈特真實的用意在於，將承認規則

edn. Oxford: Oxford University Press, p. 199；Shapiro, Scott. 2009a. 「What is the Rule of Recognition (and Does It Exist)?」 In Matthew Adler and Kenneth Himma (eds.), *The Rule of Recognition and the U.S. Constitution*. Oxford: Oxford University Press, pp. 239-240；Shapiro, Scott. 2011. *Legality*. Cambridge, MA: Harvard University Press, p. 85.

理解爲規定了法律制定之條件的典型授權規範。就在那段引言之前，他寫道：「無論是在『服從』一詞哪個日常的含義上，立法者制定法律之時都不是在服從規則，而是在依照著授予他們立法權力的規則行事，除非這些授予立法權力的規則被另一些規則所補強，由這些規則施加了一個服從它們的義務。」（第113頁）。哈特否認法律體系中的官員實行承認規則的行爲可以用「服從」一詞加以描述，他顯然是在表明，這些行動是在實施權力而非履行義務。

在幾頁之後，哈特再次重申，「服從」一詞在「描述立法者依照授予他們權力的規則行事，以及法庭在適用公認的終極承認規則所作的工作時，是具有誤導性的」（第115頁）。只不過，在他文中稍後的部分，一切變得清楚的是——儘管初看似乎是矛盾的，哈特並沒有否認承認規則也是施加義務的。相反地，他正確地否認的是承認規則**僅僅**是施加義務的，同樣，他也否認了這樣一種理解：官員確認法律的活動之中履行義務的那一面向，僅僅只是一個服從的問題。官員對承認規則之下的義務的履行，不只是透過遵從決定什麼可以被認作法律的判準，也包括了對這些判準展示出充分的批判性反思的態度。正如哈特所強調的，官員們對充分的批判性反思態度的接受，對於他們的法律體系的有效運轉來說是至關重要的（第116頁）：

這個據此可以確定所有其他〔法律〕規則的效力的終極承認規則，……倘若真的存在，則必須從內在觀點看來，是準確合規範的司法裁判的公共的、共同的標準，而不只是法官僅因各自要求而應服從的標準。儘管體系之中的個別法院也許會偶爾背離〔承認規則的判準〕，但總的來說，其背離必須被批判爲違反

了本質上是共同的或公共的標準。這不只是某個事關法律體系的
效率或健康的問題，而是任何一個法律體系要想存在……在邏輯
上的必要條件。如果僅僅只是某幾個法官「基於他們的考量」將
「女王在議會頒布的即是法律」用作標準，而且對並不尊重這一
鑒別〔判準〕的人也不加以批判，法律體系特有的統一性與連續
性也就消失了。

上面的這一段落與許多其他的段落一樣，哈特過於強調了
司法官員的角色，而忽視了行政官員的作用。不過，他在這裡極
富洞察力地把握住承認規則為何必須既是施加義務的，又是授予
權力的，以及官員之間普遍存在的批判性反思態度，為何不只是
承認規則施加在他們身上的義務的產物，而且還是這些義務的來
源。

在《法律的概念》之中，我們有充分的理由得出結論：承認
規則在任何法律體系之中都是既授予權力又施加義務的。此外，
這樣的結論在哲學上和釋義上都是成立的，因為承認規則施加義
務的屬性與它賦予權力的屬性直接關聯在一起。法律體系中的承
認規則施加給體系內的官員以義務，要求他們將某些法律淵源用
作決定性的，同時它又授予這些官員權力來進行法律確認，以便
實現前述的義務，並對公民產生約束力。法律適用規範（norms
of law-application）授權官員去權威地做出判定，以確定違反現
行法律的行為是否發生；而承認規則，則授權官員去權威地判定
這些法律的存在及其內容（當然，正如本章第五節曾短暫提及的
那樣，對於任何違法行為的確認之決定來說，法律之確認的決定
都是必不可少的。因此，每當前一種行為發生之時，必然意味著
後一種行為也已經做出了。我們可以基於分析對這兩種決定做出

區分，儘管在實踐之中區分它們有時會非常地困難）。正是因為官員確認法律的行為在法律上是決定性的——也就是說，正是因為他們的決定對於公民以及其他官員來說是具有約束力的，並且會因為這些決定而改變人們的法律地位——他們進行法律確認的行為，就包含在他們行使承認規則賦予他們的法律權力的行為之中。

假使承認規則並不施加義務，治理體系中的官員在法律上可以自由地將任何規範確定為體系內的法律。假使承認規則並不授予權力，官員們將無法以具有法律拘束力的方式確認法律，從而無法執行他們作為司法和行政官員的責任；他們將無法權威性地進行法律確認，而這正是承認規則施加在他們身上的，他們有義務根據承認規則的要求來做的事。簡言之，只有這種混合構成的承認規則才能既為法律體系提供結構性的約束，又保證它有活力的可操作性。

八、承認規則的統一性：具體細節上的分歧

我在其他著述中（《為法實證主義辯護》第 142-146 頁；《法律與道德在何處相遇》第 105-106 頁；《為哈特辯護》第 44-49 頁）曾以更大的篇幅論爭過，在任何具體的法律體系之中，都不需要有，通常也不會有含義完全單一明確的承認規則。通常情況下，這些法律體系中的官員們，並不是所有人都會遵守完全相同的一套準則來確認法律。常見的是，官員們對於現行的準則會存在一些不同的理解——這便是為什麼在某些疑難案件中，官員們不完全是在應用到案件區分的難題上的、一致接受的承認規則中

的某些具體標準這個層面上存在分歧，而是在承認規則這一層面
上存在分歧的原因。只要爭議的結點在於承認規則的輔助層面，
這些官員們之間的分歧與法律治理體系的功能性之間就是完全相
容的。如果官員們之間就確認何種規範可以算作法律的主要標準
相互趨同，他們可以對其他的標準存有分歧，而不危及體系的一
致性與穩定性。

　　一方面，對承認規則中的所有最重要判準之不可彌合的分
歧，將在這些分歧持續的國家引發內戰、革命或者政府動亂，進
而瓦解這個國家的法治。另一方面，在承認規則的某些次要的判
準上缺乏一致意見，與該法律體系的一致性與功能性之間是完全
相容的。有鑑於此，我們沒有理由相信，在這些次要的判準上，
總是或通常會存在一致的意見。更有可能的是，任何一個特定的
法律體系之中的官員，對於他們承認規則的細節，事實上，彼此
之間都會存在不同的理解。他們在存在如此分歧的同時，仍然能
夠在絕大多數情況下就他們法律體系中的法律，做出趨於一致的
決定。

　　特別是在大規模的法律體系之中，法律體系中的官員對法
律確認的判準之細枝末節達成徹底的一致，是非常不可能的。因
此，倘若某個核心的承認規則的意思是要求所有的官員在這些
細枝末節上取得完全一致的合意，我們就只能得出從來不存在任
何法律體系的結論（至少不存在任何核心事例的法律體系）。畢
竟，從來沒有哪個承認規則的內容能在所有細節上面對於持有它
的官員們來說是無可爭議的。事實上，我們應當轉而意識到，官
員們之間不存在類似徹底一致的合意是任何一個核心的承認規
則以及法律體系能夠存在的必要條件。我們能夠正確地作如下
主張，即哪怕官員們並非全部持有完全相同的一套法律效力的判

準，這樣或那樣的法律體系之中仍然存在著承認規則——就像哪怕人們並非遵循完全一樣的語義和句法規則，我們依然可以說這個社群的人們說著同一種語言一樣。全面的一致性並非作為法律體系標誌之統一性的先決條件（哈特對此的強調貫穿了《法律的概念》第七章的最後部分，他在那裡詳細論述了官員們對於承認規則的邊緣方面存在著不可避免的分歧。在本書的下一章，我們會仔細審視他對該問題的探究）。

九、承認規則的統一性：多種判準

　　約瑟夫·拉茲（《法律的權威》第 95-96 頁）提出，法律體系可以有多種承認規則，每一個都指明了某個基本的法律淵源。拉茲論爭說，這些有關淵源的多種標準之間要麼是不排序的，要麼它們中的每一個標準會獨立地標明它們相對於其他的承認規則將如何排序。

　　但是，縱觀所有運轉超過極短時間的法律體系，無人能合理地主張，法律效力的判準在很大程度上或者完全是不排序的。在任何可信的環境中，判準之間可能的衝突，都將引發將一些判準置於另一些判準之上的優先排序。無論是透過法律體系中官員們明確的言談，還是透過他們實際的行動，任何細心的觀察者都可以發現他們對於法律體系中的法律淵源的優先性排序。可以肯定的是，這些排序在一些細節方面將是不確定的——要麼是因為官員們對這些細節持有截然不同的觀點，要麼是因為由優先性排序的方案之中的複雜性所引致的許多問題，還沒有得到回答。只不過，對於承認規則細節上的不確定性，哈特是輕鬆且正確地知曉

的。正如上文提到的那樣，哈特的一個著名觀點就是，任何承認規則在它邊緣地帶都存在著開放的結構（第 147-154 頁）。他正確地認爲，法律體系作爲多組制度的統一體，其功能並不以承認規則的每一個細節都是明確無誤的爲條件。它們中的一些複雜難題在於承認規則中判準的排序，另一些複雜難題在於，這些判準的內容在任何給定的時刻都欠缺確定性的答案。承認這些，就意味著即使在無關緊要的細節上並不存在確定性的答案，也幾乎無法否認或質疑社會之中某個單一承認規則的存在。

讓我們接著轉向拉茲所描述的另一種可能性：在一些法律體系中，多種承認規則中的每一個，都會獨立地標明它相對於其他承認規則的優先性或從屬性。困擾這一主張的一個難點在於，我們很難分辨出某個特定的優先性排序的方案是否例證了拉茲的假定。也就是說，我們將難以說清這類方案是源自授予權力的規範與施加義務的規範中的等級規範——驗證法律的各種承認規則，正是內嵌於這些授權規範與施加義務的規範之中；還是源自一套補充這些規範的優先性規則。除非法律體系中的官員們有足夠的自我意識，能夠明確指出承認規則中的排序，是上述規範的內部規定，還是對這些規範的補充，我們才有可能做出辨別。否則，觀察者就只能對這個可能不具備任何確定性事實的問題進行猜測。倘若經由這兩種概括判準之間排序的主要方式，可以一樣好地對某個承認規則進行確切地闡述——即是說，或者是在承認規則的授予權力以及施加義務的構成要素中探明次序這種概括方式，或者是在與之伴隨的一組優先性規則中探明次序這種概括方式——就沒有必要在這兩種方式中進行推測性的選擇。如果某一個區分並不造成差異，我們便無需給予過多的關注。

　　此外，即使我們能夠確定，承認規則中的優先性排序的方案內在於其授予權力的以及施加義務的構成之中，我們也不應當支持拉茲的結論，認爲每一個這樣的構成都是一個不同的承認規則。一方面，當「承認規則」一詞被用來表徵對授予權力以及施加義務的規範進行分類的整體標準，其中內含了某些法域中法律效力的終極判準時，它無疑是相當具有誤導性的──因爲它傾向於傳達錯誤的印象，彷彿這些法域中的法律之確認的根基只是某個單獨的規範似的。另一方面，儘管這一術語具有誤導性，哈特還是給出了一個使用它的堅定理由。在談及有著多個判準的某個承認規則的時候，他解釋道「在這種情況下繼續使用『一個規則』這樣的表達的理由在於，儘管它們是多重的，但這些不同的判準經由它們之間的等級排列而統一在一起」（《法理學與哲學論文集》第 360 頁）。無論優先性排序的方案是內在於包含了法律確認之判準的授予權力的規範以及施加義務的規範之中，還是源自同樣含括了承認規則的補充性的排序規則，它都將授予權力的以及施加義務的規範作爲一組連貫一致、相互關聯的標準聯結在一起。它們之間的這種綜合一體性使得我們得以確定，這些規範以及它們之間的排序形成一個總體性的承認規則。儘管「承認規則」這一標籤具有上文所指出的誤導性，但它完美地捕捉到了一大群彼此之間顯然有著優先性與從屬性關係的法律確認之標準的統一性（當然，這些法律驗證的標準之間的優先次序不需要是完全絕對的，誠如已經討論過的，在任何法律體系之中，承認規則的統一性與這些標準之間在排序上的少許不確定性是相容的）。

十、承認規則的統一性：制度的等級

　　拉茲針對「每個法律體系有一個單一的承認規則」的想法，提出了另一個反對的主張，他順帶提出了這樣一種可能性：「存在著多種承認規則，每一個都指向不同的官員。」（《法律體系的概念》第 200 頁）。拉茲的這一轉瞬間的建議得到了肯特·格林納瓦特（Kent Greenawalt）富有啓發性的檢視，他在幾乎所有法律體系中都存在的制度分層的背景下對其進行了探究（《承認規則與憲法》第 635-636 頁）。每個典型的法律體系都會涉及多個等級的官員，在這個等級制的每個層級，官員們必須服從比他們更高的任一層級的官員們所做出的決定。現在，一些讀者也許會傾向於和拉茲一樣認爲，法律體系中不同層級的官員們遵守著不同的承認規則。畢竟，處於等級制最高位階的官員們不必聽從體系內的任何其他人。因此，他們通常直接遵守的法律確認標準，只有在任何相關的問題尚未被等級制中最高階官員們的裁決所解決的情況下，才會直接指引其他階層的官員。在很多情況下，下級階層的官員並不受前述標準的指引，而是受「擁護最高階層官員們的決定」這一標準的指引。相比之下，對於最高官員來說，這種額外的標準是無關緊要的，他們無需留意只是頒布給下級官員的某個指示。因此，一些讀者可能會傾向於贊同上面引用的拉茲的觀點。

　　這一觀點似乎可以從格林納瓦特（《承認規則與憲法》第634-636 頁）指出的一個事實中獲得進一步的支持。在與美國的承認規則相關的一個關鍵問題上──憲法修正案是否被正確地正式通過這個問題──美國法院毫無保留地聽從國會的決定。國會

的這些決定本身又是受美國憲法中預先制定的修正案條款的指引。因此，國會直接留意的是修正案條款的規定，而法院直接留意的是國會對於修正案中的條款是否被滿足的決定。那麼，一些讀者可能會再次被拉茲的觀點所吸引。看起來，國會議員們遵循著一條承認規則，而美國司法系統的法官們遵循著另一條承認規則。

　　格林納瓦特明智地拒絕了拉茲的觀點，但他的替代性立場並不完全令人滿意。他力爭，找出單一承認規則的最佳辦法是，「將承認規則理解爲無需聽從其他官員的判斷的那些官員們所使用的終極法律標準」（《承認規則與憲法》第 636 頁）。換句話說，法律體系的等級制之中居於最高位階的官員在確認法律之時，通常才會接受本體系的承認規則的指引，而等級制中的下級官員們通常遵循的是他們的長官有關法律確認的判斷。在格林納瓦特的進路之下，美國的國會議員和司法系統的法官們也可以說是如此：國會議員們根據美國的承認規則處理憲法修正案的諸種問題，而司法機關的法官們在此類事物上轉而根據的是國會議員們的決定。

　　儘管格林納瓦特的立場比拉茲的要更好，但其仍然將美國進行法律確認的過程，描述得比實際的要分層得多。更重要的是，在下級官員（或說美國司法系統的法官們）對上級官員（或說美國國會的議員們）的決定無條件地默認時，它遮蔽了前者接受現行承認規則指引的事實。在這個問題上，我們不應接受格林納瓦特的進路。鑑於已經呈現出來的諸種限制條件，同時也考慮到官員們在具體細節上的分歧，我們應該這樣把握：法律體系中的各級官員遵守著同一個承認規則。他們的承認規則之中，包括了這些標準，即要求下級官員認可上級官員有關法律確認之決定

的拘束力。下級官員透過在事實上將這些決定視作決定性的，來展示對這些標準的遵守。當然，最上層的官員並不會透過服從這些標準來展示對它們的接受，因為這些官員並不隸屬於體系中的任何其他人，承認規則之中那些要求服從的規範並不是向他們頒布的，也就不直接指引他們自己對法律的確認。只不過，這些最上層的官員也是接受這些要求服從的規範的，他們以其他的方式表達了對這些規範的接受。對於下級官員違反這些規範的任何行為，他們傾向於予以批評，而且如果得不到及時糾正的話，他們還傾向於做出進一步的反應——處罰這些拒不服從的下級官員。透過他們做好這種進行批評以及（在必要時）懲罰的準備，法律體系等級制之中居於最高位階的官員加入下級官員，一道維護著同一個承認規則。他們自身並不遵守該承認規則之中規定了服從之要求的指令，因為這些指令不是用來規範他們的，但他們堅定地傾向於要確保這些指令所指向的下級官員們留心這些指令。在這個重要方面，高級位階的官員堅持的是與下級官員所遵守的同一條承認規則。承認規則這個總體上的統一性與得到很好遵守的宗教法典很類似，宗教法典中既有一些只頒布給男性的規定，又有一些只頒布給女性的規定，儘管社會中的每個人要遵守的具體內容視性別而有所不同，但每個人都維護著這同一部法典。

　　總而言之，只要我們記住，承認規則中有關服從之要求的規定對於法律體系等級制中不同位階的官員有著不同的含義，我們理解承認規則的整合性，以及奠基在承認規則基礎上的體系的整合性就不會遭遇困難。這些要求服從的規定會直接指引低層級官員的某些法律確認的決定，相應地，它們也會直接指引最高位階（以及次位階）的官員對低層級官員法律確認的決定做正確性方面的判斷。因此，儘管法律體系的承認規則之中，有關服從之要

求的規範以不同的方式對官員們的行為有不同程度的影響，可以說它們在某種意義上影響著所有官員的行為。它們構成了官員們進行法律確認活動的共同援引標準，亦即就像執行現行承認規則的其他規範一樣，它們為這些活動之中持不同目的的官員設定了標準。所以，在包含這些要求服從的條款的同時，承認規則可以作為被等級體制中每一層級官員的權威行動所預設和維護的總體綜合試金石完美地發揮作用。[8]

十一、承認規則的終極性

正如哈特詳細闡述過的（第 107-110 頁），為法律體系奠定根基的承認規則是終極性的，這是因為它的權威性貫穿整個法律體系，但並不源自體系中的任何其他法律。法律體系中每一個法律的法律地位，都是立基於承認規則之中的某些標準直接或間接的挑選，而承認規則的地位則不歸功於體系中的任何其他規範。如前所述，承認規則由一系列授予權力的以及施加義務的標準組成，這些標準中又包括了多個判準，明確了任何屬於該體系的法律的基本淵源。用哈特的措辭來說，當且僅當某個規範因其源自前述一個或多個淵源而被作為法律納入體系之中，該法律體系中的此規範才是**有效**的。[9]也因此，體系之中除它之外的其他法律都

---

[8] 在諸如美國這類聯邦治理體系中，的確存在著多個承認規則被含括在一個總體的國家級承認規則之中。在《法律的概念》中哈特幾乎沒有論述過聯邦治理體系，但在一篇討論邊沁解釋對主權者的法律限制的論文中（《論邊沁》第九章），他在幾個地方對此有所考慮。

[9] 我這裡的表述參考了 Lamond 2013, 113 n85 中的敏銳洞見。順帶一提，

是有效的，作爲效力根基的承認規則，其自身既非有效也非無效。如哈特說的那樣，我們需要藉助法律效力這個概念「來回答體系之*內*的〔法律〕規則之確定會出現的問題，在體系之內，這些規則是依賴於滿足承認規則提供的一些判準而獲得體系之內的地位的。但對提供判準的承認規則來說，是無法追問它的效力問題的。它既不是有效，也不是無效，而只是單純因爲這樣妥切而被〔體系之中的官員們〕接受」（第109頁，強調爲原文所加）。

正是因爲承認規則是以這種方式成爲終極性的，所以在某個特定的法域之中，並不是法律效力的每個標準都包含在其間的承認規則之中。有些標準是由組成承認規則的根本規範所衍生的，例如如果出現了某個行政機關頒布的規定是否屬於有效的法律的問題，其答案大概率存在於已經授權該機關頒布規定的法律條文之中。由該法條所確定下來的任何標準對現行承認規則來說，都是衍生性的，而不是直接構成性的。它們之所以是決定性的標準，正是因爲承認規則中的一些規範要求官員們將某些資料（制定法或憲法條款）視作有約束力的法律。

十二、承認規則：基礎性層面與制度性層面

跟法律效力的終極標準與衍生標準的區分明顯相關的，是承認規則的基礎性顯現（incarnation）與制度性（codified）顯現的區分（克萊默，《法律與道德在何處相遇》第110-114頁）。

在這個或那個承認規則之下，正確的道德原則也可以成爲基本法律淵源之一。

如上所述，任何法律體系中的承認規則，都是由一系列授予權力的以及施加義務的規範所組成，它們當中內置了明確體系中的法律之基本淵源的判準。這些規範為體系之中的官員確認法律奠定了基礎、提供了框架，在對什麼可以被確認為具有法律拘束力而什麼則不可以的決定中，他們都會或隱含或明確地依賴這些規範。即使立基於它們之上做出決定的官員們對承認規則中的這些標準不作說明，它們的效用也是被預設的。也許官員們想嘗試著做些闡發，但對於承認規則中的一些標準他們無力做出解讀，也許他們根本就不打算這麼做。不管是因為何種原因這些判準沒有得到表述（倘若它們確實未被表達），它們也一直能夠指引和支撐官員們確認法律的工作。在這一方面，組成承認規則的這些標準非常類似於自然語言的規則。合格的語言言說者使用著大量的語義、句法和文體規則，即使這些規則並沒有得到公開的闡述，即使這些言說者無力對其中的任何規則進行闡述。無論這些規則是否曾經被什麼人講述清楚，它們都指引著言說者們的言說。在這些言說者每日進行的交流與理解中，它們都是作為各式各樣的表達和解釋所預設的規範而存在。這些規範作為基本的前提和指引，其適用性絕不依賴於它們是否被使用者們明確、清楚地說明。

　　現在，上一段落所描述的即是承認規則在最基礎層面的存在。在這一層面，承認規則之中的諸標準作為規範性預設的發源地，先於任何對其內容的闡述而存在，在某些法律體系之中，這也是承認規則存在的唯一層面。不過，在許多其他的法律體系之中，則出現了第二個層面。比較常見的是，承認規則之中的某些判準，其內容會被編撰進制定法或憲法條款之中。任何這樣的編撰，均是以制定的顯現方式確立承認規則，在這種顯現之中，承

認規則不是先於其內容的闡述而以預設的規範之網絡而存在，就是一些被闡述了的規範。這種制定法或憲法的納入即是它在制度性的層面所採取的形式。當然了，制度性的層面永遠不會替代掉基礎性的層面。承認規則可以只存在於基礎性顯現的層面而沒有任何制度化的顯現，反過來則不然。畢竟，制定法或憲法條款之所以被賦予了法律約束力，僅僅是因為基礎性層面的承認規則標準，指引著相關的官員將這些條款或制定法認作權威性的。哈特敏銳地把握住這一點：「即使〔承認規則的內容〕由制定法所頒布，這也不會使得承認規則被還原到制定法的層級：這是因為，這樣的立法其法律的地位將必然取決於〔承認規則〕先於並獨立於該立法而存在的事實。」（第 111 頁）。只不過，儘管承認規則的這種制度性顯現通常依賴於其基礎性顯現，它的制度化才經常是官員和公民們關注的中心。

　　就像基礎性層面的承認規則在某些重要的方面，類似於塑造了譬如英語這樣的自然語言的句法與語義規則網絡一樣，同樣地，制度性層面的承認規則也大體上類似於為語言規則做提煉的各種工作——譬如說詞典。一方面，即使沒有人致力於勾劃出其背後的規則，自然語言也完全可以作為複雜交流的媒介發揮它的作用。另一方面，詞典編撰者、語言學家和語法學家通常非常仔細地對語言的結構、語義和文體做編輯的工作。詞典、語法手冊以及其他類似的出版物讓背後一些基礎性的規範浮出水面，並進而使合格的語言言說者與他人交流時所運用的標準明確化了。在這個方面，這些出版物大體上就可以對比成法律體系之中，系統地勾劃了承認規則之判準的制定法或憲法條款。

　　詞典以及自然語言的其他手冊是語言社群中真實流行的語用模式的衍生物，與虛擬作品（譬如 J. R. R. 托爾金為他小說中

的哈比人和精靈發明了一套精緻的語言）不同，自然語言的手冊
將它們呈現爲對合格的語言言說者，以及寫作者們在語言的使用
中，所眞實應用的論述規則或模式的反映。可以肯定的是，詞典
編撰者與語法學家，也不是完全沒有創設規矩的企圖心，在他們
的角色的界限之內，他們通常也會青睞其中的一些語言模式，對
剩下的模式不予考慮。同樣地，除非他們對語言特徵的描述確實
準確地代表了這些特徵所歸屬的語言結構，否則這些描述將無法
成功地完成其被指定的功能。詞典以及其他的同類出版物要想不
是虛構的或過時的，它們就必須反映相關語言使用者交流中實
際預設的規範。那麼，我們可以再次看到語言領域和官員的法律
確定活動領域之間的相似性。在一個法律體系之中，官員們的目
標是以憲法條款或制定法的形式來編撰他們的承認規則，如果他
們不能努力捕捉到他們的法律確定之工作所實際預設著的終極規
範，他們的努力便將徒勞無功。當然了，這些官員們也有可能想
要爲法律效力設立一套新的判準，而這也將改變他們之前的確認
工作所預設著的基礎性判準（任何這類改變的企圖本身將取決於
另一些被預設著的規範，正是這些規範指引著官員爲包含了他們
所創設的法律效力新判準的制定法或憲法條款賦予拘束力）。儘
管如此，倘若官員們努力做的是闡述而非改變承認規則，他們就
必須使其重述的內容準確。制度性層面的承認規則便是基礎性層
面的承認規則的衍生，這不只是因爲前者的拘束力依賴於後者，
而且也因爲前者的內容要與後者的相一致。

　　然而，儘管任何制度性顯現層面的承認規則都具有雙重衍生
性，承認規則的制度化本身也能影響基礎性的承認規則。在聯繫
法律考慮這一點之前，我們宜再次聯繫一下語言的運用。正如已

經指出的那樣，詞典以及其他類似的語言指南，是為了抓取實際被應用在該語言中的語義或結構特徵。它們的主要任務是複述或提煉，而不是發明。只不過，這樣的工作也能影響它本來旨在呈現的該語言的實體與結構。這個影響可以透過兩種主要的方式進行（我將在此集中討論詞典，因為它們特別有可能產生我所設想的那種影響）。

首先，如果詞典的編撰者無意中或有意地偏離了一些普遍的使用模式，他們可能會給其中的一些模式帶來某些變化。相關語言使用者之間的交流可能就會調整以適應詞典中的規定。在這種情況下，詞典就會改變它本來意在闡述的語言實踐中的某些要素。無可否認，這種改編的範圍通常是相當有限的。通常情況下，只有當一部詞典準確地捕捉到大多數現行的使用模式而享有高度的信譽時，它才能有效地促成這種改編。如果定義的改編徹底地偏離了現有的語言規範，那麼它誘導人們改變其語言傾向的能力就會大大削弱，甚至完全消失。儘管詞典的創新能力有時會令人震驚，但它的這種能力，通常取決於它對相關語言社群實際附加在語詞上的含義進行概括的總體可靠性。不過，在一定範圍內，創新的可能是存在的。

詞典可以影響語言的第二個方式與其說是創新的，不如說是保守式的。一方面，詞典的聲望通常來自於其編撰者熟練地完成了他們的任務，即把語詞分別擁有的含義彙編起來。另一方面，一旦獲得了這種聲望，詞典往往就會有自己的生命。除了根據詞典在追蹤詞語使用方面的準確性來衡量它的價值外，人們還開始根據詞典中所列舉的定義來衡量他們說話的語義是否恰當。詞典不再僅僅是一個觀察鏡或反射器，而是成為一個標準。在提煉出大量詞彙的使用方式之後，它傾向於透過賦予這些詞彙以認證地

位的光環來鞏固這些方式。因此，在某種程度上，它阻礙了交流
媒介的變化，而它作爲一個鏡像式的彙集器本來正是從這種媒介
中產生的。

　　儘管自然語言使用者的交流活動與法律體系中官員的法律確
認活動之間的類比遠非完美，但官員對承認規則的編撰可以影響
他們的法律確認標準，其方式與詞典影響詞義的方式大致相同。
我們已經簡單討論了這種編撰所具有的兩大潛在影響中的一方
面，倘若官員們引入了一些確認法律效力的制定法或憲法條款標
準，而它們與之前的法律確認工作所預設的標準並不準確一致，
他們就可能使得之後的判準發生些許改變。這樣的結果並不是不
可避免的——因爲這些制定法或憲法條款可能完全沒有得到執
行——但它是高度有可能的。事實上，憲法或制定法層面的勾劃
所具有的創新力量，很可能比詞典的創新力量影響更爲深遠。雖
然一種自然語言的使用模式在短期內發生廣泛的變化，是極不可
能的，但透過編撰新的標準，一個國家的法律之確認的實踐發生
相當全面的變化，卻是人間眞實。在這種情況下，就有可能發生
透過對所編撰的承認規則的某種闡釋，來實現對該法律體系的基
礎性承認規則的重大改變（當然，正如已經指出的那樣，任何這
樣的轉變都依賴於基礎性承認規則中的標準，是這些標準要求官
員承認所編撰的承認規則在法律上的權威性。換句話說，法律體
系中任何編撰的承認規則的創新力，最終總要歸因於組成體系的
基礎性承認規則的那些預設規範）。

　　與詞典一樣，制度化的承認規則既可以發揮變革的作用，也
一樣能夠發揮保守的作用。讓我們設想一下，某個法律體系中的
官員準確地呈現了承認規則中的許多標準，並將這些標準納進憲
法條款。從前面提到的兩個方面來說，這些條款是該體系的基礎

性承認規則的衍生物。也就是說，這些條款之所以具有約束力，是因爲基礎性承認規則認爲它們具有約束力，而且它們的內容，反映了基礎性承認規則中的判準的內容，這些判準內嵌在組成基礎性承認規則的授予權力以及施加義務的標準之中。反過來，憲法條款也可以起到強化基礎性承認規則中的各種要素的作用。與詞典一樣，以制度化顯現的承認規則也能夠有自己的生命。在憲法條款所屬的體系之中，這些規定可能成爲該體系的官員進行法律確認的核心——他們可能主要藉助憲法語言（對他們自己和他們的同事）來力證他們的決定。鑑於爲憲法性條款輸入拘束力的基礎性承認規則中的標準，很可能比規定在這些憲法條款中的判準更加難以改變，因此對這些判準的編撰可以大大增強它們的持久性。在這種情況下，不願意偏離這些制度化判準的官員，其主要原因就不是這些判準的內容，而是這些判準被納進憲法條款的這一簡明事實。簡而言之，儘管制度化版本承認規則中的法律效力標準，總是依賴於基礎性層面承認規則中的法律效力標準，但基礎性層面與制度性層面之間影響的流動往往是雙向的，而不是單向的。

十三、承認規則與其他次級規則的糾纏

　　正如本章第五節簡單提及的那樣，在任何法域之中，承認規則與其他的基礎性次級規範都是糾纏在一起的。在第五節中，我提到了這種纏繞的一個非常明顯的方面，此即這一事實：官員們除非行使了承認規則所賦予的權力，否則不能行使法律適用規範所賦予的權力。倘若司法或行政官員尚未對可以適用到某些

情境的法律之存在及其內容進行確定，他便無法確認相關情境中是否有違法的行為發生。當哈特寫道「如果法院被授權對違反法律的事實做出權威性的決定，那麼這些決定會不可避免地被當作有關規則是什麼的權威性決定」（第 97 頁）時，他正是把握住了這一點。只不過，當他接著補充說，這些有效的法律適用規範因此「也是承認規則，透過法院的這些判決識別初級規則，這些判決也將成為法律的『淵源』」（第 97 頁），哈特稍微將水攪渾了。儘管哈特正確地指出，任何關於履行或違反某些法律的權威性判斷，都將取決於對該法律之存在及其內容的權威性判斷，但他錯誤地認為後一類判斷將必然具有先例約束力。在許多法律體系之中，對於法律之存在及其內容的司法決定，都會具有先例約束力，但並非所有的法律體系都是如此；而且，即使在被賦予了先例約束力的情況下，其先例效力也並非來自於這樣的簡明事實，即這些決定是法官對違反法律的行為是否發生進行確認的必要前提。

　　無論如何，承認規則與其他基礎性次級規範的相互依存關係，比從迄今所談及的這個相互依存點中所了解到的要更為廣泛和微妙。舉個例子，當一個法律體系的承認規則中的標準規定，某些人或團體制定的規範是作為體系的法律而被賦予效力的立法性法規時，這些確定法律的標準預設了授予該人或團體以立法權的次級規範的有效性（《論邊沁》第 258-259 頁）。這些標準也預設了授予某些特定的人作為實行法律的官員，來實施法律權力的那些次級規範的有效性。當然，反過來說，授予立法權的次級規範，也預設了承認規則中的某些標準的有效性，正是這些標準，最終授權並責成官員將透過行使這些立法權而引入的規範，接受為現行體系中的法律。同樣地，賦予法律適用權的次級規

範，也預設了承認規則中的另一些標準的有效性，這些標準最終授權並責成官員將那些次級規範本身，接受爲該體系中的法律。

正是因爲基礎性次級規範之間的這些以及其他多種多樣的相互依賴模式，哈特的不少讀者，都擔心他對這些規範的解讀是站不住腳的，甚至是不一致的。出現了兩種主要重要的質疑。第一，一些批評者認爲，承認規則可以被還原爲其他次級規範：改變規範或法律適用規範。第二，正如本章第五節所提到的，一些批評者認爲，哈特對法律體系的結構及其運行的闡述存在著惡性循環的問題——確立某些人作爲政府法律官員地位的規範之所以有效，只是因爲這些規範被官員們認作法律。讓我們考慮幾個針對這兩種批評的反對意見。

十四、相互依賴但截然不同：反駁夏皮羅

斯科特・夏皮羅在力爭承認規則只是施加義務而非授予權力時，他宣稱，將授予權力的面相賦加給承認規則，會使得它與次級規範中的改變規範相混同（《什麼是承認規則？（以及，它存在嗎？）》第 239-240 頁）：

那麼，有可能將承認規則理解爲要麼是授予權力的，要麼是施加義務的規則嗎？我認爲，第一個選項不可能是哈特持有的立場。因爲如果我們假設英國的承認規則是「女王在議會擁有創設英國法的權力」，我們便會在不經意之間將英國的承認規則轉變成英國的改變規則。此外，承認規則能夠確認一些類型的習慣〔爲法律〕，但習慣不需要（通常也不是）透過法律權力的行使

而被創設，那麼，確認它們爲法律的規則就不可能是授予權力式的。剩下的唯一選項便是將承認規則理解爲施加義務的規則。

夏皮羅的推理推錯了，這是因爲他誤解了承認規則授予權力的方式。夏皮羅沒能注意到，承認規則之中爲某些社會明確法律的權威性淵源的那些判準，是內嵌在組成承認規則的授予權力的規範，以及施加義務的規範之中的。因此，英國承認規則中與議會頒布的法律有關的部分，被表述爲「女王在議會中擁有創設英國法的權力」就是不準確的。相反地，正確的表述是：「大不列顛的每一位政府法律官員都被授權同樣也被施加了義務，將議會制定的立法規範，權威性地視作屬於大不列顛治理體系之中的法律，也因此應當由大不列顛的政府法律官員遵照執行。」[10] 同樣地，在一個略微簡化的版本中，英國承認規則中與習慣法相關的部分，應被如下正確地表述：「英國的每一位政府法律官員都被授權同樣也被施加了義務，將具備諸如長期存續、具有合理性且被普遍遵守等屬性的習慣法，權威性地視作屬於英國治理體系之中的法律，也因此應當由英國的政府法律官員遵照執行。」

正如這些表述呈現清楚的，承認規則所直接授予的是法律之確認的權力，而非法律之變更的權力。換句話說，只要授予這些權力的規範被正確地歸納，我們便能夠明白，當夏皮羅主張，賦加給英國承認規則以任何授予權力的角色，都將抹去兩種次級規

---

10 這個表述省略了多種不同的複雜情境。比如說，議會制定的一些法律是面向所有大不列顛成員的，其他的一些法律則適用於主要的四大成員（英格蘭、威爾士、蘇格蘭以及北愛爾蘭）。要對真實世界中的承認規則的每個環節都提供一套完整且準確的說明是不容易的，這在肯特·格林納瓦特 1987 年論述美國的承認規則的經典論文中顯現得尤爲明顯。

範之間的差別時，他的觀點是錯誤的。可以肯定的是，這裡所提煉的英國承認規則的組成部分，也很好地揭示了承認規則與其他次級規範之間的纏繞程度。每一個組成部分都預設了一些次級法律適用規範的有效性，這些次級規範授權一些人以官員的身分，將從屬於相關治理體系的規範認作法律來加以實施。此外，第一個組成部分還預設了某些授予議會以立法權，並明確議會成員任職條件的次級規範的有效性。不過，儘管承認規則與其他次級規範之間的相互依存關係，在這裡對英國承認規則各環節的表述中都有所體現，但在這些環節的表述中，承認規則的獨特性也是顯而易見的。組成承認規則的授予權力以及施加義務的各部分，確立了專門涉及法律規範之確認的權力與義務。

　　簡言之，夏皮羅對英國承認規則中的某些授權要素，做出了錯誤的描述，我對他的反駁突顯了約翰‧加德納的觀點的正確性，此即「一個法律體系的終極承認規則、改變規則以及裁判規則……不能不相互參照，也因此它們之間要相互依賴才能獲得各自的可理解性，儘管它們每一個都有其各自的規範力」。加德納接著補充道：「每一種次級規範都規範著不同的行動，或不同的主體，或以不同的方式規範著相同主體的相同行動。因此，它們每一個都是截然不同的規則。」（《作為信仰一躍的法律》第106頁）。

十五、相互依賴但截然不同：反駁沃爾德倫

　　夏皮羅並不是唯一一個錯誤地宣稱，將承認規則理解為授予立法權的規範將會失敗的著名法哲學家，傑米‧沃爾德倫

就以一個相當不同的方式得出了相同的結論（《誰需要承認規則？》）。他的推理要點如下，根據哈特的觀點，一個法律體系之中的基礎性規範乃是社會規則，當且僅當它們被這些規範治下的群體接受和實施時，這些基礎性規範才會存在。現在假設某個法律體系中的基礎性改變規範授予了某位君主或立法機關以發布法令的方式改變公民法律地位的權力，該改變規範還規定了制定這類法令所需遵守的程序。如果該改變規範是作爲該體系中的基礎性規範而存在的話，它便得到了其治下的政府法律官員的接受和實施。然而，假如官員們接受並實施著這個規範的話，也就不存在需要承認規則去完成的什麼事了。當官員們對經由規定的程序所通過的某個法令予以確認，並相應地根據該法令的條款予以實施，他們便是實施了他們所接受的這個基礎性改變規範。他們對該基礎性規範的接受便存在於這類法律確認與執行的行爲之中。因此，沃爾德倫認爲，承認規則提供法律之確認的角色是冗餘的，因爲該角色內在於被接受、也被實施著的基礎性改變規範之中。沃爾德倫爭辯道，並不存在要靠承認規則來執行的需要。

　　這整個推理的致命缺陷在於，它使得沃爾德倫無力解釋基礎性改變規範——這個授予君主或立法機關以立法權的規範——是何以存在的。讓我們回想一下本書第二章第四節哈特的社會規範模型，其聚焦在作爲人們接受這種規範之標誌的批判性反思態度上，並將該論述僅適用於施加義務的規範。如果不加補充，該模型不會延展至授予權力的社會規範（抑或授予豁免的社會規範）。也因此，不加補充的話，它也不會延展至沃爾德倫所設想的基礎性改變規範。

　　讓我們假設，基礎性改變規範存在於某些社會之中，因爲它們得到了該社會大多數官員的接受以及有規律的實施。再假設，

當實施由該改變規範授予的立法權做出規範性改變的時候，少數持不同意見的官員經常拒絕承認這種改變。再進一步假設，許多官員接受了這個基礎性改變規範，但他們有時不能正確地識別出這些規範性的改變。少數持不同意見的官員以及這些偶爾不穩定的官員，都要受到他們的同僚們的譴責。對他們的反對至少部分將以道義的表述提出，也即是說，這些持不同意見的以及偶爾不穩定的官員，都會因為其違背了他們所肩負的義務而遭受責難。這些義務的來源是什麼？鑑於基礎性改變規範只是授予權力的規範，它不可能是官員們肩負以下義務的來源：要識別出該規範並且在該規範所確立的立法權被實施時，識別出其所做出的規範性調整。相反地，這些義務是由官員們的承認規則所施加的，正如本章已經強調過的那樣，它由施加義務的規範以及授予權力的規範所組成。無論承認規則所規定的義務是被明確援引的，還是被默認為理所當然的預設，它們都是官員們在面對拒絕承認管轄權之內的基礎性改變規範之存在及其效力的同僚們，傾向於譴責他們時，所參考的指導性要點。

這裡的關鍵之處在於，上面提到的這些傾向正是（官員們之間）集體態度不可或缺的組成元素，是這些集體態度構成了基礎性改變規範的存在。在哈特有關社會規範之接受的模型中，以及我在第二章對授予權力的規範之內在觀點的描述中，對越軌的行為表達反對的這種傾向都是至關重要的。倘若所有的或大多數官員不再抱持這種傾向，法律體系的基礎性規範就沒有被官員們接受，所以它們也就不再存在。因此，如果所有的或大多數官員不再抱持這種傾向，沃爾德倫的基礎性改變規範便沒有被官員們接受，也因此不會存在。並且，這些指向官員們認可基礎性改變規範之存在及其效力之義務的傾向，是由承認規則決定的——因為

是承認規則而非基礎性改變規範，才是這些義務的來源。由此可見，與沃爾德倫反覆聲稱的相反，承認規則在法律之確認方面的作用並不是冗餘的。承認規則在施加官員們法律義務並授予他們法律權力以確認這些規範中的作用，是所有這些組成基礎性改變規範的傾向能夠發揮作用的唯一原因。基礎性改變規範本身並不能解釋為何某些傾向會被接受，如果沒有承認規則，基礎性改變規範就不足以說明自身的存在。

十六、相互依賴但截然不同：反駁麥可柯克

我們剛剛已然知曉，雖然承認規則與每一個基礎性改變規範都相互纏繞，但它們之間是各不相同的。它們之中，沒有哪一個是冗餘的，也沒有哪一方可以折疊到另一方裡面去。承認規則與法律應用規範之間的關係同樣也是如此。儘管承認規則與每一個基礎性法律應用規範之間都彼此依賴，但沒有哪一方可以歸入另一方。承認規則沒有**確立**法律適用的任何權力與義務，而是**預設**了這些權力和義務的有效性。其本身所確立的權力與義務是法律之確認的權力與義務（它們的有效性由法律適用規範所預設）。

對於這一問題，不少哲學家都在他們的思考中誤入了歧途。[11] 不過，這裡我將聚焦在尼爾・麥可柯克的幾句話上：「次

---

[11] 當哈特寫道「法官要求他們適用由承認規則的判準所確認的法律，正是在這樣的實踐中，承認規則被接受」（《論邊沁》第 156 頁）時，他本人將承認規則與法律適用規範混為一談。類似的錯誤還可見於 Gardner 2012, 103-4; Green 2012b, xxiii; Lamond 2013, 115; Perry 2009, 296, 297-8, *et passim*.

級裁判規則與改變規則是授予權力的，而承認規則則是爲實施這些公共的、官方的權力，尤其是裁判權的人確立約束他們的義務……那些有權以法官的身分行事的人，作爲法官也有義務去**實施**所有那些、也僅僅是那些滿足了或多或少明確規定的效力判準的規則」（《哈特》第 32-33 頁，粗體爲本書所加）。麥可柯克對承認規則與法律適用規範的混用── 有關「承認規則施加了法律適用而非法律確認的義務，或法律確認義務之外的義務」的主張── 在這裡，與他有關「承認規則只是施加義務」的錯誤主張，以及同樣是錯誤的「法律適用規範只是授予權力」的觀點聯結在了一起。誠如本章所主張的，承認規則同時包含了授予權力的標準與施加義務的標準，同樣，法律適用規範也同時包含了授予權力的標準與施加義務的標準。承認規則所授予的權力以及施加的義務是法律確認的權力與義務，法律適用規範所授予的權力以及施加的義務，則是司法或行政的權力與義務。麥可柯克主張承認規則施加裁判的義務便是錯的，後面這種義務是組成承認規則的標準所預設的，而非由其設立的（在本章第十四節，我在對夏皮羅的批駁中闡述了兩個這樣的標準，在其中可以明顯地看到，法律適用的義務是由承認規則中的標準所預設的這個事實）。

當然，因爲法律適用的義務與權力是被承認規則中的標準所預設的，又因爲法律確認的義務與權力是被法律適用規範所預設的，正如本章持續強調的那樣，承認規則與法律適用規範之間是深度且盤根錯節的相互依賴關係。而且，儘管法律確認與法律適用的活動可以在概念層面明確地加以區分，在實踐中要想區分兩者則會遭遇更多的困難。法律確認的權力與義務與法律適用的權力與義務往往是同時確立的，任何對後一種權力的實施都會涉及

到對前一種權力的行使。與哲學分析的層面不同，在實踐的層面上，規範的功能沒有那麼容易區分。

　　然而，儘管在實踐中相關的對比很困難，儘管即使在理論之中承認規則與法律適用規範也有著錯綜複雜的相互依賴關係，就像把握它們之間複雜的交織一樣，哲學家還是可以也應當分辨出它們之間的不同。在諸如哲學家沉思法律的性質這般高度抽象的層次，法律確認的義務與法律適用的義務之間的區別是清晰的。省略了這一區分，麥可柯克也就使得他的讀者們不可能精確地理解哈特有關法律體系之結構與功能的思考。

十七、循環論證的問題

　　正如本章第五節的末尾所提示的那樣，法律體系的基礎性規範之間的相互依賴關係，似乎會產生惡性循環的問題。這個問題通常被認為是有關法律體系之起源的難題：倘若作為官員的那些人的特權，是來自於授予他們以法律確認或法律實施或立法權的規範，而管轄區域中的這些規範之所以有效，又僅僅是因為它們被體系中的官員們視作是有效的，那麼授予這些權力的基礎性規範看上去就失去了存在的支點。既然這些根基的存在以特定身分──一些人作為官員的身分──為前提，而這些身分又是這些根基所創設的，那麼這些根基是如何騰空出世的呢？

　　夏皮羅（《合法性》第 42 頁）將這個問題命名為「可能性之謎」，他將其歸結為兩個具有說服力的命題。他將這兩個命題中的第一個稱作「雞蛋原則」，並表述如下：

　　「只有當某個既存的規範授予了某人以創設規範的權力，該人才有權創設法律規範。」

　　夏皮羅將另一個命題命名爲「母雞原則」，並表述如下：

　　「只有當某個有權創設規範的人創設了該規範，授權創設法律規範的規範才會存在。」

　　這兩個命題合併在一起，便產生了我上一節講述過的那個難題。如夏皮羅所說，人們可以援引這兩個命題來努力證明，「在不訴諸惡性循環或者無限倒退的情況下，對法律權威的確認不可能相容於母雞與雞蛋原則」（《合法性》第 40 頁）。

　　就像本章第五節結尾處建議的那樣，最直接地解決這個雞生蛋還是蛋生雞的困境的路徑在於，對兩種意義上的「法律權力」一詞做出區分。每一個法律權力都是某些人透過採取某些行動以改變人們的法律地位的能力。因此，「法律權力」一詞可以在一個相對寬泛的意義上被用來表示任何這樣的能力，而不管能力的來源是什麼（正如我在第二章中指出的，哈特認爲改變法律地位的能力並不是法律權力，除非擁有這種能力對能力擁有者普遍有利。哈特施加的這一限制並不影響我這裡的討論，因此可以無需明確指出即被理所當然地接受）。儘管在剛才闡述的廣義層面，大多數法律權力都是法律體系的產物——因爲它們的存在歸功於立法的進程，或者法律體系之中的其他法律創制活動——但並非所有廣義上的法律權力都是這樣的產物。有些法律權力的存在並不是由立法程序或其他法律創制的活動產生的。認識到這一事實，「法律權力」一詞便可以在更狹義的層面被應用。這樣一

來，只有當改變法律地位的這種能力是由法律體系之中的法律創設活動所產生的情況下，這一短語才指稱這種能力。

現在，顯而易見的是，一個法律體系的基礎性權力 —— 使得該體系得以存在並構成該體系之後運作之基石的權力 —— 指的是廣義層面的而非狹義層面的法律權力。作為制度運作的基礎，它們的存在並不取決於這些運作。因此，如果我們再次回看夏皮羅的「雞蛋原則」，我們就會發現，他錯誤地假定人們創造或改變法律規範和法律地位的所有能力，都是狹義層面的法律權力。在理解了一些這樣的能力只是更廣泛的意義上，而不是狹義層面上的法律權力之後，我們便應該拒絕雞蛋原則。也就是說，我們應該拒絕這樣的觀念，即任何人所擁有的創造法律規範的能力，其自身都必須來源於某些先在的法律規範。基礎性權力並不是以這種方式出現的。

經由拒絕雞蛋原則，我們便規避了倘若同時接受夏皮羅的母雞與雞蛋原則便會將我們吞噬的惡性循環。不過，對他的雞蛋原則的否定，不應當伴隨著對他的母雞原則的任何不加批判的接受。更具體地說，除非第二個表述中的「權力」一詞被解釋成廣義上的而非只是更限定意義上的法律權力，否則母雞原則也應當被拒絕。法律體系之中的授權規範可能是某個人創設的，這個人有能力權威性地創設該規範 —— 這個能力當然是廣義上的法律權力 —— 但他的權力卻不是該體系之中的任何法律創設程序所賦予的。

我這裡有關兩種意義上的「法律權力」的觀點，與哈特自己對承認規則中的標準應當被確定為法律的還是前法律的思考（第111-112頁），有著非常緊密的關係。一方面，承認規則中的標準可以恰當地被分類為法律的，因為它們所授予的權力以及施加

的義務都是法律上的。當官員們實施承認規則所賦予他們的法律確認之權力時，他們便以在法律上要求人們服從他們得出的法律確認之決定方式改變了人們的法律地位。同樣地，如果官員們不服從承認規則所施加給他們的法律確認的義務，他們便有責任接受他們的同僚施加給他們的法律制裁。與此同時，承認規則中的標準又可以被分類為前法律的，因為這些標準的存在並不是因為它們所在法律體系的任何創設法律的活動，相反，它們被所有這些活動所預設，作為基礎性規範，內在於該體系的官員們的法律確認實踐中。它們的作用或影響全部內在於體系之中，但它們的起源則先在於該體系。法律體系之中的其他基礎性規範也是一樣——它們與組成承認規則的標準糾纏在一起。

十八、必要且充分條件

哈特描述了任何典型的法律體系之存續所必備的兩個不同的必要且充分條件，本章以對它們的簡要討論結尾。哈特將這兩個條件表述如下：「一方面，那些符合體系中的終極效力判準因而具有效力的行為規則必須得到普遍地遵守；另一方面，這個體系之中提供效力判準的承認規則，以及體系的改變規則與裁判規則必須在事實上被官員們接受，作為衡量他們行動的共同的、公共的標準。」（第116頁）。

哈特主張，如果說一個典型的法律體系要想存在，這兩個條件中的第一個是對公民們（包括了作為私主體的官員）必須表現出的最低限度的行為模式的說明。除非大多數公民在面對該體系的大多數施加義務的法律時，至少表現出構成批判性反思態度的

三種行爲傾向中的第一種，否則該體系就無法發揮作用。也就是說，除非大多數公民在通常情況下，都能遵從他們所在社會的法律治理體系所頒布給他們的大多數義務性法律，否則這些體系沒有辦法存續。哈特樂於承認也確實強調，如果大多數公民不只是**服從**大多數的義務性法律，而且也以批判性反思態度中的全部三種傾向來展示他們對這些法律的充分**接受**，那麼該法律體系的治理通常將會更爲強健有力。並且，哈特相信，如果大多數公民對其所在社會的大多數義務性法律的基本服從，能夠與他指出的第二個條件相結合，便能充分地保證一個典型的法律體系的有效運作。

　　哈特宣稱，公民對維繫典型法律體系之運作的作用，存在於他們對施加義務的法律的基本服從之中，但他再次匪夷所思地忽視了授予權力的法律的重要性。在他對奧斯丁的批判中奮力強調了授予公民以私權力的法律的獨特性與重要性之後，哈特顯然在對典型法律體系之必要且充分條件的說明中又忘記了它們。考慮到在設立與改變公民之間的法律關係中，私權力具有不可或缺且影響深遠的作用，哈特在其文本的這一重要環節卻沒能提及這些權力是非常令人費解的。倘若他在對典型法律體系存在之必要且充分條件的說明中闡述了這些權力，他便必然需要填補他理論之中這個最大的漏洞。換言之，他將不得不對授予權力的規範上的內在觀點補充一套闡述。有了這套闡述，這裡所呈現出來的漏洞便也能填補上，亦即在對典型法律體系的有效運作之必需要素的思考中，他將爲公民的私權力之運用留下一個適當的位置。

　　哈特沒能對授予權力的規範上的內在觀點提供任何分析，這也減損了他爲呈現法律體系的運作之中，官員的關鍵作用所做努力的說服力。在上面所引用的陳述中，他斷言，除非官員們接受

體系中的承認規則以及改變規範與裁判規範，將之用作「官員們行動的共同的、公共的標準」，否則典型法律體系的運行與存續便難以為繼。我們知道，用哈特的說法，對施加義務的規範的接受存在於接受者對該規範所採取的批判性反思態度之中。既然如此，鑑於承認規則與法律適用規範是既施加義務又授予權力的，哈特提到的官員們對它們的接受便容易得到理解。因為承認規則與法律適用規範所施加的義務的確是由司法和行政官員背負著，當哈特聲稱，這些官員「必須將這些〔規範〕認作共同的行為標準，並將自己或他人背離規範的行為批判性地評價為錯誤」（第117頁）時，我們便能很清楚地明白他說的是什麼意思。只是，在這個最新的以及本節開頭的引用之中，哈特談及的都不只是承認規則與法律適用規範，他還涉及了改變規範。儘管一些改變規範（譬如與頒布行政規章相關的規範）的確施加了義務給司法或行政官員，但大多數並不會。大多數改變規範是授予權力的，而且，即使在少數施加義務的改變規範之中，這些義務也更多是施加給立法者或者私主體，而非給司法或行政官員的。因此，既然哈特沒有對授予權力的規範上的內在觀點進行闡釋，當他提到司法和行政官員對改變規範的接受之時，我們便完全不清楚他所說的意思。他需要一些類似於我在本書第二章第四節提出的對授權規範上之內在觀點的兩個解釋中的第一個解釋，但他並沒有提供任何類似的闡述。在恰當地批判了奧斯丁對授予權力的法律的無視之後，哈特自己卻沒能充分地從他對偉大前任的批判中吸取教訓，在自己的法理論中遺憾地留下了重大的缺陷。

第四章
哈特論法律解釋與法律推理

　　本書從始至終均在強調，哈特堅持主張，任何法律體系的結構與運作從根本上說都是規範性的，以此他拒絕了法律的命令理論。法律治理的體系是一套由規範組成的體系，這些規範的提出與執行均發生在體系的內部。在做出這樣的宣稱之後，哈特明白，他的法理工作的成功，將取決於他為規範的性質與功能提供一套滿意的闡釋的能力。他在對命令理論的批判之中開始發展他的這套理論——比如，在此過程中，區分了依照規範的行為與單純依習慣的行為，也區分了內在觀點與外在觀點——透過主張任何法律體系都是初級規範與次級規範的結合，他繼續發展了對一般規範與具體法律規範的分析。不過，直到《法律的概念》第七章，哈特才在書中對法律推理與法律解釋的問題給予了持續的關注。他幾乎不可能不討論這個問題，因為他對法律的規範性的肯認，是以規範在法律機構中有效運作的假設為前提的。法律推理與法律解釋是法律體系中的規範被應用到具體情境的過程中的關鍵要素，它們是關鍵的要素，亦即在它們的運作過程之中，法律體系中的規範才變得具有成效。因此，不對法律推理與法律解釋是如何運作的提供充分的說明，哈特便不能證明他的法律的一般模型。在《法律的概念》第七章中，他力求迎接這一挑戰。

　　在對剛剛提到的這一挑戰的回應中，哈特取得了部分的成功。他的第七章包含了相當多有價值的見解和一些令人難忘的討論，但也包含了一些混淆、失策與過度的簡化，進而使得哈特難

以招架本沒有必要回應的羅納德・德沃金隨後對他提出的幾點批評。儘管德沃金對法實證主義的很多反對，都源自他自己失實的重述和生疏的誤解，他的部分苛責還是暴露了哈特在法律推理與解釋之反思上的真正缺陷。[1]此外，在德沃金的反對之外，哈特的反思還受到其他一些重要缺陷的損害。

　　在某種程度上，哈特在法律推理與法律解釋的思考上的弱點，是由於這些思考過於簡潔，以及這類推理與解釋在不同法域之間的易變性。正如我在第一章第五節指出的，官員們在他們的司法與行政活動中所運用的法律推理與法律解釋的技術，在很大程度上是視法域而定的。儘管對這些技術的一些有啟示性的觀察，是可以跨越法域的，而且哈特也的確發展了一些這樣的觀察，但法律推理與解釋的大多數面向，是不適合於法哲學所採納的那種強跨法域的分析的。大多數這些面向視不同的法律體系或者不同類型的法律體系（譬如普通法系與大陸法系）而異。因此，在哲學這種抽象層面進行寫作的哈特，能闡述法律推理與解釋的性質到何種程度便會面臨相當明顯的限制。比如，他能夠對先例在英國司法中的角色，提供一些簡潔而有洞察力的闡釋（第134-135頁），但他很明智地避免將這些闡釋擴展至普通法系的其他司法模式之中，當然他也避免將這些闡釋擴展到普通法系之外的司法模式之中。正是因為哈特致力於提供一套可以適用於所

1　德沃金對哈特法理論的主要反對主要參見 Dworkin, Ronald. 1978. *Taking Rights Seriously*. Cambridge, MA: Harvard University Press, chs. 2-4; 1986, chs. 1-4. 這些反對意見的版本也出現在德沃金後來的一些著作和文章之中，例如 Dworkin, Ronald. 2006. *Justice in Robes*. Cambridge, MA: Harvard University Press, ch.6. 我對德沃金的責難的批駁，對法實證主義最持久的辯護可參見 Kramer 1999, ch. 6.

有典型法律體系的一般性分析，他對法律推理與解釋之模型的分析如此簡潔是可以被理解的。

　　儘管如此，哈特在法律推理與解釋分析上的不足，主要不是來自任何類似致力達到哲學層面的普遍性分析都會面臨的限制（事實上，面對這些限制，哈特保持沉默更多展示出的是令人稱讚的審慎而非不足）。使得哈特無力招架批評的更爲重要的原因，是他未能理解他的反思中本應當予以考慮的幾個具有重要意義的區分。因此，在討論這些反思的具體細節之前，我們應當先仔細考慮一下哈特沒能充分注意到的這幾個區分。

　　不過，開始之前還是應當直接指出爲哈特進行辯護的一個要點。在第七章，與《法律的概念》其他部分一樣，他將注意力過分集中在司法問題上，很大程度上忽視了行政的問題。不過，正如後文將看到的那樣，他還是在某一部分對後者做出了相當重要的思考。而且，與其他部分的文本相比，他對司法的過分聚焦在第七章某種程度上是更可以被原諒的——因爲法院的推理，特別是上訴法院的推理是律師以及其他法律專家眼中的北極星。因此，儘管我對哈特的法哲學不適當地以法官爲中心的這個導向心有疑慮，該疑慮也適用於他對法律推理與解釋的性質的說明，但我將從現在開始將這些疑慮擱置一旁。

一、幾個關鍵區分

　　儘管哈特有關法律推理與解釋的許多說明是值得稱道的，但他處理這一問題的方法飽受他無視一些重要的區分之傾向的影響。這些區分主要關涉本體論與認識論現象之間的差異，更具體

地說，它們主要涉及以下兩點之間的差異：(1) 法律規範真實的本質或含義；(2) 人們對法律規範的本質或含義所持的信念。正如我們即將看到的那樣，這些差異將被證明是微妙且多面向的。

（一）不確定性與不可證明性（indeterminacy versus indemonstrability）

即使一些通情達理的人在經過審慎的思考之後，堅持否認答案的正確性，在某些法域之中，某個法律問題的答案仍然可以是確定性地正確的 —— 即是說，要麼是唯一性地正確，要麼是在有別於其他答案的一小範圍答案中正確。如果某個解決法律糾紛的方式是確定性的正確，那麼無論是否有人這樣看，它都是正確的。相比之下，某個糾紛的解決方案是可被證明為正確的，那麼，就只有當幾乎每個有能力思考該論證且通情達理的人都支援它時，它的適當性才會被理解和接受。應該顯而易見的是，確定性的正確不能推導出可被證明的正確，後者比前者涉及到更多的條件。同樣應當非常清楚的是，無論是在哪個治理體系，上訴法院處理的疑難案件之中的爭議焦點，其正確答案都很少是可被證明地正確。然而，由於確定性的正確並不蘊含可被證明的正確；不是可被證明的正確不代表就不是確定性的正確，上訴案件中的任何重大問題，即便不太可能存在可被證明的正確答案，仍然可能存在一些確定性的正確答案。

注意到疑難的上訴案件之中，法律人在系爭問題諸多答案上的分歧之不可調和性，法哲學家與其他的法理論家太過於理所當然地認為，這些答案之中沒有一個是確定性地正確的。然而，儘管在一些疑難案件之中可能的確不存在確定性的正確答案，但法律人（或者其他民眾）之間就任何具體個案之中的適當結果存在

激烈的分歧這個明顯事實，遠不構成沒有一個結果是確定性正確的充分依據。分歧的頑固性本身並不影響分歧所涉及的難題上具有唯一正解的可能性。只有無視確定性與可證明性之間的區分，人們才可能持有除此之外的想法。與其只是簡單地訴諸疑難案件之中法律人之間持續存在的分歧，想要證明這些案件具有不確定性的學者，還是必須用恰當的論證去支撐他的立場。他必須說明，為何持續不斷的分歧可以歸因於缺少確定性的正確答案，而不是因為相關法律人在性情或智識或意識形態方面的局限性（讓我們看看一個不同領域中的相似情境。對於李‧哈維‧奧斯華（Lee Harvey Oswald）在 1963 年 11 月刺殺約翰‧甘迺迪總統（John Kennedy）的時候是否參與了一個大規模的陰謀——例如，由某個共產主義政權或某個有組織的犯罪集團策劃組織，數以千萬資訊發達的美國人彼此之間存在著激烈的分歧。儘管專家們各自就這些問題爭論不休，但在這個問題上存在著一個確定性的正確答案）。

　　哈特對不確定性與不可證明性之間的區分並不是全然無知，但他沒能把握這一區分全部的重要性。一方面，他力圖強調他對法律規範的「開放結構」的闡述——我們將在後文對這一闡述進行檢視——關注的便是法律中的不確定性問題，而不只是不可證明性的問題。在《法律的概念》第二版的後記中，他寫道（第 252 頁，強調為原文所加）：

　　我在本書中提出的是這樣的觀點，即由承認規則中的判準以一般性的術語確認的法律規則與原則，通常具有我經常所稱的「開放結構」，所以，當一個既有的規則適用於具體的個案，但法律卻沒能為之提供一個確定的答案時，法律便呈現出部分的

不確定性。這類「疑難案件」之所以疑難，不只是因為這類案件中理性又通達的法律人就何種答案在法律上是正確的可能存在分歧，而且也是因為這類案件中的法律根本上是不完整的：對於這類案件，它並沒有為其中的系爭問題提供答案。它們在法律上是欠缺規定的，因此法院必須行使我稱之為「自由裁量」的限定法律創制功能來為這類案件做出裁決。

在再次斷言諸多疑難案件中的系爭問題不存在任何確定性的正確答案之後，哈特意識到，德沃金堅持認為法律實踐中的所有事例或近乎所有的事例，都存在著唯一正解，他們之間的立場存在著分歧。哈特準確地注意到，根據德沃金的觀點，這類問題可以在具有不可解決的爭議的同時，存在著唯一正確的答案——這是因為「具有爭議性的特徵與存在支撐該答案為真的事實（很多情況下是道德事實）之間是完全相容的」（第253頁）。由此可見，正如我在下一章將要討論的，哈特是一位包容性法實證主義者，而非排他性法實證主義者。也就是說，他相信規範 N 符合某些道德正當性的要求，可以成為該規範在這個或那個法域作為法律而存在的必要條件。他同樣也相信，N 作為道德原則的正確性也構成 N 成為這個或那個法域中的法律的充分條件。考慮到這些，並鑑於在一些疑難案件之中，道德原則成為了系爭問題上存在唯一正解的基礎，哈特的包容性法實證主義，將會與他有關這些特定的疑難案件之中的法律具有不確定的主張不相一致。哈特似乎意識到德沃金對他的這種不一致的指控。讓我們將德沃金的這一指控稱之為「道德原則的反對」。

哈特在談及「道德原則的反對」的同時，也對德沃金另一個有關不一致的指控做出了回應。德沃金（《認真對待權利》第

349頁；《羅納德·德沃金的一份回覆》第250頁）主張，哈特的包容性法實證主義，與實證主義者力圖在不背書道德客觀性的同時保持他們對法律進行描述的願望之間是不一致的。我們將這後一個有關不一致的指控稱之為「超然態度的反對」。在探究哈特對「超然態度的反對」的回應之前，我們應該非常簡要地提及這一反對上的兩個要點。第一，儘管在哈特希望對於道德客觀性的問題保持不背書的立場上，德沃金的總結是正確的，但該立場無論對於一般的法實證主義還是具體的包容性法實證主義都不是必然的要件；第二，正如德沃金隨後努力強調的，也是在本書倒數第二章會變得非常清楚的，同樣在本書首章的結尾我對極簡主義的評論中也應該已經比較明瞭的是，道德客觀性本身在根本上是一個道德問題，而非嚴格的形而上學問題。[2]因此，包容性法實證主義應當拒絕哈特想要在道德客觀性上保持不背書立場的一個主要原因就是，當他們肯認客觀性的時候並不會陷入任何晦澀難懂的形而上學命題。相反地，他們將會只是簡單又正確地拒絕任何徹頭徹尾版本的道德懷疑主義。[3]

---

[2] 尤其可以參見 Dworkin, Ronald. 1996. "Objectivity and Truth: You'd Better Believe It." *Philosophy and Public Affairs* 25: 87-139，*Justice for Hedgehogs*. Cambridge, MA: Harvard University Press, chs. 2-5. 對於道德客觀性本質上是道德問題的主張，我完全贊同德沃金。也可參見 Kramer 2009a; 2013c. "Working on the Inside: Ronald Dworkin's Moral Philosophy." *Analysis* 73: 118-129; 2017c. "There's Nothing Quasi about Quasi-Realism: Moral Realism as a Moral Doctrine." *Journal of Ethics* 21: 185-212. 也可參見 Kramer 1999, 152-8.

[3] 這裡所談論的道德客觀性，我想表達的是，在道德問題中存在著確定性的正確答案。這一面向的道德客觀性是與我這裡的討論相關的，但它並不是道德客觀性的唯一面向。對道德客觀性所有面向的探討，可參見 Kramer 2009a.

　　不管怎樣，哈特不太明智地證實了自己的觀點，認為法理論「應當避免對道德判斷的一般地位上存在爭議的哲學理論進行背書，並且應當對該問題上是否存在德沃金稱之為『客觀性地位』的一般性問題……保持開放」（第 253-254 頁，轉引自德沃金，《羅納德‧德沃金的一份回覆》第 250 頁）。接著哈特似乎又承認，他在道德客觀性的爭論上保持超然態度的傾向也將要求他與包容性法實證主義保持距離：「當然，倘若法理論對道德判斷的客觀性地位問題保持開放 —— 正如我主張的那樣，那麼，〔包容性法實證主義〕就不能簡單地被描述成法效力的判準中可以包含道德原則或價值的理論，因為如果道德原則和價值是否具有客觀的地位是個開放的問題，那麼，將與道德原則和價值相一致納入法律檢驗標準的〔包容性〕規定能否具有那樣的效果，或者能否構成法院*制定*法律的指引，就同樣也是開放的問題。」（第 254 頁，強調為原文所加）。哈特在這裡事實上向德沃金的「超然態度的反對」投降了。

　　儘管哈特對「超然態度的反對」的屈服是令人沮喪且沒有必要的，但他投降的結果似乎提供了一條逃離德沃金「道德原則的反對」的路線。畢竟，倘若哈特現在停止對包容性法實證主義的支持，他似乎就規避了對這一理論的支持與主張疑難案件中的不確定性之間的不一致。鑑於哈特在他的後記中從未回應「道德原則的反對」，他可能確實認為他已經解決了這個問題。然而，如果他真的這麼想，他便又犯了另一個錯誤。

　　在道德客觀性以及包容性法實證主義上不背書的立場，也會導致在以下這個問題上同樣持不背書的立場：是否存在任何這樣的情形，納入道德原則的現行承認規則填補了成文法或其他法律規範留下的漏洞。如果某些法域的承認規則使得被納入法律的

正確道德原則成為了實質的法律規範，又如果該法域中的官員們在試圖確認這些離散的原則時，彼此之間經常出現棘手的分歧，那麼儘管在原則的內容上的分歧是持續存在的，這些事實上正確的道德原則仍屬於法律的一部分。在某一個原則的確填補了白紙黑字的法律所遺留的漏洞的場合——這種情況下，正確的道德原則確定性地產生出制定法所無法獨自給出的結果——即使沒有可被證明的正確結果，依然存在著一個確定性的正確結果。這樣一來，假如某個背書包容性法實證主義的人懸置了在道德客觀性上的判斷，他便也會懸置是否存在任何剛剛闡述過的情形的判斷。他所懸置的是這樣的判斷：白紙黑字制定法層面的不確定性，是否被由現行承認規則納入法律的道德原則層面具有的確定性所抵消。然而，哈特並沒有明確表示，他從法律人存在著不可調和之分歧的疑難案件具有不確定性的主張上撤退。在後記中，他只是簡單地重申了這些主張，並提到了德沃金對這些主張的尖銳批評（在其中，德沃金恰當地強調了不確定性與不可證明性之間的區分）。哈特並沒有表明，他因此需要懸置是否存在某些時候制定法上的漏洞被納入法律的道德原則所填補的這一問題上的判斷，以限縮有關不確定性的主張。相反地，他隱默地堅持了他原先的不確定性主張。因此，儘管哈特注意到不確定性與不可證明性之間的區分，他似乎仍然在從後者推論出前者。他似乎假定，正是因為在確認似乎能夠填補制定法所遺留漏洞的正確道德原則上，法律人之間必然存在著分歧，這些原則就不是真的在透過提升它們所從屬的法律之確定性來填補這些漏洞。至此，他在道德客觀性的問題上便不是保持了不背書的立場，相反地，他對此採納了某種懷疑論的立場。

（二）不確定性與不確信（indeterminacy versus uncertainty）

與不確定性和不可證明性的區分緊密相關但又不完全相同的是，不確定性與不確信之間的區分。與前者一樣，後一個區分也是本體論與認識論現象之間的差異。[4]不確信是一種不充足的信念狀態（一種認識論上的狀態），而不確定性則是證成上或並駕齊驅或不可通約的狀態（一種本體論上的狀態）。當某個人不確信某些法律問題是否存在正確的答案，並進而不確信該問題上是否存在確定性的正確答案時，他所處的並不是否認存在這類答案的立場。他應當對該答案的存在及其內容不做判斷，他的信念不足以對這兩點中的任何一點做出判斷。反過來說，如果有人宣稱在某些法律問題上並不存在確定性的正確答案，他並不是在表達不確信。相反地，他是在主張，該問題上的肯定性回答和否定性回答沒有哪個在另一個之上（倘若該問題並不適合用「是」或「不是」來回答——譬如，有關最低工資的適當水準的問題——那麼對確定性正確答案的否認就等同於主張，該問題上主要的競爭性答案之間沒有誰優於誰）。要想證實某人認為沒有一個答案比相競爭的答案更好的堅定主張，他便必須證明，這些均衡的考量的分量是相等的，或者它們之間無法進行排序。這類證實還遠不構成不確信，任何這樣的證實都必須建立在堅實的論證之上，就像任何成功證明某個具體答案比所有其他答案更好的努力一樣。不確信根本就不是能夠證明某人立場的那些論證的基礎。

倘若爭論中的主要問題既錯綜複雜，爭議的每一方還都有著

---

[4] 這一段和下一段，我援引了 Kramer 2007, 20-1，並做了一些修正。

各自顯著正當的理由，在任何這類情境之中，許多見識不凡的觀察者可能都傾向於不僅對爭議的處理感到不確信，而且對以下這個想法也感到不確信：至少原則上能夠獲得確定性的正確處理。不過，正如剛才所指出的，任何對這些問題感到相當不確信的觀察者，並不是在該爭議上持不可能存在確定性正確之解決方案的立場。在他們的不確信被克服之前，對於應當如何處理爭端的問題上存在著確定性正確答案的觀點，他們既應該避免肯定，也應該避免否定。他們所做的應該是個遲疑不決的裁定。然而，當法學理論家們研究疑難案件，並指出自己或其他見識不凡的觀察者不確信這些案件中，是否可能存在確定性正確的答案時，他們太過頻繁地認為，這些案件之中的法律是不確定的。這種從不確信宣告切換成不確定性宣告的做法是應當被抵制的，它展示的是一個不合邏輯的推論，並導致法學理論家們高估了規範人們行為的法律容易出現的不確定性的規模。

在對法律推理與解釋的討論中，哈特在不少段落都犯下了這樣的滑坡謬誤。一而再再而三地，他直接從對不確信的討論切換成對不確定性的討論——反之亦然。讓我們來看其中的幾個段落，它們代表了《法律的概念》第七章中餘下的諸多篇章。在該章開篇不久，哈特便寫道，法律上的「行為標準，……不管在大多數日常案件中多麼順利地運作，總是會在它們運作的某個點上遭遇困難，而呈現出不確定性；它們總是會有一個可以被稱作*開放性的結構*……邊緣情境中的不確信是在任何形式的交流中使用一般性的分類術語所需要付出的代價」（第 128 頁，強調為原文所加）。

哈特在不確定性的論斷與不確信的論斷之間的任意切換，通常發生在他涉及到困惑的存在或清晰性的缺失的場合。鑑於困惑

的出現或清晰性的缺失被等同於不確信，哈特也傾向於將它們等同於不確定性。例如，請看下面這段話，在這段話中，他所思考的是英國議會主權規則（第 150 頁，強調為本文所加）：

> 與任何其他規則一樣，議會主權規則在這一點上（即是說，在議會能否通過立法阻止法案在未來被撤銷的問題上）是確定性的，不代表它在所有其他情況下都是如此。對它仍然可以提出一些在目前沒有*明確*正確或錯誤答案的問題。這些問題只能通過某個人做出一個選擇來定下來，該人在這個問題上的選擇最終被賦予了權威。議會主權規則中便存在著這樣的*不確定性*。

就像「不定的」（unsettled）一詞一樣，「定下來」（settled）這個詞——其出現在這兩段引文中的後一段——也是如此，橫跨了不確信與不確定這一區分在認識論與本體論上的鴻溝。對於某些法律是否適用於一些特定的情境的問題，可以這樣定下來：要麼該問題上的答案現在清晰了，不再陷在不確信之中了；要麼現在出現了一個確定性正確的答案。儘管「定下來」與「不定的」或者「已解決的」和「未解決的」這類術語是有用的，也很難被摒棄不用，但它們對認識論與本體論之區分的騎牆，會助長從不確信到不確定性的不當推論。當有人不注意避免這些無效的推論時，對這類術語的使用便會掩蓋所作的即是這樣一種推論的事實，進而滋養了混淆。

本小節的結束應該附加一個警告。雖然我在這裡強調了不確信與不確定性的區別，但我絕不是在暗示這兩種屬性之間在某種程度上是相互排斥的。頻繁可見的是，對於那些的確不存在確定性正確答案的問題，人們對這些問題上是否還能有答案常常感到

不確信。本小節的目的不是要否認或掩蓋不確信與不確定性的概念擴展之間明顯存在的相互交叉。相反地，我們的目的只是爲了告誡人們不要做出上一段中提到的那種無效的推論。僅僅從法律人和其他公衆對某些法律的含義不確信這一事實來看，我們不能有效地推斷出這些含義是不確定的。

（三）獨立於心智的類型

　　一些讀者可能會擔心，上述兩個小節，忽略了官員們的行爲和態度在將法律體系中的規範確定爲法律規範上的關鍵作用。這些讀者可能會認爲，如果官員們在某些法律 L 的含義上持續存在分歧，或者如果大多數官員對這些含義感到不確信，那麼這些分歧或不確信所聚焦的問題上，就不可能有任何確定性的正確答案。畢竟，這樣的讀者可能會推斷，只有當一個法律體系的官員們一致地將某個規範視爲法律時，該規範才會作爲該法律體系中的法律而存在。如果官員們在確定 L 的某些含義時沒有彼此趨向一致，那麼這些含義就不會作爲 L 所屬體系的要素存在。因此，這些讀者可能會爭辯說，我認爲法律人之間廣泛的分歧或不確信並不能推導出法律的不確定性，而這是錯誤的。

　　爲了理解爲什麼任何這類想法都是輕率的，我們需要注意到法律體系中的規範是依賴於心智的還是獨立於心智的之間的區別。[5] 一個類似的區分存在於以下兩者之間：(1) 特定的個體持有的信念；(2) 在法律體系的運作或者其他一些集體的事業之中，

5　儘管有不少修正，這一小節中的好幾個段落我主要援引了 Kramer 2007, 3-12.

由協作的個體共同持有的信念。[6]有的時候，當理論家確定某些事項是獨立於心智時，他們只是在表示，這些事項的事實超越了任何給定之個體的信念或態度。這意味著他們認為這些事實可以是以群體互動的個體所共用的信念或態度的衍生物——譬如共同運行法律體系的法官和其他法律人群體。這些理論家認為，儘管任何單個個體的觀點在決定有關事項的實際情況方面不是決定性的，但由個體在群體的互動中所共用的理解則的確具有這樣的決定性。讓我們把這些理論家所堅持的客觀性類型稱為「弱的獨立於心智」——他們將具有決定性的「事實—構成」的作用歸屬給一些由個體組成的群體，而否認單獨的個體具有任何這樣的作用。這種溫和版本的客觀性很顯然要與**強的**獨立於心智相比較，後者主張，某些現象無論其性質還是其存在，都不由任何單個個體的觀點決定，也不由將個體凝聚成集體的公共觀點和信念決定。在強獨立於心智占據主導地位的領域，對於該領域內任何特定事態的確切含義來說，該特定事態之含義上的一致意見既非必要條件，也非充分條件。事情是怎樣的，獨立於它們被設想為怎樣的。

　　在我們轉向第二個有關獨立於心智之類型的主要區分之前，有必要做一個簡要的澄清。當某些現象是弱獨立於心智的，它的存在或其性質由群體中的成員所共用的信念和態度（以及隨之的行為模式）所決定。不過，這些信念與態度不需要是群體中

6　當然，從事某種集體事業的人所共同持有的觀點往往不僅僅是共同持有的，而且是複雜地交織在一起。很多時候，每個參與協作的人持有這些觀點的一個關鍵原因是，他認識到幾乎每個其他參與者都持有這些觀點，並期望他持有這些觀點。

的**全部**成員所共用的。在任何大規模的社團或社群之中，很少有什麼信念和確信完全由每個人共用。弱獨立於心智之實體的存在——該實體可以同樣被表述成「弱依賴於心智的」——的典型基礎並不是什麼虛構的一致同意，而是某個群體的**大多數**成員之間趨於一致的情況。例如，設想一下整個加拿大有能力使用英語的分散人群。如果這些語言使用者中的大多數人認為，在任何正式的演講或寫作中使用「ain't」都是不恰當的（除非該術語被故意用來製造喜劇效果），並且如果他們中的大多數人相應地摒棄了在正式的語境中使用該俚語，那麼加拿大英語中便包含一個弱的獨立於心智的規則，即禁止在正式著述中使用「ain't」。也許，加拿大一些有能力使用英語的人並沒有在正式語境中放棄使用「ain't」，這樣的一個事實，倘若確實有這樣的事實，與上述規則的存在之間是完全相容的。事實上，某個實體 X 作為弱獨立於心智之現象的地位，與某個實體 Y 作為強依賴於心智之現象的地位之間的確切區別在於，X 的存在或性質（與 Y 的存在或性質不同）不是由任何特定個體的觀點決定的。相反地，它由群體之中大多數成員所盛行的觀點和行為決定。通常情況下，一個群體的大多數成員之間的趨同——而不是所有成員之間的趨同——將足以確立某些弱獨立於心智之現象的存在，或確立它們的性質。此外，請注意，當一個團體的成員在某些觀點上的趨同程度很低時，當**趨**向一致的缺乏否定了弱獨立於心智的實體 X 的存在時（比如允許在正式語境中使用「ain't」的語言規範），X 的弱獨立於心智的屬性，就被這樣的實體之不存在給證明了。正因為 X 是弱獨立於心智，而非強獨立於心智的，所以群體成員的觀點之間的**趨**同不足，才對 X 的存在產生如此重要的影響。

現在，在我們著手處理法律要求是強獨立於心智還是弱獨

立於心智（或者兩者都不是）的問題之前，我們需要處理另一個主要的二分法：存在性的獨立於心智和觀察性的獨立於心智之間的二分。當且僅當某個對象的發生或持續存在並不取決於某些心智的存在和心智活動的發生時，它是**存在性的**獨立於心智。所有的自然物體都是這個意義上的獨立於心智，而且無數的人造物也是如此，譬如筆和房屋。儘管在沒有思想和心理活動的情況下，這些人造物永遠不會如此具象——也就是說，儘管在它們的起源中，它們在本質上是依賴於心智的——但它們的持續存在不再依舊取決於思想的存續和心理活動的發生。即使每一個有思想的生命都被神奇地、永久地拂去了存在，一所房子也會在一定時間內作為物質對象而持續存在。

當且僅當某對象的性質（包括它的形式和本體以及它的存在）不取決於任何觀察者如何理解該性質時，它是**觀察性的**獨立於心智。所有存在性的獨立於心智的對象同時也是觀察性的獨立於心智的，但並不是所有觀察性的獨立於心智的對象都是存在性的獨立於心智的。比如說，設想一下意向行動。任何這類行動的發生都取決於某個心智的存在，正是該心智中產生了使行動發生的意圖，但該行動的性質卻不取決於任何觀察者——包括該行動

不同類型的獨立於心智

	存在性的	觀察性的
弱版本	對象的發生或持續存在不依賴於任何單個個體的心智活動	對象的性質不依賴於任何單個個體對該對象的設想
強版本	對象的發生或持續存在不依賴於任何群體中的單個個體或集體的心智運作	對象的性質不依賴於任何群體中的單個個體或集體對該對象的設想

主體——可能認為它是什麼。即使每一個觀察者都認為該行動是某種類型 B，它實際上可能是某種相反的類型 C。

那麼，在思考法律的獨立於心智的時候，我們應當同時留意強與弱以及存在性與觀察性的區分。對這個問題稍加思考就會發現，如果法律的存在性地位是我們關注的焦點，大多數的一般性法律規範都是弱獨立於心智的，而大多數個殊化的法律指令則連弱獨立於心智都不是。相當明顯的事實是，大多數的一般性法律規範至少是弱獨立於心智的。這些規範的存在並不以任何個人的心理活動為基礎；任何特定個人的心理運作的停止並不會導致一般性法律規範的消失。雖然某人的信念、想像、態度和確信在本質上取決於抱持著它們的特定個體的心智，但任何一般性法律規範的存在均不具如此徹底的主觀性（在相當不尋常的情境下可能會有例外。在某個君主制國家，官員們可能會堅持一種做法，即只要在位的國王或女王的心智活動永久地停止，一些一般性的法律也就不存在了。這樣的安排雖然奇特，但顯然是可能的。不過，在一個要超越個體的生命週期而存續的法律體系中，任何這種強依賴於心智的一般性法律之發生率都必須被高度限制）。

當我們離開一般性法律而聚焦在個殊化的法律指令上時，我們很少發現任何存在性的獨立於心智。雖然不總是如是，通常情況下，某個特定主體——譬如法官或其他法律官員——的心智活動永久地停止，該主體所發布的指令也就不再有效了。如果要實現透過發布個殊化指令所欲尋求的結果，通常必須藉助一些其他的手段來進行（也許是透過向某些可替代的個體或一群個體發布指令，他們將代替原先的指令接受者行事）。那麼，通常情況下，一個特定個體所發布的法律要求在存在上是強依賴於心智的；該法律要求的存續取決於該特定個體的心智活動的發生。

　　相比之下，一般性法律規範的持續影響幾乎總是超越任何特定個體的心智運作。即便如此，這類規範在存在上也是弱的而非強的獨立於心智。它們在沒有任何想法與心理活動存在的情況下不可能持續存續。只有在某些人（最明顯的是法官和其他法律官員）共同保持對它們的某些態度和信念時，它們才會作為法律規範而存在。除非法律官員們一致傾向於將現行法律視為權威標準，並以此用作判定人們行為之司法後果的依據，否則這些法律將不復存在。可以肯定的是，在一個有效的法律體系之中，一些一般性的指定──譬如禁止橫穿馬路的條款──可以繼續作為法律存在，儘管它們總是不被遵守。這種指令所施加的要求在實踐中是沒有被執行的，但它們仍然是法律義務。不過，這些沒有被實施的法律義務之所以繼續作為法律義務而存在，正是因為無數其他的法律義務被法律官員規律性地賦予了效力，這些法律官員們一致傾向於將這些義務視為具有約束力的要求。正是因為這些眾多的法律要求被規律性地賦予效力，一個法律體系才會作為一套有效運作的機制而存在。如果一個法律治理體系中的大多數指令和其他規範沒有規律性地被賦予效力，該體系及其各種組成部分便將中途而廢。總而言之，法律（包括無實效的法律）作為法律的持續存在，將取決於法律官員們的決定和努力。又由於這些決定和努力不可避免地涉及到能動主體的信念、態度和傾向，法律作為法律的持續存在便不是強獨立於心智的。一般性法律規範在存在上的獨立於心智只是弱的。

　　現在，讓我們來研究法律規範的觀察性獨立於心智。它們在觀察上的獨立於心智是強還是弱？我們可以直接知道，一般性法律規範在觀察上至少是弱的獨立於心智。畢竟，正如我們已經說過的，所有存在性的獨立於心智的對象同時也是觀察性的獨立

於心智的。構成法律體系之存在的那些觀點、心智過程和行為模式，正是許多官員在彼此的互動中所共用的。這些觀點、心智過程以及行為模式的性質，都明顯獨立於任何特定個體的設想。

不過，當我們從詢問法律規範是否是觀察性獨立於心智的，轉向詢問它們的觀察性獨立於心智是強還是弱時，事情就變得更加複雜了。在這裡，我們便回到了整個獨立於心智的討論中難以解答的謎題，該難題現在可以得到嚴格的處理。相當多的法哲學家，譬如安德列‧馬莫爾，毫不懷疑法律的觀察性獨立於心智只是弱的。馬莫爾首先指出，當一個概念所涉及的對象是強獨立於心智的時候，「設想*整個社群的言說者*都錯誤地界定了〔該概念〕真正的指涉和外延就是完全可能的」。他接著說：「然而，對於由慣習實踐〔如法律制度的運作〕構成的概念，這類關於概念指涉的全面錯誤〔是〕難以置信的。如果某個給定的概念是由社會慣習構成的，那麼相關的社群就不可能錯誤地識別它的指涉。」他強調說：「對於〔我們社會實踐之規範的〕內容，除了我們已經知道的以外，我們沒有其他什麼可以發現的。」（《實證法與客觀價值》第138頁，重點為原文所加）。只不過，事情事實上要比馬莫爾所說的更為複雜。他的論述並不是完全錯誤的，但它們過於簡化了（在下面關於法律的強觀察性獨立於心智的思考中，我沒有必要區分一般性規範和個殊化指令。在每一個例子中，觀察性的獨立於心智都是強的）。

在任何法律問題上，某些法域之中的整個法律官員群體確實可能是錯誤的。對於他們所共用的某些法律問題上的態度和信念，法律官員既可能集體地也可能個別地出現錯誤。他們可能集體地對這些共同信念和態度的主旨與內涵犯錯誤，相應地也可能集體地對這些信念和態度所支援的那些法律規範的性質犯錯誤。

如果不這樣理解，就是沒能在以下兩點之間做出區分：(1) 他們所持有的一階態度與信念；(2) 他們對這些一階心智狀態的內容及其產物的二階理解。官員們在某些法律規範的存在及其內容方面共用著某些態度、信念以及行為模式，這一事實確立了該規範的存在並固定了其內容；但官員們可能集體地誤解了他們共同的態度、信念以及行為模式所確立和固定的內容。在人們的一階信念和他們對這些一階信念的內容和含義所持的二階信念之間，總是存在著可能誤解的空隙。

事實上，馬莫爾對一階與二階之區分的回避，將使得他的分析在應用於許多可信的情形時陷入不一致。假設某個法域中的法院宣布，他們之前對某項法律的解釋是不正確的。他們現在堅持認為，該法律本應以某種替代的方式被理解和適用（並且今後將被如此理解和適用）。他們申明，如果先前的解釋在通過之時是正確的，那麼現在也會是正確的；但是，它們在通過時是錯誤的，現在便也是錯誤的。倘若司法機構中的法官們在當前的時刻對這一法律解釋問題發表意見時，集體是不可能錯誤的，那麼他們在早期的時刻支持現在被拋棄的對特定法律的解讀時，就是可能易犯錯的。反過來說，如果他們在先前的時刻，集體是不可能犯錯的，那麼當他們認為自己正在糾正一個錯誤時，現在的他們便是錯誤的。無論馬莫爾如何試圖分析這種情形，他都會得出結論，法律官員們在某個法律解釋的問題上集體犯了錯誤。他對官員們集體不可能犯錯的堅持便會使他自己陷入困境。

因此，法律規範的觀察性獨立於心智便是強的而非弱的。只不過，馬莫爾並不是完全不正確的。如果某個法域中的法律官員在理解某些法律規範的主旨與內涵時集體出錯，而正是他們彼此所共用的信念、態度和行為模式又使這些法律規範得以產生，如

果他們不糾正他們的誤解，那麼這種誤解就將成爲與之相關的特定法律要點的決定性因素。它實際上是用一些新的法律規範取代了以前的法律規範。這類結果在採納了類似於英美司法體系的遵循先例原則的國家法律中，將變得尤爲明顯，不過在其他區域的法律之中也會出現這樣的情況。這類新的法律規範可能只是與以前的法律規範稍有不同——差異可能僅僅在規範的幾個狹義的含義上——但確實會有一些差異，這是由於法律官員對被更替的規範之主旨與內涵的錯誤理解造成的。官員們隨後根據新的法律標準做出的判斷本身並沒有錯誤，因爲這些判斷將與官員們集體失誤之後存續的法律相一致。官員們在將新的法律標準理解爲等同於以前的法律標準時，是誤入了歧途，但是一旦他們的錯誤導致了新標準的出現，他們將新標準視作具有約束力的就不算是誤入歧途（這一點可以有有限的例外。如果某個法律體系中的官員遵守著一項規範，該規範要求他們無論什麼時候，如果在一定時間內發現了自己錯誤，就必須撤銷任何這樣的錯誤判斷，並且如果他們在該規範所適用的大多數情形中都遵守了該規範，那麼他們在某些規定的情形中沒有遵守該規範，將暫時使他們已經承認但沒有糾正的錯誤所產生的新法律標準失效。然而，這種不遵守所致的額外錯誤本身，將很快被該法律體系的運作所吸收，並與當下認識到的但並未糾正的錯誤一起，成爲對官員們有約束力的東西）。

當然，由官員們對先前存在的法律規範的集體誤解而產生的新的法律規範本身，也可能會在未來被誤用。如果它確實以這種方式被曲解了，那麼它將被該曲解所產生的進一步的法律規範所取代。這種過程的一般結構——即官員們的集體錯誤，導致一些法律標準被另一些法律標準所取代，是可能無限期地重複出現

的。法律變革的途徑有很多，接續的錯誤是其中之一種。

因此，儘管馬莫爾錯誤地認爲法律規範的觀察性獨立於心智是弱的而非強的，但他的言論可以提醒我們注意這樣一個事實，即這些規範的**存在性**獨立於心智從來都不是強的。法律官員對於他們共用的信念、態度和行爲模式所維持的法律之內涵可能集體地出錯，但他們的錯誤（除非隨後即被糾正）很快就會進入這些法律的內容，進而成爲流行的標準。此外，我們應該注意到——在上面引用的評論中——馬莫爾最初並沒有斷言，整個社群對慣習性概念的外延存在錯誤的理解是不可能的，他最初只是斷言它們是難以置信的。這樣的斷言是誇張的，但它並不全是誤導。在認知的形成上，我們對我們自己的實踐之產物的認知，要比對自然世界之現象的認知要更爲親近，這一論斷在某種程度上是眞的。儘管這一論斷不應該掩蓋人們的一階信念和他們對這些一階信念的內容及其含義的二階信念之間存在不一致的可能性，但它恰當地表明，與對把握我們尚未熟悉的實體相比，我們有時應該對把握我們自己的想法感到更有信心。在防止它變成僵硬的教條——我們對自己的實踐的理解不可能錯誤——的限度之內，一個相對程度的有信心的信條是恰當的。這一信條特別契合於譬如象棋規則這類有著非常嚴密且精確限定的慣習，不過它在諸如大型法律體系之構成這類更爲分散的慣習上，也具有一定的解釋力。

簡而言之，在獨立於心智的意義上，當我們思考法律體系中的一般性規範是否是客觀的時候，我們應該得出一個複雜的結論。這類規範在存在性和觀察性上都是獨立於心智的，不過它們存在性的獨立於心智是弱的，而觀察性獨立於心智是強的。儘管由於這類規範在觀察上具有強獨立於心智的屬性，官員的認知和

規範的實際情況之間可能會出現不一致，但這類規範在存在上的弱獨立於心智則會使這些不一致最小化。之所以做到這一點，不是透過保證運作法律體系的官員們在解釋法律材料的時候不可能集體出錯，而是透過確保他們的任何未加糾正的錯誤，都會迅速地被納入相關法域之中的法律。換句話說，官員們的集體認知和法律的主旨之間的任何不一致，都會透過週期性的根據這些認知重新塑造主旨而迅速消除。此外，由於法律官員們非常熟悉他們自己的實踐以及這些實踐的產物，這種集體認知與實際情況之間的任何不一致都應該是比較少見的。

　　現在，當獨立於心智的類型被恰當地描述出來之後，我們可以看到，在法律體系的運作之中，不確定性與不可證明性——以及不確信與不確定性——之間可能的差異是多麼地明顯。許多哲學家似乎認為，如果法域中的法律官員們，對某個法律問題上的確定性正確答案之內容及其存在與否，有著廣泛的分歧或不確信，那麼在該問題上就不可能存在任何這類的答案。倘若法律規範的觀察性獨立於心智與它的存在性獨立於心智一樣，都是弱的話，上述這套思路之下的假設就是有根據的。然而，事實上，儘管作為法律而存在的法律規範是由法律官員們共用的一階信念和態度構成的，但它們被賦予的內容及其含義可以超過官員們自己的二階把握。例如，想想憲法條款或其他一些禁止實施嚴重殘忍懲罰的法律規範。法律官員需要對該規範的主旨進行思考，以確定它對各種懲罰措施的影響。在這樣做的過程中，官員們可能會對某些特定類型的懲罰之正當性產生頑固的分歧，或者大多數官員們可能對這個問題感到非常不確信。然而，對於官員們不同意或感到不確信的每個問題，很可能都有一個唯一正確的答案。他們對某個法律規範——該規範的存在是因為他們創設法律的活

動——的某些含義的爭論或困惑，並不妨礙這些含義的確定性。

正如我們將在本章後面看到的，哈特本人也描述了法律的弱存在性獨立於心智與強觀察性獨立於心智之間的區別。儘管他沒有用本小節中精確的、有點技術性的哲學範疇來分析這種區別，但他敏銳地理解到，一個法律體系中的最高法院所做出的決定的**終局性**，並不等同於該決定是不可能出錯的（第 141-147 頁）。就像運作法律治理體系的其他官員一樣，在最高法院任職的法官們也可能集體地錯誤理解他們所適用的法律之內容和含義。通過強有力地堅持這一點，哈特表明他意識到了這些法律在弱存在性獨立於心智和強觀察性獨立於心智之間的區別。一方面，法域中的每一項法律，都是鑑於它們所在的政府法律官員，集體地將它們鑑別爲他們所屬法律治理體系中之法律而獲得其地位的。這些規範屬於該體系，是因爲官員們以從屬於該體系來對待它們，他們確認法律的實踐維繫了法律效力的標準——包括最顯明的承認規則之中的終極標準——在這些標準之下，那些規範被賦予了法律的地位。另一方面，儘管法律獲得法律的存在，是由於官員們在維繫和應用上述法律效力標準方面的集體努力，但官員們在解釋法律效力標準，或在解釋任何透過參考這些標準而被承認爲法律的法律時，無論是集體還是個人都可能誤入歧途。在這一點上，哈特的立場是正確的，他正確地否認了政府法律官員在解釋法律規範時，是不可能集體地出錯的。透過預先反駁馬莫爾在這個問題上的相反立場，哈特無疑理解了法律規範的弱存在性獨立於心智，與強觀察性獨立於心智之間的區分。然而，儘管非出於本意，他也因此突顯了他自己傾向於忽視不確定性與不可證明性，以及不確定性與不確信之間類似區別的不明智。

（四）語義與語用

　　在本章本小節的開端，我們需要注意的最後一個區分是，法律話語的語義與語用之間的對比。也就是說，我們需要在法律陳述的含義，以及這些陳述所表達的特有目的之間做出區分。如果要恰當地分析任何溝通的事例，那麼該事例的語義和語用都必須被考慮在內。當然，通常情況下，了解陳述所表達的目的，就是去揭示由該陳述的語義所傳遞的資訊。然而，在許多其他情況下，倘若當事人對話語的目的與其表面語義之間潛在的差異不夠敏感的話，該溝通便會被誤解。

　　讓我們來看一個基本的例子。假設在與米蘭達（Miranda）交談時，斐迪南德（Ferdinand）打開了房間裡在他一側的窗戶。過了一會兒，米蘭達說出了下面的話：「一股冷風正從那扇打開的窗戶吹進房間。」在大多數情況下，如果斐迪南德認為米蘭達的目的僅僅是向他傳遞他陳述的語義所傳達的資訊，那麼他就誤解了米蘭達的交流行為。他的目的主要是引導他關上窗戶或將窗戶開小一點。如果斐迪南德不能理解米蘭達的話語所構成的言語行為主要是一個請求或指令，其次才是一個斷言，那麼他就沒有充分地回應米蘭達的話語。

　　正如這個家常例子所說明的那樣，一個語句的語義和語用可以以有趣的方式發生分離。當然，通常情況下，這類分離會比米蘭達和斐迪南德的情景要更豐富或更複雜得多。因為任何溝通行為的語義和語用維度都存在著潛在的不連貫性，解釋這些行為的人通常就必須同時考慮這兩個維度，以便準確理解交流的內

容。[7]這一點在法律解釋中尤其重要，因爲在法律解釋中，複雜而專有的約定俗成的用法對法律文本的語義和語用的許多方面都有影響。

在他後來的論著中，哈特清楚地理解了言語在語義和語用之間的差別（《論邊沁》第 135-136 頁；《法理學與哲學論文集》第 4-5、7-8、93-94、106 頁），但是，正如他自嘲地承認的那樣，在寫作《法律的概念》第七章的時候，他還沒有充分意識到這一點。因此，在該書關於法律推理和法律解釋的大部分討論中，他異乎尋常地沉浸在語義問題上。可以肯定的是，這些問題——例如輪滑鞋和自行車是否屬於「禁止在公園內使用車輛」中「車輛」一詞的含義範圍[8]——在法律語境中可能具有重要的意義，而且也確實經常成爲法律爭議的焦點。然而，對法律解釋的闡述，如果只強調這些問題，而對法律話語的語用之複雜性關注甚少，則是過於簡化和失眞的。哈特在他後來的著作中，爲他在《法律的概念》第七章中過度強調法律表述的語義而感到自責

7　對這一認知進行恰當闡述的近期作品，可以參見 Marmor, Andrei. 2008. "The Pragmatics of Legal Language." *Ratio Juris* 21: 423-452; 2011. "Can the Law Imply More Than It Says? On Some Pragmatic Aspects of Strategic Speech." In Andrei Marmor and Scott Soames (eds.), *Philosophical Foundations of Language in the Law*. Oxford: Oxford University Press, pp. 83-104. Soames, Scott. 2009. "Interpreting Legal Texts: What is, and What is Not, Special about the Law." In *Philosophical Essays: Volume I*. Princeton, NJ: Princeton University Press, pp. 403-423. 儘管我同意 Greenberg 2011 中對這幾篇論文（以及類似論述）的敏銳批評，但該批評與我這裡所闡述的觀點之間是完全一致的。

8　Hart 1994, 126-7. 這一問題上的一個有趣的討論，可參見 Schauer, Frederick. 2008. "A Critical Guide to Vehicles in the Park." *New York University Law Review* 83: 1109-1134.

是正確的。

　　需要在這裡強調三個注意事項。首先是我在第一章第五節中強調過的觀點。儘管近幾十年來，語言哲學家們對溝通行為的語義和語用之間錯綜複雜的區別，進行了精密的闡釋，但我們不應假定，語言哲學為法律文本的解釋提供了一套一般性的模版。它提醒我們注意，影響溝通行為之內容的因素是微妙且多樣的，但這些因素在不同的法域有著明顯的差異。事實上，即使是在同一個法域內部，它們在不同的法律部門之間也會有所不同。語用和語義方面，以及這些方面之間的關係，都在以不同的形式發揮著作用。因此，正如我在第一章指出的，語言哲學或任何其他領域的哲學在法理論家、實務法律人和普通民眾把握法律規範之內容的努力中，所能有的指引作用存在著相當大程度的限制。鑑於適於解釋這些內容的技術在很大程度上是一個專有的司法問題，對語義和語用在哲學上作一般性的區分對於法律解釋者來說是有價值的，但這個價值不是因為它為法律解釋提供了任何具體的指引，而是因為它可以擴展他們的視野以留意否則便會忽略掉的複雜性。

　　第二，儘管哈特後來對自己的責備是正確的──責備自己在對法律推理和解釋的思考中過度強調了語義問題，但我們不應推斷認為他在《法律的概念》中自始至終忽略了語用問題。相反地，他對各種觀點（內在的、外在的、模擬的）的區分，從根本上說是聚焦在法律話語的語用上。在內在觀點與模擬觀點的對比之中，這一聚焦體現得尤為明顯。任何從前一個視角出發所作的闡述，在相同的語義之下，都可以經由後一個視角得到闡釋。因此，如果我們要區分內在觀點與模擬觀點，就必須根據它們的語用才能做到──正如我在第三章提到的，哈特在討論講授羅馬法

的老師與懷舊的白俄羅斯人時正是這樣做的。從內在視角所做的
陳述表達了一個對某些規範或實踐或習俗的真正背書，而模擬視
角所做的語義相同的陳述則只是表達了一個假裝的背書。進行內
在法律陳述的人通常在語用上假定，該法律體系所包含的相關法
律通常是有效的；而進行模擬法律陳述的人，可能做了也可能沒
有做類似的假設。當代法哲學家們在這些方面受惠於哈特甚多，
正是哈特極敏銳地描繪了法律話語在語用上的這些細微差別。

　　第三個注意事項與第二個是相關聯的。正如我們將在下一
章看到的，近年來一些法哲學家將這樣一種觀點歸諸於哈特，即
內在法律陳述並不是對任何認知性內容的表達，而只是對欲望或
情感或意志的表達。我反對將這種觀點歸給哈特，當這麼說的時
候我是在主張，這些哲學家錯將哈特對法律語用的說明當作了對
法律語義的說明。正如剛才所指出的，他在對法理論家和法律工
作者可能採取的不同觀點所進行的闡述中，主要關注的是語用問
題，而不是語義問題。因此，當我們仔細研究他對內在觀點和基
於該觀點所作陳述的分析時，我們接觸到的是他對法律語用的反
思。當我們對某些哲學家最近將哈特描繪成非認知主義者的做法
進行評估的時候，牢記這一點將是非常重要的。我們還將在下一
章回到這個話題，在那裡我將闡述非認知主義教義的要點，然後
論爭以反對任何將哈特歸類為該教義支持者的做法。[9]

---

[9]　正如我在下一章中明確指出的那樣，我在這裡所說的是作為《法律的概
　　念》作者的哈特。在他非常早期的論著中，哈特在分析某些類型的法律
　　陳述時確實擁抱了非認知主義。他後來明確拒絕接受這些分析。

二、哈特論形式主義與規則懷疑主義

　　《法律的概念》第七章的標題是「形式主義與規則懷疑主義」——這個標題預示了哈特在撰寫有關法律推理和解釋的看法時，貫穿始終的顧慮是什麼。他認為形式主義是包含這樣主張的一個命題：任何運作良好的法律治理體系之中的法律都對其中可能出現的每一個法律問題規定了一個確定性的正確答案。根據形式主義者的觀點，在這樣的體系中，官員們不存在任何需要自由裁量以作決策的情況。哈特認為規則懷疑論是包含這樣主張的一個命題：每個法律治理體系之中的法律，都不會對其中可能出現的任何法律問題規定一個確定性正確的答案。根據規則懷疑論者的觀點，在這樣的體系中，官員們做出的每一次決策都是自由裁量的一次發揮。顯而易見，這兩種理論中的每一種都不只是簡單地否認另一方的真值。它們中的每一個都走到了極端的對立面，聲稱對手認為的永恆真理從來都不是真的。可見，哈特第七章的標題所概括的論爭，是在兩個離奇的極端立場之間的赤裸裸的兩極化爭議。

　　哈特嘗試在兩個極端立場之間開闢一條新的道路，儘管這條新路更接近於形式主義的立場而不是規則懷疑論的。不過，在遠離這些極端立場的同時，他也因為這兩者而聚焦在對法律規範之確定性程度的關注上。他對法律推理和解釋的性質的思考，主要集中在關於這個程度的問題上（儘管正如已經指正的那樣，他沒能將該類問題與不可證明性或不確信的問題，充分地區分開來）。事實上，他處理這一主題的進路，可以被相當準確地理解為，是對各類支援規則懷疑論的法理論家們所舉出的辯護性意見

的探索。哈特使我們明白，這其中的一些辯護性意見根本不具備任何規則懷疑論的指涉，其餘的那些辯護性意見哈特則指出，它們的規則懷疑的意涵是有限的，進而平息了這些考量。儘管他誇大了作為核心事例的法律制度之不確定性的程度——主要是因為他沒有足夠清晰地區分不確定性和不可證明性以及不確定性和不確信——但無論是聲稱存在著一些不確定性，還是指出這種不確定性遠非不能控制的，他都是正確的。

（一）識別規則的困難

在他討論法律推理和解釋的一開始（第 125、126 頁），哈特提到了路德維希·維根斯坦（Ludwig Wittgenstein）著名的對於在各種社會實踐中識別出被遵循的規則之困難性的思考。儘管哈特很清楚這些思考的重要性，但在他對法律規範之確定性進行探究的一開始觸及了這些沉思之後，就把它們放置一旁了。哈特這樣做是明智的——原因我在其他地方以相當長的篇幅論證過（《客觀性與法治》第 21-25 頁）——維根斯坦深刻而迷人的研究並不涉及法律規範或任何其他規範的確定性或不確定性。[10]

以最簡潔的方式總結，維根斯坦所強調的基本問題是，任何「規範—指引」模式中的行為，都不只是與內在於這些行為模式作為其參考的某些規範 N 相一致，而是也與無限大量的規範相一致。對於設想中的行為模式是導向 N，而不是導向與它們

---

10 維根斯坦對遵守規則的思考，特別參見 Wittgenstein, Ludwig. 1958. *Philosophical Investigations*, trans. G.E.M. Anscombe. Oxford: Basil Blackwell, §§143-242. 一些哈特的評論者強調了哈特的語言一般概念觀受維根斯坦之影響的程度。對此可參見譬如 Bix, Brian. 1993. *Law, Language, and Legal Determinacy*. Oxford: Oxford University Press, ch. 1.

相一致的無數其他規範的主張，我們將很難具體說明它的根據。
不過，儘管這個難題很艱深，但它與法律問題（或其他領域的問
題）上的確定性正確答案並沒有什麼關係。它所暴露的問題，並
不是在眾多活動中實際遵循規範存在著任何障礙，而是在哲學層
面爲識別這些規範提供一套判準，存在著意想不到的困難。維根
斯坦在這一領域的工作，最好被解讀爲對以下觀點的挑戰，即哲
學的任務是爲規範所指引的活動確認根基。毋寧相反，它們依賴
於自身作爲其自身的根據。

　　當維根斯坦以這種方式被理解時，我們可以看到，他的中心
目標是去表明，並不存在一個全面適用的把內在於實踐中的規範
識別出來的判準。試圖提出這種非循環的哲學判準的努力是徒勞
的，也是錯誤的，就像試圖爲「不矛盾律」尋找非循環的哲學根
基或者從過去的規律性推斷未來的規律性一樣。倘若我們試圖證
明某些「規範─指引」的行爲模式導向的是某個規範 N，而不是
與其相一致的各類其他規範，我們就只能將力圖要證明的東西視
作是理所當然的。

　　以這種方式解釋，維根斯坦對遵循規則之理解的批判確實揭
示出，識別出內在於人類實踐之中的規範這一問題，對於非循環
的哲學分析來說是不透明的。不過，維根斯坦的批判，並不意味
著規則的遵守本身將是徒勞的或將問題重重。從他的批判中，並
不能有效地得出有關不確定性的推論。不同領域的規則的含義依
然能夠以確定性正確的方式得到解答，就像有關不同的命題是否
符合不矛盾律依然能夠被解答一樣。指引行爲模式的那些規範，
將繼續要求行爲受制於這些規範的人做出某些決定，繼續不允許
他們做出相反的決定。儘管哲學分析無法解釋爲什麼我們挑出這
些規範而不是與行爲模式相一致的其他各種規範是正確的，但

這一事實絲毫不會減弱被正確挑出的這些規範所具有的限定決定的約束力。維根斯坦的批判遠不是在說，在諸如法律體系之運作這類活動之中，所有的一切都是不確定的，相反，他力求保留這些活動本來的模樣。如果不這樣認為，就是沒能理解，某些實踐之不可分析的根基確實是這些實踐的根基。儘管它們的不可分析性阻礙了哲學的闡釋，但這絲毫沒有損害它們在該實踐中的有效性。這種有效性幾乎不取決於我們是否能夠對它提供一套非循環的哲學解釋。

（二）確定性與不可預見性

　　哈特首先思考的是，與具有先例效力的司法或行政裁決相比，明確制定規範的立法是否更不容易出現不確定性的問題（第124-127頁）。他並沒有完全否定立法確實不太容易出現這些問題的流行觀點，但他很有說服力地指出，這種觀點充其量也是高度簡化的。儘管制定法作為發布法律規範的工具比先例具有一些真正的優勢，但所有的法律都是由人類制定的，而人類預測未來的能力是相當有限的。正如哈特所寫的：「人類預測的一個特點（也是立法預測的一個特點）是，每當我們試圖透過一般性的標準來明確無誤地提前規範某些領域的行為，在具體的情境中不需要進一步的官方指示就能加以應用時，我們的努力就會遭遇兩個相互關聯著的障礙。第一個障礙是我們對事實的相對無知；第二個障礙是我們對目標的相對不確定。」（第128頁）。換句話說，由於人類即使在電腦的幫助下，也不能完全預見今後可能出現之無窮無盡的各種意外情況，因此人類透過頒布法律規範以力圖實現的目標，在某種程度上就是開放的。只有當人們是能夠全知全能地窺視未來的上帝，他們才能夠確定完全確定性的目標。

由於人們事實上明顯缺乏神性和全知，他們試圖透過頒布制定法和其他法律來推進的目標，就不是具有充分確定性的。因此，即使負責解釋和適用法律的法官和行政官員適當地闡述了這些目標，在法律程序之中還是可能出現一些無法透過援引相關法律便能得到確定性解答的問題。

　　在力爭任何法域之中的法律都不可避免地存在一些不確定性之後，哈特思考了現代西方社會的法律治理體系，在確保體系中所制定之廣義上的法律能處理各種不同情況的兩種主要技術：行政機關頒布法規（第 131-132 頁），以及法院做出確立先例的判決（第 132-133、134-135 頁）。通常情況下，以高度抽象的術語表達的制定法，會授權一些行政機關，將制定法的要求落實到人們的具體環境中。這樣的機關通常會進行調查，並提供機會讓那些可能受到其決定影響的人和組織提供意見。隨著時間的推移，行政機構將能夠定期發布法規，以充實授權它們法規許可權的制定法的抽象內容。這些法規條例是那些抽象內容與人們活動的具體細節之間的中間環節，它們將由行政機關或法官加以適用。

　　作為替代或補充，法律治理體系可以主要透過法官的裁決來處理人們生活的某些方面，以應對必須透過公共當局的干預來解決的事故或爭端。除了為這些事故或糾紛的當事人提供一些細化的指令和指導外，司法裁決——尤其是司法層級中的上訴法院——通常還會給出包含了中觀層級之原則的合理論證。就這些論證被賦予先例的效力而言，其中包含的原則在某些方面與行政機關頒布的法規條例頗有相似之處（第 132 頁）。正如哈特所觀察到的，這種法律治理的模式，已經被英國和美國侵權法中的過失學說所例證。

（三）不確定性的一個來源：語詞的模糊性

在他對行政法規和司法原則的討論中，哈特假定，高度抽象的制定法或一般原則會在任何法域的法律中產生不確定性。在某種程度上，他的這一假設來自於他對不確定性與不可證明性以及不確信的混為一談。然而，在某種程度上，哈特確實瞥見了不確定性的一個真正來源：一般術語的模糊性。在這裡，我是在一個技術性的哲學意義上使用「模糊性」這個詞，它只是部分地對應於該詞的日常意義。在過去的幾十年裡，哲學家們對這一技術意義上的模糊性，已經進行了嚴格而廣泛的探索。儘管哈特是在近年來關於這一主題的哲學工作蓬勃發展之前寫的書，但技術意義上的模糊性問題自古以來就被哲學家們所認識。事實上，它通常被稱為「堆垛悖論」（sorites paradox），因為這個問題在古希臘人中最突出的版本是集中在沙堆（sōros）的存在判斷上。因此，儘管哈特在探索法律規範表述之「開放結構」的時候沒有明確提及堆垛悖論，但我們可以有把握地推測，他對這個問題是熟悉的。由於模糊性問題確實是法律體系運作中的某些不確定因素的來源，因此對該問題作簡要說明便非常符合哈特對法律的開放結構的思考。[11]

當然，對模糊性問題的全面處理遠遠超出了本書的範圍，就我目前的目的而言，對這個問題的一個世俗例子作一個簡短的概

---

[11] 關於我以前對模糊性的一些討論，參見 Kramer 2007, 36-7, 70; 2009a, 109-13, 260-1; 2011a, 120-4, 194-5, 202-3, 226-7, 252-6. 關於對法律制度運作中的模糊性問題的最持續的探索，參見 Endicott, Timothy. 2000. *Vagueness in Law*. Oxford: Oxford University Press. 最近關於該主題令人印象深刻的論文集，參見 Keil, Geert and Poscher, Ralf (eds.). 2016. *Vagueness and Law*. Oxford: Oxford University Press.

述就足夠了。假設六個月的時間作為學生等待考試結果的間隔是
不合理的，又假設三天的時間作為這種間隔則是合理的。然而，
如果六個月的時間是不合理的，那麼六個月減去十分之一秒的時
間也是不合理的。任何認為前者時長不合理的依據也會適用於後
者。反過來說，如果三天的時間是合理的，那麼三天加十分之一
秒的時間也是合理的。任何可能將前者列為合理而將後者列為不
合理的時間跨度的區分，都是荒謬的，沒有任何依據。在這種情
況下，任何時長為 L 的跨度和時長為 L 加十分之一秒的跨度，
或者與時長為 L 減十分之一秒的跨度之間的合理性與不合理性
的區分，也可以說是同樣如此。無論「L」的數值是多少，在 L
和 L 加十分之一秒或 L 減十分之一秒之間進行合理性與不合理
性的區分，都將是荒唐任性的。然而，既然如此，試圖弄清楚合
理時長和不合理的時長之間的區別的人，就將無限地考慮在三天
的長度上增加十分之一秒，同樣也將無限地考慮在六個月的長度
上減少十分之一秒──直到達到零。無論是在三天的長度上增加
十分之一秒，還是在六個月的長度上減去十分之一秒，都不會構
成一個從前者的合理性到後者的不合理性的過渡點。因此，我們
似乎不得不得出這樣的意見：一個開放式的長時段是合理地簡短
的，而一個極短的短時段是不合理地延長的。

　　經過必要的修正，堆垛悖論自然地可適用於一系列二分
法，而不是只適用於合理性與不合理性的二分。它所揭示的是，
每個二元對立之中都存在著一個邊緣情境的灰色地帶。在這個灰
色地帶──其邊界本身是模糊的──對於任何特定的邊緣現象是
屬於相關二元對立的這一方還是那一方，並沒有確定的答案。注
意，法律體系中出現的很多主要概念與屬性，就屬於這類模糊的
引致灰色地帶的概念與屬性。這些法律概念和屬性在其模糊程度

（以及實踐重要性的程度）上各不相同，但它們中的每一個都能產生沒有確定性正確答案的問題。這類問題的潛在性是不可消除的，因為任何結束一個或多個呈現之中的模糊性的手段都依賴於概念，而這些概念本身並非不受類似於前文所闡述的論證的影響。儘管法律體系中的模糊性通常可以減少，也總是可以從一個焦點轉移到另一個焦點，但它永遠無法被徹底消除。

（四）規則懷疑主義的一個似是而非的重點：例外

儘管任何法域的法律中都存在的模糊性確實是不確定性的一個來源，但規則懷疑論者為支援其學說而提出的其他一些考慮則更加令人生疑。例如，正如哈特雄辯地指出的那樣，一些規則懷疑論者將他們憤世嫉俗的學說建立在這樣一個純粹的事實之上：法律治理體系之中的許多規範都存在著例外情形，而這些例外無法被事先的詳盡說明給窮盡。在指出極端的形式主義立場是站不住腳的之後，這些規則懷疑論者推斷認為，在法律體系做出決定的過程中，對規範的任何援引都將是迷惑性的或神祕化的。正如哈特寫的那樣（第 138-139 頁）：

規則懷疑論者有時是失望的絕對主義者；他發現規則並不是形式主義者的天堂中的那種樣子；也不是存在於人像神一樣可以預知所有可能的事實組合的世界，因而開放結構並不是規則的一個必要特徵的那種情況。因此，懷疑論者所設想的有關規則的概念觀，可能是個無法實現的理想，而當他發現所理解的這些規則無法實現時，他便透過否認規則的存在或存在的可能性來表達他的失望。

　　規則懷疑論者們藉著對何為規範指引的行為模式持過度的強求而得出結論，哈特對他們的輕蔑是相當正確的：「以這種〔規則懷疑論的〕方式進行論證，就將無視真實生活的任何領域之中規則的真實樣態。它認為我們面臨著這樣的困境：『要麼規則是形式主義者天堂中的樣子，其拘束力有如鐐銬般牢固；要麼並不存在規則，有的只是對裁定或行為模式的預測。』然而，這當然是個虛假的困境。」（第 139 頁）。哈特對這一版本的規則懷疑論進行了著名的反駁：「從規則具有無法被窮盡的例外這一事實……無法推導出，我們在每個情境之下就只剩下自由裁量，永遠不可能受〔遵守規則的〕約束。一個以『除非……　』結語的規則仍然是規則。」[12]

（五）規則懷疑主義的另一個似是而非的重點：直覺

　　另一個被一些規則懷疑論者所倚重但更加不可靠的觀點是，法官和其他法律決策者經常在沒有有意識地考慮到規定了這些後果的法律的情況下，便得出了某個情境之中的法律後果是什麼的結論（第 139-141 頁）。當某個規則懷疑論者羅列這類觀點以支持他的教義時，他其實是在主張，法律的決策者依靠的是他們的預感或直覺，然後再將他們的結論包裝成像從法律規範演繹

---

[12] Hart 1994, 139. 對哈特立場的一個縝密的分析，可參見 Holton, Richard. 2010. "The Exception Proves the Rule." *Journal of Political Philosophy* 18: 369-388. 這裡值得注意的是，哈特為了闡明自己的觀點而不當地引用了一個例證，在其中，承諾人為了救助病重患者而違背了自己許下的承諾。這個例證講述的是一場道德衝突——承諾人做 X 的道德義務與他同時要做 Y 的道德義務之間的衝突，做 X 就意味著無法做 Y——而非例外。關於道德衝突之性質的全面闡述，可參見 Kramer, Matthew. 2014a. *Torture and Moral Integrity*. Oxford: Oxford University Press, pp. 1-19.

而來的那樣以作證成。根據這種規則懷疑論的思路，規範並沒有在真正地指引或管理法律體系中的決策過程。相反地，它們只是一些裝飾品，用以修飾憑直覺得出的結論。預感，而不是規範，才是法官和行政官員在治理系統的運作中做出決定的來源。

哈特對這一思路的反駁主要是強調，適用治理體系中之法律的官員即使沒有有意識地思考其中的條款，他們仍然能夠在這些法律的指引下行事。如果有關的法律早已為官員所熟悉，那麼應用這些法律的努力往往可以以一種常規的、不加反思的方式進行，而不需要有意識地從前提中推導出結論。讓我們回想一下哈特順道提出的一個類比。一個下棋的人通常會在一盤棋中走很多步，而不會有意識地注意到這些步子是根據他需要遵守的規則進行的。他與他的對手均致力於以智取勝，他的注意力通常集中在棋局競爭的起起落落上。儘管如此，他還是遵守了規則，並被規則所指引，也由此秉持了規則的內在觀點上所有的傾向（我這裡援引的內在觀點包括了我在第二章中對其所作的延伸，即含括了授權規範上的內在觀點）。當政府法律官員以不加反思的方式直接得出關於人們行為之法律後果的結論時，情況也大致如此。因為官員們通常都非常熟悉許多法律的內容，他們作為法官或行政官員被要求在各種環境中適用這些法律，他們往往會集中精力在確定這些環境中發生了什麼上，他們會將法律的內容理所當然地融入他們的日常觀點，用作其中的要素，並以這些內容來看待所發生的事情。正因為這些內容已經進入了官員們的日常觀點——他們由此秉持了與這些規則相關的內在觀點上的所有傾向——法律在大多數沒有被有意識地思考的情況下便在有效地指引著官員們的決定。

事實上，從人們在諸如英語這樣的自然語言中成功地嫻熟交

流可以看出，即使受其支配的人不能完全表達出來，規範的指引功能也一樣發揮著效力。當人們熟練使用這種語言時，儘管他們可能無法闡述這些規範，他們也會秉持這些語法和語義規範之內在觀點上的所有傾向。在他們自己遵守這些規範以及監督其他人遵守這些規範的過程中，語言的使用者們在規範的指引下形成傾向，他們依憑直覺而不是經由研習推論進行言說。當然，由於執行法律體系之運作的官員們比自然語言的言說者更經常地需要證成他們的判斷，因此官員們無法闡釋他們所實施的許多法律規範的可能性，要比講語言的人無法闡釋**他們**所適用的許多句法和語義規範的可能性低得多。然而，正如我在第三章中所評述過的，運行著法律體系的官員們可能無力闡述基礎性承認規則中的某些標準，在確認法律的進程中他們正是受這些標準的決定性指引。並且，無論如何，這裡清楚明顯的觀點是，規範可以指引其對象的判斷，即使是這些對象在很多場合均沒有有意識地注意到指向他們的規範的情況下——顯然，這也包括了規範的對象無法準確地闡述其內容的任何情形。

　　本節應該附加一個注意事項以結束討論。哈特明智地承認，在某個法律體系的運作中，當然可能出現這樣的情況：法官或其他官員援引規範來合理化他們由完全不受控制的直覺達成的一些決定（第 140-141 頁）。儘管這種情況無疑可能出現，但這種明顯的可能性並不能擔保任何對規則持懷疑態度的結論——這是因為，正如哈特所爭辯的，沒有理由認為這種情況在法律治理體系的運作中是普遍存在的。正如他所宣稱的：「在大多數情況下，決定就像下棋者的動作一樣，要麼是透過努力誠懇地遵守有意識地當作決定性指引標準的規則，要麼如果是憑直覺達成的，則是由法官事先傾向於遵守的規則來證明的，這些規則與手頭的

案件的相關性通常是公認的。」（第 141 頁）。

（六）規則懷疑主義的第三個似是而非的重點：終局性（finality）

在本章第一節第三部分，我們已經瞥見了哈特對終局性和不可能犯錯性的敏銳區分（第 141-147 頁）。在法律治理體系之中，當且僅當某個決定在該體系中不能再上訴時，該決定是終局性的。因此，舉個例子，美國最高法院的大多數判決在美國的法律治理體系之中就是終局性的——因為該法院的大多數決定在該體系中不能再被上訴了。可以肯定的是，美國最高法院某個裁定的清楚結果也可能最終經由美國政府機制的運作被推翻。例如，最高院自己後來的判決可以推翻先前的一些裁定；憲法修正案可以撤銷最高院的一些憲法判決的效力；美國國會頒布的制定法也可以撤銷最高院的一些非憲法性判決的效力。然而，這些措施之所以對於取代美國最高法院做出的任何判決後果來說是必要的，就是因為，這些判決與此同時是不可上訴的終局裁定。終局性並不是說在未來是徹底不可能被修正的，但它總是意味著在當前的治理體系之中已經窮盡了進一步上訴的機會。

不可能犯錯性是一個完全不同的屬性。在治理體系之中，當且僅當某項決定的做出立基於為其提供完全正當性的基礎，使其充分正確的時候，該決定是不可能錯誤的。任何試圖將某個規範 N 應用於某些情境的決定都不是不可能出錯的（當然它也很可能是正確的），因為對規範 N 的應用之努力可能誤解了該規範的內容，也可能誤解了 N 所適用的情境。換句話說，在這些情境之中適用 N 之努力的單純事實，並不足以保證該適用提供了充分的正當性理由以確保其正確性。因此，儘管美國最高法院的決

定在美國的治理體系中是不可上訴的最終決定，但它們並不是不可能出錯的。最高法院的判決涉及到憲法條款或其他法律在各種情況下的應用，因此既可能因爲對法律的錯誤理解，也可能因爲對情境的錯誤解讀而出現錯誤。

　　哈特提出了一個著名的假想：「記分員之自由裁量」的計分遊戲，以說明在給定的情境之下某人得出的決定何以是可能出錯的（第 142、143-144 頁）。幾乎每個眞正的遊戲都是由一些規則構成的，這些規則的內容獨立於應用它們的人的自由裁量。在記分員自由裁量的計分遊戲中，關於達陣的唯一規則是，當且僅當記分員宣布達陣時，才獲得了一次達陣。僅僅通過宣布達陣，記分員就爲他的決定提供了充分的理由以使其正確；反之，僅僅通過避免宣布達陣，記分員就爲他的決定提供了充分的理由以使不達陣正確。記分員關於達陣的每一次宣告聲明都是自我證成地正確，因爲關於達陣的唯一規則設定了一個標準，其內容完全依賴於記分員的裁量。他不可能在關於達陣或不達陣的宣告中犯錯。

　　顯而易見，記分員自由裁量的計分遊戲明顯不同於現實世界中的任何遊戲。然而，在規則懷疑論者看來，這個記分員的自由裁量遊戲與法律體系的運作非常相像。根據規則懷疑論者的觀點，這類體系中的實質規範作爲做出法律決定的基礎是無意義的，因此不構成對參與決策的官員們的自由裁量任何獨立的約束。因爲這些規範是無意義的，所以官員們對它們的任何應用都是自我證成地正確的。因此，根據規則懷疑論者的觀點，法律體系的官員在履行他們作爲法律決定做出者的角色時是不可能出錯的。官員們在履行這些職責時不可能得出任何法律上不正確的結

果，因為官員們的自由裁量是衡量任何結果之法律正確性的唯一標準。

正如哈特敏銳地觀察到的（第 141-142 頁），幾十年來，規則懷疑論者經常試圖透過訴諸「美國最高法院所說，即是美國憲法所指」這樣的口號來維護他們對法律制度運作的離奇描述。這類格言服務於規則懷疑論者之目的的能力，來自於它的模糊性──即橫跨了終局性與不可能犯錯性之間鴻溝的模糊性。一方面，規則懷疑論者吟誦著關於美國憲法的格言，以將不可能犯錯性歸屬給美國最高法院的憲法判決，該不可能犯錯屬性的歸屬位居規則懷疑論的核心。另一方面，在尚未信奉規則懷疑論之合理性的人群中，有關美國憲法的格言，只有在被解釋為是對美國最高法院憲法判決之終局性的歸屬時，才更可能獲得他們的接受。如果這樣解釋，這句格言是成立的。只不過，這樣的解釋根本不會支援規則懷疑論。正如我們已經看到的，治理體系之中的終局決定依然可能是錯誤的。儘管美國最高法院關於憲法問題的判決在美國的治理體系中確實是終局性的，這些判決在對憲法條款的解釋上（以及在其他方面）卻可能是錯誤的。

規則懷疑論者會利用剛剛指出的模糊性，來努力贏得其理論的追隨者。鑑於他們自己將終局性和不可能犯錯性混為一談，他們確實有可能利用抓人眼球的口號引誘他人陷入類似的混淆。因此，透過揭露這類口號的模糊性以及可能造成的混淆，哈特成功抵制了一種特別狡詐的規則懷疑論。正如他有說服力地主張的那樣，在任何法律體系之中，對終局性的需求事實上都不可能成為以下斷言的基礎：該類體系之中的法律，並沒有為法官和行政官員處理的法律糾紛中的系爭問題，提供任何確定性的正確答案。

（七）規則懷疑主義的第四個似是而非的重點：終極性（ultimacy）

　　在關於法律推理和解釋一章的最後一個主要部分，哈特回到了他在討論「承認規則」時曾提到的一個問題。也就是說，他考慮到：在一些情形之下，這個或那個特定法域之中，承認規則本身並不是完全確定的（第 147-154 頁）。儘管哈特在對這一問題的思考中，經常將不確定性與不可證明性以及不確信混爲一談，但這些思考清楚地指出，所有承認規則的含義都存在一定程度的不確定性——就像得到承認規則驗證的所有法律，其含義都存在一定程度的不確定性一樣。

　　承認規則的終極判準存在著不確定性，這似乎爲規則懷疑論者提供了一條鞏固其立場的途徑。畢竟，任何法域的承認規則都爲該法域之中的所有其他法律，確立了使其成爲法律的標準。在這些法律之中，法律適用規範賦予某些人以官員身分，授權他們處理法律上的爭議觀點。鑑於此，相關法域的法官和行政官員似乎就缺乏任何立足點去爲並不確定的承認規則賦予確定性。哈特如此表述了這個假定的問題（第 152 頁，強調爲原文所加）：

　　在這一點上，法院已經確定了鑑別有效法律的終極規則。這裡的「法官所說，即是憲法所指」並不只是意味著最高法院的特定裁定是不可以被挑戰的。乍一看，這種景象似乎是自相矛盾的：在這裡，法院行使創造性的權利，以確定終極的判準，而授予他們法官裁判權的法律，其自身的有效性又必須得到該終極判準的檢驗。一部憲法何以能夠授予確認該憲法是什麼的權力？

　　哈特透過重申從他與規則懷疑論的較量中得到的最重要的資訊，打消了這個表面上的難題。儘管他在消除這個似是而非的難題時嚴重地混淆了不確定性和不確信——因為他反覆提到了疑問和猶豫——但他並沒有因此而大大減損其回應的說服力。在這個回應之中，他再次明確表示，他對規則形式主義的反駁僅在微弱的程度上使得他與規則懷疑論保持了一致（第 152 頁）：

　　但是，儘管每條規則在某些方面可能是有疑問的，實際上並非在所有方面都值得懷疑，這是法律制度能夠存在的一個必要條件，如果我們記住這一點，這個矛盾便消失了。法院擁有在任何時刻決定終極效力判準上這些限定問題的可能性，僅僅取決於這樣的事實，即在那個時候，儘管對它們確切的範圍和界限也許存在疑問，這些判準對包括授予法官如此權力的法律在內的廣大法律之應用，均沒有引發任何疑問。

　　在《法律的概念》第七章的最後一句話中，在討論組成承認規則的多種標準所產生的不確定性的末尾，哈特再次強調了上面這段最新引文中的觀點。換句話說，他再次強調，一個有效的法律體系中的任何不確定性都在整個體系運作的廣泛的確定性範圍之內：「在這裡，在這些非常重要的規範的邊緣，我們應該歡迎懷疑論者。只要他不要忘記他只是在邊緣地帶受歡迎，只要不要使得我們看不到這樣的一個事實：法院之所以能夠對最基礎性的規範做出如此醒目的發展，在很大程度上，是因為法院在法律的廣大核心地帶藉由不受質疑的依法裁判積累而獲得的威信。」（第 154 頁）。

　　在他對法律推理和解釋思考的每一處，哈特都將自己定位

在規則懷疑論與規則形式主義之間，他正確地將自己的立場定位在更接近後者而非前者之教義的位置上。儘管他對該立場的發展被我在本章前半部分所詳述和批評的失誤所侵蝕，但他的核心主張——法律體系的功能性取決於該體系在大多數情況下，其規範的含義是確定的——是可靠的。無論是在基礎性承認規則的層面，還是在規範們被該承認規則確認為法律的層面，規則懷疑論都只在邊緣地帶才具有相關性。當然，出現在邊緣地帶的案件可能非常重要，它們也通常比那些適用法律的含義確定又清晰的案件，更受法學學生和法律學者的關注。然而，邊緣地帶的案件並不能代表一個有效運轉的治理體系中法律所處理的大多數情況。相反地，具有代表性的，是人們行為的法律意義既確定又清晰因而並不令人興奮的那些情形。

第五章
法律與道德

　　哈特是二十世紀最重要的英語法哲學家，在那個世紀，只有漢斯・凱爾森可以與他媲美，並列所有語言之中最重要的法哲學家。[1]他在法哲學方面做出了眾多符合最高標準的成就，其中包括了他對法實證主義的重振旗鼓。他透過對法實證主義幾個主要方面──不只是阻斷法律的命令理論──的革新，大大增強了這一傳統，以使其復興。然而，儘管哈特在自己與傑瑞米・邊沁和約翰・奧斯丁等卓越前輩之間拉開了距離，他在強調法律制度是什麼和法律制度在道德上應該是什麼之間的區別方面，與他們堅定地保持了一致。透過他在一般層面對法律與道德之間可分離性的堅持，他將自己確立為自然法理論家的反對者，批判他們為了表明法律內在是一種道德現象所作的理論努力。事實上，對多種這類努力進行批判的論證正是《法律的概念》一書的一大特徵，它以此鞏固了該書作為經典文本的地位，一代又一代的法哲學家們將終年與其競爭。

　　儘管哈特在《法律的概念》前幾章並沒有試圖掩飾他對法實證主義的恪守，但直到該書的倒數第二章──也即第九章──他

---

[1]　在《法律的概念》之中，哈特只是偶爾提及凱爾森的工作，他對凱爾森的處理主要是在 Hart 1983, chs. 14-15. 此外，哈特還有些有趣的對於凱爾森的思考，參見 Hart, H.L.A. 2013. "Answers to Eight Questions." In Luis Duarte d'Almeida, James Edwards, and Andrea Dolcetti (eds.), *Reading HLA Hart's The Concept of Law*. Oxford: Hart Publishing, pp. 287-292.

才公然地維護起這一教義。他在對法實證主義的討論中未能完全避免混淆與誤判，但這些討論總體上對提高議題的接續處理上的嚴謹性和清晰性起到了不可估量的作用。同時透過闡述法實證主義的核心命題，以及化解反對者們宣揚的眾多誤解，哈特提升了法哲學家們對法律與道德之間多種關係的思考。寫作於對法西斯主義和共產主義的恐懼促使眾多法理學者譴責法實證主義，認為它們對政府法律官員的指令秉持過於順從的態度之時，他極有說服力地主張，這類反法實證主義的責難，建立在對該學說之導向嚴重扭曲誤解的基礎之上。儘管法實證主義本身並不承諾其支持者在政治或法律解釋問題上持任何特定的立場，它的信條對於那些對政府提出的要求保持警惕和不信任的理論家來說，是非常有用的。哈特本人就是這樣一位理論家，他對法實證主義的支援，部分源自他對法律要求總是具有道德約束力這一觀點的抵制。他讓人們明白，法實證主義可以被用來反對政府機關制定的法律指令，以促進社會正義，他幫助消除了危害甚廣的學理誤解之一。這樣一來，他不僅為法實證主義的支持者們提供了服務，他也服務了它的那些反對者們。

一、可分離命題

　　哈特對法實證主義的反思有一個值得稱道的方面，而相當多的當代法哲學家還沒有完全理解，那就是，他認識到使法實證主義的信徒與自然法理論的信徒產生爭論的論點，具有多樣性。當今的一些法哲學家傾向於用「這個可分離命題」指稱法實證主義——用「the」這個定冠詞來標記法實證主義與它的反對者之

間的爭議之中存在著一個決定性的命題——哈特知道，並不存在這樣一個單獨的命題。[2]在他論述法實證主義的開篇第一句話中，哈特便反對了存在單個決定性命題的觀點：「在法律與道德之間存在著許多不同類型的關係，在這其間並不存在任何可以被適當地單獨挑出用作研究兩者之間*唯一*關係的關係。」（第185頁，強調為原文所加）。哈特敏銳地意識到，自然法理論家假定了法律與道德之間的許多關聯，這些關聯推定地確立了法律作為一種內在的道德現象的屬性，他正確地認為，法實證主義對幾乎所有這些關聯都提出了挑戰，也對任何未受質疑的有助於確立法律內在的道德屬性的說法提出了挑戰。法實證主義遠非局限於某個單一的可分離命題，而是廣泛地確認了法律與道德之間的可分離性——這種確認與自然法理論家將法律呈現為內在具有道德性的各種努力相競爭。

　　可以肯定的是，哈特本人無意中助長了後來的法哲學家將法實證主義與單一精煉的命題等同起來的傾向。在他論述法實證主義一章的第二段，他宣稱他將「法實證主義理解為這樣一種明確的主張，即儘管法律經常契合道德的要求，但法律並不必然再現

2　儘管大衛・普倫基特（David Plunkett）並沒有使用「這個可分離命題」這一短語，但他對「法實證主義與反法實證主義之間的爭論」的講述，仿佛在法實證主義者與他們的反對者之間只存在一個重要的爭論。普倫基特在 2016. "Negotiating the Meaning of 'Law': The Metalinguistic Dimension of the Dispute over Legal Positivism." *Legal Theory* 22 第 206 頁寫道：「在法實證主義者與其反對者的爭論之中，什麼才是真正關鍵所在？……它的核心在於，這是一場有關什麼樣的事實終極性地決定了法律體系之存在和內容的爭論。簡而言之：是單純的社會事實？還是社會事實與道德事實的結合？」普倫基特在這裡暗示，法實證主義者與德沃金主義者之間論爭的全部或說關鍵，就在於這一問題上的立場。

或契合道德的要求」（第 185-186 頁）。雖然哈特在這裡提出的命題確實是法實證主義與它的反對者們在過去幾個世紀的論爭中最突出的議題——儘管該命題時至如今仍是當下法實證主義內部以及法實證主義與反對者們之間相當顯著的爭議焦點。但他在哪怕只是順帶建議，法實證主義感興趣的只是某個主要方式——在此種方式之下法律與道德有時被看作是不可分割——的時候，他便誤入了歧途。後來在《法律的概念》第九章以及之後的一些著述中，哈特指出，任何這樣的建議都是毫無根據的。在那些文本中，他描述並進入了在最近幾十年和過去的歲月裡都發生過的，法實證主義者和自然法理論家之間的另一些主要的論爭。此外，就在剛才引用的那個有點考慮不周的建議之前，哈特欣然地將「法實證主義」與「自然法」接受爲各自「被用於表達一系列關於法律與道德之間不同命題」（第 185 頁）的術語。

因此，透過思考法實證主義者和他們的反對者之間複雜多樣的論爭，我們可以最好地開展對法實證主義的探索。這些論爭涉及法律和道德之間的關係，但並沒有一個統一的對於道德的理解貫穿所有這些論辯。當然，這些論爭之中起著作用的道德概念觀如此複雜的一個原因在於，論爭的參與者們持有著各不相同的實質性的道德標準。然而，至少同樣重要的是，在法實證主義者和自然法理論家之間的各種論爭中，他們對道德的不同方面或維度也存在爭議。道德的每一個方面或維度可以經由與用作道德對照組的其他對象之間的區分加以說明。[3]

---

[3]　我先前在 Kramer 1999 中已經對道德的這些方面或維度做過區分。我也在 Kramer 2004, ch. 7 著重處理過這一問題。我這裡的討論發展以及部分修正了我之前在這一問題上的論述。

（一）道德的四個方面或維度

　　讓我們在這裡考慮四個區分。其中有三個區分涉及到道德的一些方面或維度，這些方面或維度在法律與道德可分離性的爭議中非常突出。第四個區分所涉及的道德的一個方面或維度，並不屬於這些爭議中的爭論對象。將第四個區分包括進來進行討論的原因，將在下一節中變得非常清楚，在那之後，我們將審視這裡描述的道德的其他三個方面上的一些論爭。

　　首先，是道德和不道德之間的對比。這是一個在日常生活中被廣泛訴諸的區分，它可以以兩種主要的方式進行闡釋。一方面，它可以被理解為是允許的和不允許的，或正當的和不正當的，抑或正確的和錯誤的區分（這三個組合被預設為是可交替使用的）。另一方面，它還可以被理解為是道德上值得讚揚的和道德上應受譴責的，或道德上有益的和道德上有害的，抑或美德和惡習之間的區分（同樣，這三個組合也被預設為是可交替使用的）。很顯然，這兩種闡釋道德與不道德之區分的方式之間是密切關聯的。不過，在日常情形中，每一種在道德上值得稱讚的人類行為模式都是道德上可允許的，但日常情形中並不是每一種在道德上可允許的人類行為模式都是道德上可稱讚的。有一些道德上允許的行為方式，如一個人在日常情況下掏自己的鼻子，都無法適當地歸類為是值得讚揚的或是讓人譴責的。同樣地，雖然每一種道德上有害的行為模式都是道德上不允許的，但並非每一種道德上不允許的行為模式都是道德上有害的。一些道德上不允許的行為方式，如一個人在日常情況下違背了一個無足輕重的承諾，都無法適當地歸類為是有益的或是有害的。

　　其次，是道德和審慎之間的區分。這裡的「審慎」一詞是在

技術性的哲學層面使用的，只是勉強等同於其日常的含義。道德與審慎的二分，所涉及的是任何主體 P 的行動所依據的理由。P 的某些行動的審慎理由，完全或主要關注的是 P 的利益，如果有的話，也是衍生性地關注其他人的利益。P 的某些行動的道德理由，完全或主要關注的是其他人的利益，如果有的話，也是衍生性地關注 P 自己的利益。設想一下 P 考慮要不要戒菸的例子，做出肯定決定的審慎理由包括：戒菸將為他節省大量金錢，將改善他的健康狀況，可以使菸草的臭味不至於滲透到他的衣服上、呼吸中和家具裡，並將阻止他的牙齒變色。他終止吸菸習慣的道德理由包括：這樣的決定將提高他撫養孩子和其他受撫養人的能力，將減輕他每年給本國公共衛生保健服務造成的負擔，並將切斷他對危害無數其他人健康的行業的財政貢獻。現在，從 P 和他的吸菸習慣這個例子中應該可以看出，審慎的理由和道德的理由是很容易結合在一起的，即使它們是可以區分的，也常常是重疊著的。此外，儘管審慎的理由和道德的理由之間的區別在抽象層面上可以被直接概括，但有時在具體層面要想區分它們就會困難得多。

在我們繼續討論第三個區分之前，我們應該注意到，道德和審慎的對比與道德和不道德的對比是相當不同的。儘管人們行動背後的很多因素是既非審慎的，又是道德上無害的，但行動背後還有很多類似的因素是既非審慎的，又是道德上有害的。例如，倘若某個共產主義治理體系中的官員對政治異見者實施嚴厲的懲罰，以反對不潔的意識形態，又或者某個法西斯治理體系中的官員授權屠殺某個被踐踏的種族或宗教團體的成員，以提高最重要種族的純潔性，這些官員正是立基於非審慎的在道德上又邪惡的考量行事。此外，儘管人們行為所依據的許多因素是審慎的但同

時在道德上又是不允許的，也還有許多其他類似的因素是既審慎的又被允許的。例如，上面列出的每一個 P 停止吸菸行爲的審慎理由同時也都是道德上允許的行動理由。因此，儘管道德與不道德的二分和道德與審慎的二分之間有很大的重疊，它們之間也有許多的分別。

　　這裡需要注意的第三個二分是道德事務和經驗事務之間的區分。粗略地說，它是道德上**應當**做什麼與道德上**正在**做什麼或者**已經**做了什麼又或者*將要*做什麼之間的區分。道德事實和經驗事實之間的這種區分是日常生活的一個特徵，但在哲學中也具有深遠的意義。例如，哲學家們所信奉的「休謨法則」認爲，在每一個論證的前提之中，至少要有一條道德前提，才能從邏輯一致的前提中有效地推導出一個道德結論（克萊默，《作爲道德理論的道德實在論》第 6-9 頁）。換句話說，道德結論永遠無法從完全描述性的邏輯一致的前提中有效地推導出來。不管是以某種技術性的哲學形式，還是以日常形式，道德與經驗的二分捕捉到了道德的一個方面或維度 —— 它的重點在於道德上應該是什麼，而不是僅僅關注過去、現在或將來是什麼 —— 這與上述其他兩個二分法所捕捉到的方面或維度不同。當這種道德性與描述性的區分被用認識論的方式進行闡述時，它相當於是道德推理與純粹經驗性的或邏輯上的或數學上的推理之間的對比。

　　最後，第四個區別是道德現象和非道德現象之間的區分。在與此相關的意義上，非道德現象是指那些道德概念或範疇不能適用的事物（克萊默，《準實在論中的「準」並不存在：作爲道德理論的道德實在論》第 189-190 頁）。在這個意義上，幾乎所有的自然進程和事態都是非道德的。例如，假設我們詢問某個氦原子中的質子和中子的強力聯結是道德上允許的還是道德上不允許

的。對這樣一個問題的適當回答是，道德上的可允許性和不可允許性都不可能被適當地用於斷定這樣的事態。倘若有人把這兩種屬性中的任何一種歸於這樣的事態，他所犯的便既是一個愚蠢的概念錯誤，同時也是道德錯誤。任何人將值得和美德或不值得和卑鄙這樣的倫理性概念，應用於氦原子中的亞原子粒子之間的聯結，都會是更明顯的錯誤。如此應用，這類概念將會是滑稽可笑且不得其所的。

相比之下，人類的行動、決定和實踐則是可以適當地接受道德評估的。恰恰在這個方面，所有這些行動、決定和實踐都是道德性的，而不是非道德性的。當然，存在著某些人類行為，唯一適用於它們的道德概念是可允許性。這類行為即使對其他人的利益有任何影響，也只是微不足道的。舉例來說，如果我們追問，喬在日常情況下掏自己的鼻子，在道德上是美德還是惡習？這個問題的答案是，這兩種道德屬性都不是對這種情況下的行為的恰當斷定。同樣地，如果我們追問，愛麗絲在日常情況下選擇玩單人紙牌遊戲或是智力拼圖玩具作為消遣，在道德上是值得讚揚的還是譴責的？這個問題的答案是，這些倫理範疇均不適用於這類選擇。但是，儘管喬的行動和愛麗絲的決定都不適合用這些厚的倫理性概念進行適當地評價，他的行動和她的決定都可以被恰當地評價為是道德上允許的。在這方面，儘管也只是在這方面，他的行動和她的決定是道德性的而不是非道德性的。

（二）第四個區分：不存在爭論

上述道德的前三個方面或維度，都與法實證主義者和自然法學者之間的許多爭論有關。我們將會很快審視其中的一些爭論。不過，應該直接指出的是，道德的第四個方面或維度——道德與

非道德的對比——與法實證主義者和他們的對手之間的任何眞正的爭論並沒有什麼關聯。顯而易見的是，法律治理體系的運作是由人管理的，而人的態度、信念和行爲完整地構成了這些運作。鑑於人類的所有行動、決定與實踐都是適於道德評價的，因此法律制度的運作便也是可以被道德評價的。此外，同樣顯而易見的是，任何法域中的這些運作對居住在那裡的、工作在那裡的、抑或在那裡訪問的人們的利益來說，影響均遠非是微不足道。法律要求、法律判斷和法律制度廣泛而深遠地影響著人們的生活。事實上，這些要求、判斷和制度對人們生活的影響通常是巨大的。因此，所有的道德概念都可以適當地被應用於法律治理體系的運作。作爲整體的這類體系，連同它的大多數要素，不僅可以被適當地評價爲道德上正當或不正當的，也可以被評價爲道德上有益或有害的。儘管對某個法律體系或法律體系之中的某些法律和決定的特定道德判斷，當然可能是錯誤的，但道德概念被應用於這樣的體系或這樣的法律和決定，這一純粹的事實本身並無任何不當。

因此，如果我們追問，法律是否內在地是道德的，倘若問題中隱含的對比是在「道德的和非道德的」這一組範疇之間，答案便會是，法律的確是內在地道德的。沒有一個頭腦正常的法實證主義者對此提出過相反的建議，因爲沒有一個頭腦正常的法實證主義者曾懷疑過上一段之中的觀點。正如該段所強調的那樣，非常顯而易見，法律制度及其組成部分總是可以被適當地進行道德評價。哈特等法實證主義者非但沒有否認或懷疑這些制度總是可以進行道德評價，相反地，他們明確強調了這種評價的極端重要性。正因爲哈特的前輩邊沁和奧斯丁那麼強烈地依照效用主義的標準評價每個法律的道德品質，他們堅定地要對法律是什麼

和法律應當是什麼進行區分。幸運的是，並不是所有的法實證主義者都是效用主義者，但每一個法實證主義者都會和邊沁和奧斯丁一樣，認識到將法律制度置於嚴格的道德審查之下是一項完全適當的志業（克萊默，《為法實證主義辯護》第 123-125、189-191、200-204 頁）。

　　簡而言之，因為每個法實證主義者都非常清楚，法律制度及其規範可以被恰當地進行道德評價，所以沒有一個法實證主義者試圖主張法律是非道德性的而不是道德性的。每個法實證主義者都會同意，就「道德性」與「非道德性」的對比來說，法律是一種內在的道德現象。這一點值得強調，因為一些法實證主義的反對者們嚴重地忽視了這一點。例如，朗·富勒（Lon Fuller）就提出，法實證主義者將法律視為「簡單的自然事實」，這些學者處理法律制度的方式「就像科學家發現無生命的自然界之一致性一樣」（富勒，《法律的道德性》第 148、151 頁）。面對這樣的誹謗，哈特的反應是可以理解的，他感到非常氣憤。他特別提及了富勒的用語「簡單的自然事實」，並尖銳地反駁道：「當然，最後這個用語只是模糊了諍言。……作者對這種晦澀哲學短語的運用是想表明，那些像我一樣試圖根據規則來分析立法權力之含義的人，所致力於的只不過是，消除他們分析之中的所有依據，只留下無生命的存在。」（《法理學與哲學論文集》第 359 頁）。

　　與富勒多餘的告誡──以及其他反法實證主義學者諸如邁克爾·德特莫爾德（Michael Detmold）和羅納德·德沃金的一些同樣錯誤的告誡──所暗示的相反（克萊默，《為法實證主義辯護》第 123-125、189-191 頁），法實證主義者和他們的論敵之間，在法律是道德性還是非道德性的問題上，並不存在真正的爭

論。每一位至少有一點頭腦的法哲學家，無論是法實證主義者還是反法實證主義者，在這個問題上都是一致的意見。沒有一個哲學家不知道道德概念適用於法律和法律體系，因此也沒有一個哲學家不知道法律和法律體系在這方面始終是道德性的。所以說，當法實證主義者確認法律和道德之間的可分離性時，他們所訴諸的不是道德性與非道德性的問題。相反地，他們聚焦的是我在第一節第一部分所總結的道德的其他方面或維度。

（三）道德與不道德的對比：一些爭論

　　雖然沒有一個法實證主義者認為法律是非道德性的，但幾乎每位法實證主義者都認為，自然法學者把法律描繪成是內在地有益的或正當的——也即是說，是內在地合乎道德而非不道德的——的努力是毫無根據的。換句話說，當道德是與不道德相對，而不是與非道德現象進行對比時，法實證主義者與他們的反對者之間確實就「法律是內在地道德的」這一命題展開了各種真正的爭論。在我們處理其中的一些爭論之前，我們應該注意到這樣一些告誡，這些告誡也適用於本章接下來的兩個小節。第一，在本節和後面的兩個小節中，本章將簡略地概述一些爭論，而不是進入它們。儘管我在其他論著中積極地參與了將在此處進行簡要概述的爭論，但本章的篇幅並沒有為這種參與留下空間（即使是本章的第二大節我對哈特處理其中一個爭議的進路進行了擴展，情況也是這樣）。第二，儘管這裡描述的每一個爭論都突顯了堅持法律與道德可分離的法實證主義者，與堅持兩者不可分離的自然法學者之間的對立，但並非所有被恰當地歸類為法實證主義者的哲學家，都會在每一個這樣的爭論中堅定不移地支持法實證主義的立場。即使在大多數相關爭論點上都贊同法實證主義的

立場，一些哲學家偶爾也會偏離這一立場。雖然我自己在這裡要討論的每一個爭論中，都爲法實證主義對法律和道德的可分離性的斷言，進行了辯護，但大多數其他法實證主義者卻沒有那麼堅定。即使是哈特，他在大多數爭議中都堅定地舉起了法實證主義的旗幟，但在下面將要提到的一些文本中，他還是放棄了這面旗幟（我們已經在開篇第六節的第五小節處理過其中的一個文本，在那裡我們看到，哈特在對法律的性質進行理論化的過程中，有限地擁抱了一個道德化的方法論）。

　　哈特在我第一節的開頭所引用的那句對法實證主義的概括中，隱涉的爭論焦點便是道德與不道德之間的對比。這些爭論正是邊沁和奧斯丁在極力宣稱法律是什麼和法律應該是什麼之間的區別時，所要解決的問題。也就是說，幾個世紀以來，一些自然法學者宣稱，任何規範 N 在任何法律體系中作爲法律的地位，總是取決於該規範是否滿足某種道德正當性的檢驗。除非 N 的實質內容達到或超過了合道德性的門檻，否則 N 在任何治理體系之中都不是眞正的法律——即使某些此類體系中的官員將 N 當作法律一樣對待。從古到今，許多自然法學者都是這樣宣稱的。儘管一些當代的自然法哲學家爲了專注於法律和道德之間的其他聯結，而與這種立場保持了距離，但對規範作爲法律的地位進行道德正當性檢驗的見解，在反法實證主義的理論工作中，**繼續發揮著相當重要的作用**（克萊默，《法律與道德在何處相遇》第 228 頁註腳 7）。法實證主義者一致反對任何主張「這類測試是法律的一個本質特徵」的想法。當然，正如我們將在本章第三節看到的，一些法實證主義者——包容性法實證主義者——同意規範 N 與正確的道德原則相一致，這可能是在某些法域 N 具有法律地位的一個必要條件。不過，這些法實證主義者主張，任何

特定法域中這種對法律效力進行道德檢驗的有效性，均是該地域法律體系的偶然面向，而不是所有法律體系的必然面向。在特定的治理體系之中，只有當其中的官員們秉持著這樣的承認規則，而承認規則規定每一個作為法律歸屬該體系的規範必須通過道德檢驗時，這樣的檢驗才會在該體系中發揮作用。因此，包容性法實證主義者與其他法實證主義者一樣，均認為每項法律在任何法域內的地位都從根本上奠基在官員們的實踐之中。包容性法實證主義者認為，在某個特定的法域，對法律效力所進行的任何道德檢驗都歸因於這些實踐，而不是基於法律的性質。

在道德相對於不道德這一組範疇之內，法實證主義者和他們的論敵之間的另一個爭論，聚焦在法律治理體系的一般功能上。大多數自然法理論家認為，法律的核心功能是內在地值得讚揚的，因此每一個現存的法律體系其自身也就是值得讚揚的。無論核心的功能被認為是確保基本的秩序與協作，還是將人作為理性主體進行治理，還是表達統治者與被統治者之間的相互性關係──或是任何其他願望之物或願望之物的組合。反法實證主義理論家的主張是，法律體系的有效運作是實現道德上值得追求之事的充分且必要條件。這些理論家因此得出結論，認為法律是一種內在道德的現象。作為反駁，法實證主義者在一些情況下對自然法論證的前提提出質疑，而在其他情況下，他們接受這些前提，但駁斥從這些前提中得出的結論。我們將在本章第二節中處理基於後一種策略的一個版本，屆時我們將檢視哈特有關最低限度的自然法的論證。在那裡，我們將會看到，法實證主義者可以而且也確實承認，在任何相當規模的社會之中，一個正常運作的法律治理體系的存在對於實現各種道德上值得稱讚之事來說都是必要的。然而，法實證主義者否認這種制度的存在對於任何道德

上值得稱讚之事的出現來說是**充分***的*，他們也進一步否認是這類制度作爲實現特定道德價值之必要條件的功能，賦予了法律作爲內在的道德現象的地位。

法實證主義者和反對者之間爭論的另一個燃點，是法律體系經由官員的宣告呈現自身的方式。正如我在其他地方討論過的（克萊默，《爲法實證主義辯護》第 101-108 頁；《法律與道德在何處相遇》第 216-222 頁），一些自然法哲學家力爭，每個法律體系都把自己和它的命令呈現爲是道德上正當的。儘管這些理論家是在話語層面而不是在基本內容層面假定法律與道德之間的必然關聯，但他們的確主張，官員們的法律宣告不可避免地會保證其道德正當性（該保證通常是隱含的而非明示的）。此外，這些哲學家中的一些人認爲，如果官員的權威言說中所隱含的道德正當性保證是荒謬的，那麼這些權威言說就無法保持任何可信度。因此，在這些哲學家看來，倘若沒有滿足道德正當性的某些門檻要求，就不能算作眞正的法律體系。換句話說，透過對官員們言說的預設進行反思，這些哲學家就以任何作爲整體的法律體系——而不是個別的法律——之運作，均需要通過的道德正當性檢驗，對傳統自然法的立場進行了詳細說明。這些哲學家聲稱官員們的權威宣告明顯預設了正當性之確證，對此法實證主義者有充分的理由予以質疑。

在此應該簡要交代的另一個爭議指向這樣一個命題：根據法律得以生效所依據的那些相關的程序性或行政性正義之要求，每一個法律體系都具有至少最低限度的道德價值。奇怪的是，哈特在《法律的概念》（第 160-161、206-207 頁）中繞了很長的一段路才接受這一命題。不過，他後來對自己的這一調解式的立場產生了嚴重的懷疑（《法理學與哲學論文集》第 18 頁），他

的這一調和也受到了其他一些法實證主義者不同程度的批評（克萊默，《為法實證主義辯護》第 21-36 頁；萊昂斯，《論形式正義》）。哈特後來意識到，他之後反對富勒為法律賦予內在道德性的一些論證，也可以轉而反對他自己在有關程序正義或形式正義的命題中明顯已經默認的——無論多麼遲疑的——認知。

（四）道德與審慎的對比：一些爭論

當爭論聚焦的是道德與審慎之間的對比時，自然法哲學家最常提出的論點是：在任何治理體系之中，都不存在可靠的審慎理由讓官員們遵守法治。這些哲學家認為，在所有的治理體系中，官員們對法治之內在限制的堅持的唯一可信理由，是道德而非自我利益。現在，正如我們在本書前面的一些章節中所觀察到的，對促使治理體系中的官員，按照法律體系的要求運行法律體系的那些考量的性質，哈特明確地持開放的態度。自然法哲學家將審慎的因素，排除出官員們在法律制度的運作中進行自我約束的可靠基礎，對於自然法哲學的這一信念，哈特將他自己定位在反對的立場之上。我在之前論述法實證主義的書和論文中，對自然法哲學家的這些信念進行過長篇的批判。[4]在對他們的反實證主義結論的挑戰中，我的一個重要的觀點是對小寫的法治（rule of law）與大寫的法治（Rule of Law）進行區分（克萊默，《客觀

---

[4] 主要參見 Kramer 1999, chs. 3-8; 2004, chs. 5-7. 我在 2004 年至 2011 年所發表的反駁自然法學者奈傑爾‧西蒙茲（Nigel Simmonds）的系列論文與這裡的話題尤為相關。這一系列的最後一篇論文，其中也援引了之前的系列相關論文，可參見 Kramer, Matthew. 2011b. "For the Record: A Final Reply to N.E. Simmonds." *American Journal of Jurisprudence* 56: 115-133.

性與法治》第二章）。小寫的法治指向一個法律體系存在的單個
必要條件和共同充分條件，而大寫的法治則指向在程序上和實體
上均承載了自由民主價值的法律體系的存在。自然法哲學家有關
可以可靠地解釋官員行為模式之行動理由的主張，大體上可以與
大寫的法治相連，但無法穩定地適用到小寫的法治之中。存在著
一些高度可能的治理體系，在其中，運行著這些體系的官員有著
很強的審慎理由，非常嚴格地遵守著小寫的法治要求，促進著剝
削性的壓制。

　　在道德和審慎的對比範疇，涉及到另一個爭議，該爭議關
乎的是：法律體系中的官員們在談論法律指令以正當化他們的決
定時，所或明或暗援引的行動理由。儘管約瑟夫・拉茲顯然是位
法實證主義者，但他和他的追隨者們均堅定地主張，官員們對法
律指令的援引支援了或者說暗示了，存在著道德上的理由（非審
慎的理由）讓公民遵守這些指令。無論官員們是否相信他們所聲
稱的所有含義，他們將法律規定用作其司法或行政決定的依據，
就意味著這些決定的受眾在道德上負有遵守這些指令的義務。透
過將法律規定用作要求人們以特定方式行事的理由，官員們便是
在訴諸獨立於利益的行動理由──也就是說，這些行動理由是道
德性的而非審慎性的。儘管有許多有趣的變種，拉茲的思考路線
即是如此。哈特對這一思路反覆進行了質疑（《論邊沁》第 153-
161、262-268 頁；《法理學與哲學論文集》第 9-10 頁），我也在
其他地方對哈特的反對意見做過詳述和補強（克萊默，《為法實
證主義辯護》第四章）。雖然我對拉茲的反駁是多方面的，它們
均集中在這樣一種可能性之可靠性上：法律治理體系中的官員援
引法律指令用作他們決定的基礎，並沒有宣稱或暗示任何獨立於
懲罰的行動理由。挑戰拉茲在這個問題上的立場對法實證主義來

說，是至關重要的，因爲他的這些想法很容易被自然法學者挪用，對於以下主張，自然法學者可以藉助拉茲予以否認：任何可信的治理體系中的法律官員有關他們自己的決定之正當性的主張，要麼是系統性地撒謊，要麼是系統性地受騙。

　　自然法哲學家抓住法律與道德共用了廣泛的道義性詞彙這一事實所做的一些論述，也引起了法實證主義者的抵制。在道德與法律之中，諸如「權利」、「責任」、「義務」、「自由」、「許可」、「權威」、「正義」、「權力」、「豁免」等關鍵術語都得到了顯著地運用。在一些自然法學者看來，道德和法律之間的術語親和性表明了這兩個領域之間的深層次聯結。在論證官員們在其權威性宣告中所傳達的行動理由是道德的而非審慎的過程中，這些哲學家想當然地認爲，法律語境中的「責任」或「義務」有著與道德語境中一樣的含義。正是在這一點上，我與哈特一起對自然法學的立場提出了質疑——不是透過荒謬地主張法律與道德之間術語的一致性並不對應任何概念性的重合，而是透過主張，這種概念性的重合是形式性的而非實質性的。一方面，法律義務與道德義務一樣，它們都是某些適用於人類行動的規範所確立的要求。履行一項法律義務，就是按照被施加的法律指令之條款行事；履行一項道德義務，就是按照被施加的道德原則之內容行事。違反一項法律義務，就是不按照所施加的法律指令之條款行事；違反一項道德義務，就是不按照所施加的道德原則之內容行事。違反法律義務，就是犯了法律錯誤；違反道德義務，就是犯了道德錯誤。在這些以及其他一些方面，法律領域與道德領域的道義性結構是同源的。但在另一方面，這兩個領域在形式上的相似之處卻伴隨著它們之間重大的實質性分歧。施加道德義務的正確性道德原則，與它們所要求遵守的客觀約束性理由之間

是構成性的關係；而在任何特定的法域之中，施加法律義務的法律指令則並不必然構成此類理由。事實上，某些法域的一些法律指令並不產生任何獨立於懲罰的要求執法對象遵守這些指令的理由。並非所有的法律義務都是道德義務，也並非所有的法律錯誤都是道德錯誤，因此「義務」或「責任」的語言完全適用於這樣的治理體系：其中的官員並沒有主張或暗示，存在著獨立於懲罰的理由以要求公民遵守施加給他們的法律要求。法律和道德之間共用著道義性詞彙的事實，與這樣一個的確可能存在的法律體系之間是一致的：在該體系之中，官員們向公民發布的許多宣告，其或明或暗所援引的要求公民服從的唯一理由類型，是以懲罰為中心的審慎性理由。

（五）道德與經驗事實的對比：一些爭論

最後讓我們來談談道德事實與經驗事實之間的區別。在這裡，法實證主義者和他們的論敵之間的分歧有一個主要的來源，此即許多哲學家談到「可分離命題」時所強調的問題或問題束。譬如說，朱爾斯·科爾曼便在很大程度上附和了哈特的以下主張：「『可分離命題』被解釋為有關實質性道德與合法性判準的內容之間關係的主張，該命題認為，某個行為標準的合法性並不必然取決於該標準的道德價值或優點。」[5]在這樣的取向之下，法實證主義者認為，官員在確定法律的存在及其內容方面的努力，

---

[5] Coleman, Jules. 2001. *The Practice of Principle*. Oxford: Oxford Uni- versity Press, p. 151. 在其他地方，科爾曼（Coleman 2001, 193 n21, 以及 2007. "Beyond the Separability Thesis: Moral Semantics and the Methodology of Jurisprudence." *Oxford Journal of Legal Studies* 27: 581-608.）在法實證主義對法律和道德之間的可分離性上採取了一個更為寬泛的觀點。

並不必然需要接受任何道德預設的指引。相反地，這些努力可以完全集中在經驗事實的問題上面。在這個或那個法域，合道德性可能既不是任何規範成為法律的必要條件，也不是其充分條件（正如在本章第三節中將看到的，排他性法實證主義者進一步斷言，在任何法域之中，合道德性都不可能是這樣一個必要條件或充分條件）。針對德沃金和其他堅持認為道德審思與判斷在所有的法律確認過程中都是必不可少的理論家，哈特等包容性法實證主義者認為，在任何特定的法域之中，道德審思與判斷在法律確認過程中的作用都是一個偶然的問題，取決於現行有效的承認規則。在任何法域，法律的有效性判準都可以包括，但不是必然包括道德標準。因此，在某些的確可能存在的法域，法律確認過程中所做出的考量中就沒有道德判斷。在這些法域，法律之確認的審思僅限於判斷可觀察事件的發生或不發生。

　　道德與經驗的二分框架之中，存在的另一個爭議領域是本書在第一章就提出的方法論問題。許多法實證主義者，包括絕大部分時間內的哈特（儘管不包括《法律的概念》第九章的最後幾頁），不僅堅持道德和法律的可分離性，而且堅持道德哲學和法哲學之間的可分離性。儘管每一種理論都必須藉助於評價性的判斷，以確保對其待解釋對象的說明是能夠被理解的。該可被理解的價值表明，法律的哲學理論可以是完全「分析—說明性」的而非道德性的。在這種理論的形成過程中，人們對不同現象之間相對重要性的評價，在其主旨上並不必然是道德性的。相反地，對某一現象之重要性或不重要性的主張，可以來自於人們對以下問題的判斷：該現象在多大程度上必須被一套全面而簡潔的對於法律和政府機構的闡釋所考慮。因此，與德沃金以及其他許多自然法哲學家所宣稱的相反，對法律之性質的哲學研究，不可避免地

需要進行評價性的工作，但這種評價並非不可避免地以道德價值為導向。

（六）一個簡短的結語

我對法實證主義者和他們的反對者之間最重要的競爭脈絡的簡短概述，就這樣結束了。這個概述本身並沒有提出任何論據來支持法實證主義者對法律與道德之間的可分離性的堅持。相反地，它只是描述了一些主要的爭論點，正是這些爭論點讓法實證主義者提出了一系列相關的論證──譬如上面闡述的哈特提出的論證以及我在其他一些論著中提出的論證。不過，儘管這個概述只是描述了一些論爭，而不是直接進入這些論爭，但它應該已經足以揭示出它們的豐富多樣性。同樣地，當有人建議將法實證主義對法律和道德之間可分離性的多種論述扼要地概括進一個簡潔命題之中時，它應該也足以表明這樣做會遺漏掉許多東西。當我們注意到這裡已經揭示的道德的幾個方面或維度時，我們就能夠理解，法實證主義者和他們的反對者之間的競爭是多麼地廣泛。

二、哈特論最低限度的自然法

哈特在《法律的概念》第九章的一開始就提出，在所有主張之中，最與法實證主義相關聯的是這樣一個命題，即法律的內容並不必然再現或滿足道德的任何要求，他接著區分了闡述這一命題的兩種方式。一方面，它可以被理解爲對以下主張的肯定：在某些確實可能的法域，未能滿足基本道德義務的各種規範並不會因此妨礙它們成爲法律。只要這個關於法律內容的法實證主義命

題以這種方式被理解，哈特對該命題的支持，直接就等同於對正統自然法思想的否定。另一方面，法實證主義的該命題，還可以被理解爲對這樣一種確實可能存在的治理體系的肯認——該治理體系中的法律與正確的道德原則完全不一致。就該命題以這第二種方式被理解而言，哈特似乎與它保持了距離。我們需要仔細地檢視他的推理，以判斷哈特是否從他的一般觀點中退卻，即法律不是一種內在的道德現象。

（一）法律禁令與人類境況

在《法律的概念》倒數第二章的第二大部分——該書的這一部分自出版以來引起了大量的評論——哈特仔細考慮了在任何可行的社會之中，均不可或缺的一些法律禁令（第193-200頁）。哈特總結了過去許多偉大的政治思想家如湯瑪斯・霍布斯（Thomas Hobbes）、約翰・洛克（John Locke）和大衛・休謨（David Hume）所提出的一些觀點，他注意到，有關人類困境的一些基本事實，使得對於任何大於幾個家庭規模的社群之可靠延續來說，法律的存在均是一種必需。即使是某個中等規模的社會，其要想擁有任何持久存續的機會，就必須部分地依靠對人們的行爲施加一些基本限制的某個法律治理的系統來維持。

哈特引導他的讀者注意，人類及其環境具有的五個衆所周知的特徵如下：(1) 每個人都很容易遭受其他人的傷害；(2) 大多數成年人之間是基本均等的，他們在身體和腦力上的差距並不絕對；(3) 幾乎每個人的心中都既有自私也有熱誠的善意；(4) 大多數資源是有限稀缺的，以及許多資源在直接滿足人類需求之前必須經過可觀的勞作；(5) 每個人的理解力和意志力都是有限的，這導致一些人以犧牲自己的長期利益爲代價去追逐自己的短期利

益。鑑於人類和他們所生活的世界的這些特點，每一個大於微小規模的、可能的、可靠社群之可持續性都依賴於法律治理體系的統治。而且，這樣的治理體系所施加的指令之中，必定包括一些基本的禁令。正如哈特所觀察到的，禁止謀殺、強姦、縱火、嚴重欺詐以及其他嚴重罪行的法律規範，在為可持續的人類互動設定條件之中是不可放棄的。如果不存在這些規範或者這些規範完全得不到執行，那麼——鑑於哈特指出的人類境況的事實——將文明與狂熱又混亂的無政府狀態區分開來的安全性就會消失。人們可以體面地、和平地彼此相處的環境就將不復存在。因此，每個切實可行的治理方案，都必須包括哈特所提到的基本禁令，如果它確實要含括什麼東西的話。然而，由於這些規定的內容顯然與關鍵的道德戒律之實質是一致的，哈特關於人類境況的基本事實，似乎使得法律的要求和道德的要求之間不可避免地發生了融合。這個不可避免地融合的方面就是哈特所說的「最低限度的自然法」。

　　正如哈特使用的這一術語所表明的，他對人類本性的觀察對於法實證主義者和自然法學者之間有關法律和道德之可分離性的爭論，具有重要的意義。首先，如果每個可存續的社會，其治理體系都必須包括在內容上與道德的一些關鍵原則相一致的法律指令，那麼在法律要求和道德要求之間就存在著顯然的必要關聯。其次，與之相關的是，哈特對人類困境的觀察還對法理論辯產生了深遠的影響，這些論辯以某種方式直接關係到了許多政治哲學家所關注的政治義務問題。也就是說，結合下文即將具體說明的某些其他前提，哈特的理解似乎意味著，僅僅因為它們是法律，任何社會中的每個人便都有遵守這些法律指令的道德義務。對於社會之中的每一個施加義務的法律規範也是這樣，該社會中的

每個人都承擔著服從的道德義務，這將是道德與法律之間存在的另一個明顯的必然關聯。為了探究這些法哲學和政治哲學上的問題，本章將不得不擴展哈特論證的含義。讓我們先從思考應該直接附加到該論證上的一些限定條件開始。

（二）四個限制條件

這些限制條件中的第一個是哈特本人提出的。在列舉了對於任何社會之持久存續皆為必要的基本法律禁令，並指出這些禁令與位於道德核心的一些禁令之間的親和關係之後，哈特說道：「作為法律和道德的基礎，相互寬容制度所提供的保護與裨益，在不同的社會中，可以擴展至範圍非常不同的人群。」（第200頁）。儘管對一個社會的持續發展至關重要的安全條件必須擴展到其中相當多的人，但它們可能不會擴展到每一個人。即使居住在社群中的一些人被剝奪了屬於相對特權群體的其他人所享有的基本保護，這個社群仍然可以這樣存續下去。「很明顯，無論是法律還是社會公認的道德，都不需要將最低限度的保護和裨益擴展至其範圍之內的所有人，而且，它們往往也確實沒有這樣做。在擁有奴隸的社會中，主流的群體可能並沒有『奴隸也是人，不只是被使用的對象』的認識」。正如哈特所闡述的：「人類歷史上這些痛苦的事實足以表明，儘管一個社會要想生存下去，就必須向其*部分*成員提供相互寬容的制度，但不幸的是，它並不需要向所有人提供這些制度。」（第200頁，強調為原文所加）。被排除在基本法律禁令的保護範圍之外，這些人的處境很可能比他們被納入法律體系之中而不服從法律的情況更糟糕。就他們而言，法律治理的強制機制是為了「鎮住並維持一個處於永久劣等地位的受統治群體，這個群體的規模相對於主流群體而言，規模

可大可小，這可能是因爲後者對前者善用強制、拉攏以及懲戒等
手段，或者是因爲後者無法或無力對前者進行組織。對於那些被
壓迫的人來說，法律治理系統中可能沒有任何東西讓他們忠誠，
而只有令他們恐懼的東西。他們是體系的受害者，而不是受益
人」（第201頁）。對於這些人的苦難，他們在現行法律體系
之下比在沒有任何這類體系的情境中還要更沒有安全感，洛克對
此有個著名的洞視。羅伯特・菲爾默（Robert Filmer）這樣的絕
對君主制的擁護者，駁斥所有試圖挑戰君主野蠻鎮壓之正當性的
主張，面對這些保皇黨，洛克有力地說道：「似乎人們結束自然
狀態以進入社會狀態的時候，他們一致同意了除了一個人之外，
所有其他人都應當接受法律的約束，而那個人卻仍然保留了自然
狀態下的所有自由，這些自由又因他掌握了權力而有所擴大，並
因其不受懲罰而變得肆無忌憚。這樣想，彷彿人們竟如此愚蠢，
他們小心翼翼地避免*狸貓*或*狐狸*可能對他們造成的傷害，卻甘願
被獅子吞食，並且還認爲這是安全的。」（洛克，《政府論》第
93節，強調爲原文所加）。

　　法律體系的制度提供了基本安全並促進著人們之間的協
作，在思考它發揮功能的方式所具有的法理含義時，我們顯然應
該考慮到哈特的觀點。他指出，在某些可能確切存在的社會之
中，一部分人被有意識地排除在那些有關非常嚴重之不當行爲的
法律禁令的保護範圍之外。在這樣的社會之中，這些基本禁令在
內容上並不與任何眞正的道德原則相一致。畢竟，沒有哪個眞正
的道德原則只禁止對白人（或只對非奴隸）實施非常嚴重的不當
行爲；任何禁止對白人實施這種不當行爲的眞正道德原則，也同
樣會禁止對其他人實施這種不當行爲。因此，鑑於在任何特定的
法域之中，禁止非常嚴重之不當行爲的法律規範，都可能在這一

點上與正確的道德原則不相一致，「最低限度的自然法」就沒有在法律的實質內容與道德的實質內容之間，建立起任何必然的關聯。儘管乍看之下似乎是這樣，但哈特對人類困境的沉思並沒有預設任何類似的關聯。

　　對這些思考還應當附加三個限制條件。第一，即使是那些基本法律禁令的內容與真正的道德原則在抽象的層面相一致的社會，法律與道德的內容也會在更具體的層面上出現明顯的差異。在任何特定的法域，只要禁止發生嚴重不當行為的法律指令帶來了足夠安全的條件，以避免陷入混亂，哪怕沒能保護人們免受在一個公正的社會中將會被法律禁止的許多惡行，它們也能使得社會保持完整。僅僅從法律規範給個體提供了足以防止社群解體的保護這一事實來看，我們並不能推斷出，這些規範提供了正確的道德原則所要求的最低限度的保護。在某個可行的社會之中，即使每個人都受到了與其他人相同的法律保護，其安全的程度也可能遠遠低於道德上應有的層級。

　　第二，透過完好地執行禁止嚴重不當行為的法律指令來提供安全，這與粗暴的壓迫之間並不衝突。事實上，安全的製造本身就可能是這種壓迫的來源。對輕微違反（哪怕是嚴重違反也一樣）禁止偷竊、破壞公物、人身攻擊等法律的行為施加極其嚴厲的懲罰，以這種方式來保護人們就屬於這種情況。又或者，在某些國度，每個人所獲得的免於他人虐待的安全，是透過對可能威脅到現行政權統治的任何行為之可能性，施加令人窒息的嚴格限制來實現的。在這類情境中，每個公民都可以與其他公民以及現行政府相安無事地生活——只要他從不公開批評政府，從不簽署任何請願書或參與任何抗議活動，從不使用影印機等。簡而言之，即使在一個每個居民都受到與其他居民相同程度的基本法律

保障的社會中，這些安全保障也可能被置於一個總體上非常嚴厲和限制性的法律環境之中。

第三，這些基本法律禁令本身，可以由官員們純粹出於審慎的理由而引入和維持。只要公民們是順從的、有生產力的，他們活著的時候，通常要比他們死了更便於實現邪惡官員們的剝削目的。因此，那些完全爲了自己渴求權力的目的而做事的官員，就有充足的理由去制定這些法律禁令來保護普通公民。同樣地，爲了激發人們遵守他們的邪惡指令，官員們便有強烈的理由對順從的人提供更多的安全保障，使其免於官員們的暴力，而將暴力更多施加給桀驁不馴的人。總而言之，（面對所有的或大多數公民）某個社會的法律指令含括了基本的禁令條款，並不意味著該社會的政府法律官員一定持有什麼非審慎性的考量。這些官員可能純粹就是出於審慎的考慮，就像那些激發無情的牲畜主人關心其畜群安全的考量一樣。

（三）哈特與政治義務難題

法律在提供安全和協作方面的作用對於社會的持久存續來說是必備條件，哈特對此展開的思考，無論是對政治哲學還是法哲學都非常地重要。政治哲學家最主要的關切之一，就是確定在什麼條件下人們有道德上的義務服從適用於他們的法律要求。[6]特別突出的是這個問題：是否任何社會中的居民**總是**在道德上有義務服從現行的法律要求。哈特有關人類境況的理性思考，使得一

6　這一問題上的兩個有價值的導讀可參見 Horton, John. 1992. *Political Obligation*. London: Macmillan. 以及 Knowles, Dudley. 2010. *Political Obligation*. New York: Routledge.

些哲學家藉此發展出一套論證以試圖建立這樣的主張,即至少在自由民主的社會之中,總是存在著在道德上服從法律的義務。儘管對這一問題的全面研究遠遠超出了本章能夠覆蓋的範圍,對前述論證的前提和結論進行簡要的說明,將有助於突顯《法律的概念》對政治哲學家和法哲學家的重要性。

該論證的第一個前提直接來自哈特對「最低限度的自然法」的討論:

(1) 如果沒有某個法律體系賦予針對嚴重不當行為的法律禁令以效力,任何像樣規模的社群都不可能在最短的時間內持續存在下去。

第二個前提所表達的是大多數非無政府主義者會接受的一個命題,儘管對該命題的具體理解自然地會有所不同:

(2) 當大量的人長期生活在一起的時候,對確保個體自由、社會秩序以及社會協作來說,一個組織化的、擁有一套有效禁止嚴重不當行為之禁令的法律治理體系是必要條件。

當然,前提二中講到的必要條件,並不是指邏輯上的必要性。對於該前提中所說結果的發生來說,一個擁有一套法律治理體系的、有組織的社群之存在,並不是**邏輯性**的必須。不過,在政治哲學以及法哲學之中,光禿禿的邏輯可能性只有很少的重要性,甚至一點也不重要。相反地,真正重要的是現實的可能性。一個有組織的、擁有一套法律治理體系的社群的存在,對於前提二中所列舉的結果之實現是必要的,這是因為,如果沒有這樣的

社群及其法律體系的存在，當大量的人長期生活在一起的時候，這些效果的實現就不具有現實的可能性。

第三個前提也是以哈特的作品爲基礎的，儘管與其說是在《法律的概念》中，不如說是源自哈特在該書出版之前幾年所發表的一篇文章中的一個著名段落。在這篇文章的相關部分（《存在自然權利嗎？》第 185-186 頁），他堅持認爲，每個享受某種實踐或制度之好處的人，便有道德上的義務去承擔與好處相稱份額的維繫該實踐或制度的責任。更具體地說，每個從他人對一系列相互限制之法規的遵守中獲益的人，反過來，也有道德義務在這些限制性法規要求他進行自我約束的範圍內，遵守它們。正如哈特寫道的（《存在自然權利嗎？》第 185 頁，強調爲原文所加）：

　　當一定數量的人們根據規則展開共同的事業，並因此限制了他們的自由時，那些根據要求服從這些限制規則的人，有權要求從他們的服從中獲益的人們做出類似的服從……在這類情境之中，服從規則的道德義務歸因於該社會之中協作著的成員，他們也有相應的要求服從的道德權利。

　　相應地，論證中的第三個前提是關於每個人服從法律的義務，該前提可以以如下的方式進行表述：

　　(3) 如果某人從他所在社群中其他人對現行法律體系之指令的遵守中，獲得了很多好處，正是這些指令保護他免受嚴重不當行爲之犯罪的侵犯，那麼，他反過來便有道德上的義務去遵守同樣適用於他的這些指令。

第四個前提與第二和第三個前提密切相關：

(4) 每個人都因為社群中的其他人透過遵守現行法律治理體系的指令，來維繫該體系的運轉而獲得了很多好處，因為正是這種服從支撐起確保個體自由、公共秩序以及社會協作的必要條件。

從這些前提出發，這套論證的支持者將能夠得出以下的結論：

(5) 只要所有人或大多數人都同樣遵守，社群中的每個人便均有遵守現行治理制度所規定的法律指令的道德義務。

現在，正如這裡所描述的，這個論證是省略式的。它依賴的是這樣的前提，即在任何法域中，除了現行的治理體系之外，不存在更優的、也能夠合理實現目標的其他選項。然而，即使對於任一社會來說，這個被抑制的前提均為真，該論證的可靠性也取決於如何解釋其前提與結論中的一些構想。儘管對該論證的可靠性進行評估遠遠超出了本章的範圍，[7] 但在此簡單交代幾句將有助於突顯這樣一個事實，即哈特對人性基本知識的思考，對法哲學家和政治哲學家均具有重要的意義。

首先，這在很大程度上取決於遵守法律指令的道德義務——該論證所確認的結論——是否被理解為是普遍都有並全面適用於

---

[7] 一個全面的評估，以及非常多相關索引的析出，請參見 Kramer 1999, ch. 9.

每個法域的。換句話說，爲了評估剛剛概述的論證的可靠性，我們需要知道，這個明確指明的義務是否對於每位合乎情理的成年人來說，都應是義不容辭的，以及它是否應該包括每一個法律指令在每一個它應該適用的場合的應用。一方面，在政治哲學家以及法哲學家看來，如果這項義務的確是普遍存在並全面適用的，那麼它當然特別地重要（它對法哲學的特別意義在於，它相當於宣告了法律與道德之間的必然關聯——這就是哈特以及其他大多數法實證主義者堅定地否認存在任何全面適用、普遍都有的服從法律的道德義務的原因[8]）。然而，另一方面，如果不存在這樣的義務，任何重要性都將因此變得荒誕；至少在這一點上，論證上的這一驚險刺激的模糊性將會導致它的不可靠性。

　　第二，該論證的可信度也將取決於它的範圍是限定的還是不限定的（羅爾斯，《法律義務與公平遊戲的責任》第 119、122-123 頁）。也就是說，我們必須知道該論證的結論是面向所有法律治理體系的主張，還是只限定在自由民主的體系內部。除非該論證的結論與前提一起被分析爲後一種——只關涉自由民主的體系——否則它將沒有任何可信度。在這一方面，建立在哈特對人類境況的討論上的論證與《法律的概念》中的一般性理論化（包括他對人類境況的討論）明顯不同。在他的整本書中，哈特在闡述法律制度的性質及其運作時，避開了各法域之間的眾多差異。正如我在首章強調的那樣，他的目的是提煉出所有典型事例的法

8　哈特在這個問題上最清楚的陳述，參見哈特針對德沃金的論文所作的 Hart, H.L.A. 1987. "Comment." In Ruth Gavison (ed.), *Issues in Contemporary Legal Philosophy*. Oxford: Oxford University Press, pp. 40-42. 我對這項義務之存在的否定，請參見 Kramer 1999, ch. 9.

律體系所共有的特徵，因此哈特並不只是聚焦在自由民主的體系之上。由此可見，當理論家們藉助哈特對於人類困境的討論以在自由民主國家內部證明服從法律的道德義務時，他們的努力與哈特的法理學規劃之要旨之間是不相一致的。

三、包容性法實證主義與排他性法實證主義

當代法實證主義在英語世界以及許多其他領域的發展，整體上都是為了回應《法律的概念》以及針對它的批評。在哈特的經典著作出版之後的幾十年裡，法實證主義者分成了各自內部又有很多變種的兩大陣營：包容性法實證主義與排他性法實證主義。正如即將闡釋的那樣，這兩個陣營的出現主要是為了回應德沃金對哈特的法律以及司法模型的批評。

（一）包容主義、併入主義與排他主義

此後，我將使用「包容性法實證主義」這一短語來表示大多數將自己歸類為包容性主義的學者所接受的兩個主要論點中的一個。該論點表述如下：

情況可能確實如此，儘管並不需要必然如此：規範 N 與道德的部分要求或全部要求相一致，是這個或那個法域之中，N 獲得法律地位的一個先決條件。

儘管法效力的某個包容式的先決條件並不是法律的性質的必然內容，但在任何特定法域的承認規則之下，它可以被施加來用

作一個門檻性的檢測。這種檢測是官員們識別法律的判準之一，它既可以由某個包容性治理體系中的官員應用於該體系中的所有法律規範，也可以只應用於這些規範的某些子集。只要這類門檻性判準在某些法律體系中是有效的，規範 N 的道德正當性就是確認 N 作為法律隸屬於該法律體系的一個必要條件。包容性法實證主義為在任何特定的法域均存在這種事態留下了空間，其之所以包容，就是因為它肯認道德戒律可以成為指導官員們確認法律規範的判準之一。包容主義者反對這樣的觀點，即在每一個確切可能的治理體系之中，所有的法律確認之判準都集中在作為法律規範淵源的有關程序或實踐的經驗事項上——譬如立法者的投票，法官的裁定或者行政官員對規章的頒布等。與此同時，包容性法實證主義者之所以還是法實證主義者，又是因為他們反對這樣的觀點，即每一個確切可能的法律體系都在其法律確認之判準中，採用了道德正當性的檢測。包容性法實證主義者堅持認為，在其所被應用的法律體系之中，這種測試是法律體系的偶然特徵，而不是概念上的本質特徵。即使沒有任何道德正當性檢測作為其法效力的條件，一個法律體系仍然可以確切地存在。

在剛才所闡述的秉持包容性法實證主義立場的哲學家之中，大多數人還背書了另一個本身也經常被稱作「包容性法實證主義」的論點。不過，根據我之前在這個問題上的研究（《法律與道德在何處相遇》第 1-140 頁），我將轉而用「併入主義」來指稱這個論點：

情況可能確實如此，儘管並不需要必然如此：規範 N 作為道德原則的正確性，是這個或那個法域之中，N 獲得法律地位的一個充分條件。

　　儘管道德正確性作爲法效力的充分條件，並不是法律的概念中的必然內容，但它可以存在於任何特定法域的承認規則之中。併入主義者的支持者認爲，將原則的道德正確性用作法效力之充分條件的這類官方實踐，也會將這些原則併入所觀察之實踐所在法域的法律之中——無論這些原則有沒有在諸如制定法或行政法規或司法判例這類明確的淵源中被宣布出來。即使道德原則沒有被上述任何明確的淵源所載入，透過規律性地將規範的道德公正性用作判定該規範的法律權威性的決定性依據，經由這樣的實踐，該法域的官員們就已經將道德原則納入了他們的法律治理體系之中。毫不猶豫地接受這種情況之可能性的併入主義倡導者，他們之所以仍然是法實證主義者，是因爲他們仍然堅持，將道德原則併入法律治理體系之中是偶然性的，而不是這些法律體系的一個必然特徵。

　　包容性法實證主義與併入主義之間是自然相容的，而且通常聯結在一起，但排他性法實證主義則與它們皆爲對立。排他性法實證主義力爭，無論是作爲法律還是作爲法效力的判準，這樣的道德原則與法律的性質都是不相一致的。雖然排他主義者欣然承認在法律官員們的司法和行政實踐之中，道德原則確實經常被援引，甚至應該經常被援引，但他們宣稱，這些原則均是法律之外的標準。排他主義者進一步斷定，這些標準會影響官員們做出的決定，但只是因爲，法律要求並不是這些決定的唯一依據。

（二）不同立場的原因論（aetiology）

　　至此，剛才所闡述的三種立場沒有哪一個是空穴來風。相反地，它們中的每一個，都是爲了回應德沃金對哈特的早期批評而發展出來的法實證主義的獨特版本。因此，在我們研究哈特支持

包容性法實證主義和併入主義論點的段落之前，我們應該簡要地
檢視一下這些論點發展背後的脈絡。雖然無法在這裡詳細展開德
沃金的批評以及法實證主義者隨後對這些批評的反駁的細節，但
一些摘錄將有助於解釋不同的法哲學家持有他們分別支持的立場
的原因。

　　德沃金在 1960 年代和 1970 年代對哈特提出的許多批評之
中，關鍵的是這樣一種主張：法實證主義者無法妥當地解釋道德
原則在法官以及行政官員裁決疑難案件中所起的拘束力作用（德
沃金，《認眞對待權利》第二至四章）。在這之後，德沃金將他
的反法實證主義裁判理論從疑難案件拓展至所有的案件。不過，
即使是在後一階段，他仍然指出，道德原則在疑難案件中的效用
是他相關討論的誘因（德沃金，《法律帝國》第 15-30 頁）。爲
了反駁德沃金的猛烈抨擊，一些法實證主義者試圖解釋，道德原
則如何能夠進入某一法域的法律之中；而另一些法實證主義者則
是否認，這些原則曾進入過任何法域的法律之中。法實證主義的
這類反駁，採取了要麼是包容主義或併入主義要麼是排他主義的
進路。當然，前兩種進路之間是相互相容的，而第三種進路則與
前兩者相衝突。

　　哈特的論著之中最具堅實基礎的還是包容性法實證主義理
論。早在德沃金抨擊之前，哈特已經多次表明，任一特定法域的
法律確認之判準中都可能包括道德原則。在他腦海之中的，尤其
想到的便是爲制定法律的權力設下了限制的判準。即是說，他特
別想到的是道德原則作爲門檻的作用，過不了這個門檻，規範便
不能獲得法律規範的地位。與這些原則相一致，可能是某個特定
法域中的任何規範具有法效力的必要條件。在發展了一套當時還
未被稱作「包容性法實證主義」的立場之後，哈特爲他的許多法

實證主義的後繼者開闢了一條追隨的道路。[9]在下一小節，我們會
細緻地考察一下他闡述這一問題的幾個段落。

　　只不過，德沃金對法實證主義的抨擊，主要並不是集中在道
德原則作爲法律驗證之判準的作用上——與道德的部分或全部要
求相一致，是任何規範獲得法律地位的必要條件之一。德沃金沒
有專注於這類包容性法實證主義的問題，而是側重於強調道德原
則作爲法律的功用，它們成爲了政府法律官員在特定案件中做出
判斷的根基。德沃金認爲，法實證主義者沒能認識到，在某些法
律體系之中道德原則確實發揮了這樣的作用。於此，併入主義的
出現成了回應德沃金挑戰的法理學說。透過承認某個承認規則，
可能指引法官和其他官員將道德原則用作評價人們行爲的具有約
束力的法律依據，秉持併入主義立場的學者嘗試相容德沃金的批
評，與此同時無需主張**每一個**確切可能的承認規則都要求官員們
以這種方式遵循道德原則。雖然允許這些原則能夠被納入某一法

9　這些後繼者的相關論述，可參見 Himma, Kenneth. 2001. "The Instantiation
Thesis and Raz's Critique of Inclusive Positivism." *Law and Philosophy*
20: 61-79；2002. "Inclusive Legal Positivism." In Jules Coleman and Scott
Shapiro (eds.), *The Oxford Handbook of Jurisprudence and Philosophy of
Law*. Oxford: Oxford University Press, pp. 125-165；Kramer 2004, 1-140；
Kramer 2009b. "Moral Principles and Legal Validity." *Ratio Juris* 22: 44-61；
Lyons, David. 1977. "Principles, Positivism, and Legal Theory." *Yale Law
Journal* 87, pp. 423-426；Waluchow, W.J. 1994. *Inclusive Legal Positivism*.
Oxford: Oxford University Press；Waluchow, W.J. 2000. "Authority and
the Practical Difference Thesis: A Defense of Inclusive Legal Positivism."
Legal Theory 6: 45-81；Waluchow, W.J. 2009. "Four Concepts of Validity:
Reflections on Inclusive and Exclusive Positivism." In Matthew Adler and
Kenneth Himma (eds.), *The Rule of Recognition and the U.S. Constitution*.
Oxford: Oxford University Press, pp. 123-144.

域的法律之中，用作法官和行政官員做出裁定的決定性依據，但
併入主義者仍然是法實證主義者，因爲他們仍然堅持，這些原則
成爲任何國家之中的法律均是偶然性的，而非法律本質之必然結
果。正如我們將在下一小節中看到的，哈特非常直接地接受了併
入主義的立場。[10]

　　排他性法實證主義也同樣是在德沃金挑戰法實證主義理論工
作的背景之下，發展了自己的理論。只不過，排他性法實證主義
並沒有試著去證明實證主義的法律模型與道德戒律的作用是相一
致的—— 道德戒律作爲法效力之判準或者作爲實質性法律規範的
作用—— 以調和或化解這些挑戰。相反地，排他性法實證主義者
否認道德戒律可以發揮任何這樣的作用。換句話說，他們試圖論
證道德原則並不能進入任何法域的法律之中，以此反駁德沃金的
抨擊，他們認爲這些道德原則在司法裁判中的有效性不應該被誤
解爲它們已然成爲了法律。儘管拉茲是排他性法實證主義最重要
的代表—— 他採納這一立場以支持自己的一般性主張，即法律體
系基於其自身的性質便能夠具有道德權威—— 這一立場也得到了
其他一些著名法哲學家們的支援。[11]

---

[10] 對於併入主義理論的另一些闡述，可參見 Coleman 2001, chs. 6-10; Kramer 2004, 1-140; Soper, Philip. 1977. "Legal Theory and the Obligation of a Judge: The Hart/Dworkin Dispute." *Michigan Law Review* 75, pp. 509-515.

[11] 拉茲相關的討論，可參見 Raz 1979, ch. 3; 1994. *Ethics in the Public Domain*. Oxford: Oxford University Press, ch. 10；不同程度上受到拉茲影響的其他一些哲學家對於這一問題的相關討論可參見 Giudice, Michael. 2002. "Unconstitutionality, Invalidity, and Charter Challenges." *Canadian Journal of Law and Jurisprudence* 15: 69-83, 2008. "The Regular Practice of Morality in Law." *Ratio Juris* 21: 94-106; Leiter, Brian. 2007. *Naturalizing Jurisprudence*. Oxford: Oxford University Press, ch. 4; Marmor, Andrei. 2001.

　　排他性法實證主義原本在很大程度上是對德沃金的反駁，但最近它也多少成爲了對包容性法實證主義和併入主義的反駁。事實上，在過去的幾十年裡，有關排他主義理論之哲學品質的爭論近乎是法實證主義內部不同風格學者之間的全部。儘管德沃金在他學術生涯的後期偶爾也對這些爭論提出了猛烈的批評——主要的責難是在德沃金《法袍內的正義》第七章——法實證主義者之間的論爭要比他們與德沃金陣營之間的更爲多樣與持久。

（三）作爲包容主義者與併入主義者的哈特

　　在《法律的概念》以及特別是他後期的一些著述之中——尤其是《法律的概念》第二版的後記中——哈特所表達的觀點可以被明確地歸類爲包容性主義或者併入主義。可以肯定的是，他並不總是明確地區分這兩種學說，而且他也沒有使用「包容主義者」或「併入主義者」這樣的標籤。當他給自己的相關觀點進行命名時，他令人遺憾地將它們稱之爲「柔性法實證主義」。更具破壞性的是，正如我們在第四章以及這裡再次看到的那樣，哈特甚至在他的後記中容許自己被德沃金霸凌，懸置起自己對包容主義與併入主義的支持。不過，如果撇開那段對德沃金屈服的孤立片段不談（倘若哈特能活得再久一些，完善他的後記再出版的話，他也許就確實放棄那段文字了），哈特非常明顯地表明了他對包容性法實證主義和併入主義的支持。

Positive Law and Objective Values. Oxford: Oxford University Press, ch. 3; Shapiro, Scott. 1998. "On Hart's Way Out." *Legal Theory* 4: 469-507, 2009. "Was Inclusive Legal Positivism Founded on a Mistake?" *Ratio Juris* 22: 326-338, 2011, ch. 9.

　　讓我們從後記中他明確認可併入主義的段落開始。認真應對德沃金複雜的有關裁判的解釋主義進路，哈特宣稱：「這種解釋主義的檢測似乎並不是對承認規則所提供判準的一種替代，而是如一些批評者極力主張的那樣，只是這種判準的某個複雜的『柔性法實證主義』形式，其根據對象的內容而非系譜來識別原則。」（第 265 頁，註腳被省略）。他補充說：「努力證明這種解釋主義的檢測判準是識別法律之慣習方式的一部分，……將是對其法律地位的一個好的理論說明。因此，在承認『原則是法律的一部分』與『承認規則』的理論之間，當然不存在德沃金所說的不相容性。」（第 265-266 頁）。

　　哈特將自己與包容性法實證主義的論點聯繫在一起的段落，還有很多。甚至在《法律的概念》的正文之中——其寫作遠在包容性與排他性的爭論出現之前，他就宣稱，規範 N 與道德的部分或全部要求相一致，可能是 N 在這個或那個特定法域之中成為法律的先決條件。「在一些〔法律〕體系之中，如在美國，法效力的最終判準，就明確包括了正義諸原則或實質性的道德價值」，儘管這句話的主旨既可以被理解為包容主義，也可以被理解為併入主義，但哈特明確表示前者的理解是正確的，因為他指出，前述法效力的判準將對「最高立法機構的許可權施加限制」（第 204 頁）。

　　在《法律的概念》第二版的後記中，哈特指出，他一直認為「在一些法律體系之中，譬如在美國，法效力的最終判準在系譜之外，還明確包括了正義諸原則或實質道德價值，而這些正義原則或道德價值可能形成對法律之憲法限制的內容」（第 247 頁）。他在此處是在反駁德沃金，後者毫無根據地認為，法實證主義的法律確認模型無法允許法效力的標準不聚焦在經驗性事實

之上。哈特對德沃金的謠傳進行了反駁，他重申：「承認規則之中可以包括符合道德原則或實質價值的法效力判準，所以我的理論可以被稱作『柔性法實證主義』，而不是德沃金版本的『單純事實』法實證主義。」（第 250 頁）。

正如我在第四章的第一節第一部分闡述的那樣，德沃金對哈特所支持的包容主義和併入主義提出了兩個質疑：此即，道德原則的反對和超然態度的反對。哈特沒有充分地處理這兩個質疑，而且他尤其錯誤地處理了「超然態度的反對」，因為他屈服於德沃金的糾纏——德沃金認為法實證主義具有一個公認的志願，即對道德在根本上是否是不確定性的不作表態。正如我在第四章中點評的，法實證主義者以及其他法哲學家應該拒絕任何這類荒謬的志願——無論哈特在其身後出版的短篇中對該問題是怎樣設想的。當法實證主義者宣布或假定道德在根本上不是不確定的時候，他們並沒有因此對哲學家以及普通公民在各種環境之中努力應對著的眾多具體道德問題秉持特定的立場。在闡述一項支持包容主義和併入主義的有關法律的實證主義之說明的過程中，他們可以對這些更為具體的道德問題不作表態。也就是說，他們可以對德沃金和他的追隨者們認為任何完整的對於法律的理論化都必須包括的核心問題不作表態。相應地，哈特不應該允許自己被德沃金操縱，以為將法實證主義與德沃金主義區分開來的這一方法論上的限縮將會要求他懸置其對包容性法實證主義和併入主義的擁護。

這種擁護在哈特寫作《法律的概念》之前就有了，而且在此後也一直延續著。在最初發表於 1958 年的一篇著名文章中，哈特稱讚了奧斯丁以及特別是邊沁在這些問題上富有洞識的立場（《法理學與哲學論文集》第 54-55 頁，註腳被省略）：

　　無論是邊沁還是他的追隨者都不否認，透過明確的法律規定，道德原則可能在不同的時候被納入法律體系之中，並構成其規則的一部分，或者法院可能具有法律上的義務，按照他們認為公正或最好的方式進行裁決。邊沁確實承認（奧斯丁則沒有），即使是最高立法權也可能受到憲法上的法律約束，並且不會否認道德原則，就如〔美國憲法〕第五修正案中的道德原則一樣，可能構成這種法律之憲法限制的內容。

　　在對富勒在《法律的概念》出版幾年後寫作的《法律的道德性》一書進行評論的一篇書評中，哈特說道（《法理學與哲學論文集》第 361 頁）：

　　對我來說，承認規則的內容並不存在任何邏輯上的限制。就「邏輯」而言，〔承認規則〕可以明確或隱含地規定，如果根據這些判準確定的法律被證明在道德上是令人反感的，那麼確定從屬法律之法效力的判準就應該不再被視作判準。因此，一部憲法甚至可以在其對最高立法機關的立法權之限制中，不僅包括正當程序遵守的要求，而且包括一項完全一般性的規定，即如果最高立法機關頒布的法律與道德以及正義原則相衝突，其法律權力就無效。

　　誠然，無論是在 1958 年的論文中，還是在對富勒著作的評論中，哈特對包容主義和併入主義觀點的表述都有些不精確和有所保留。畢竟，正如萊斯利・格林注意到的：「在〔哈特寫作《法律的概念》〕之時，法實證主義的包容性與排他性的版本還不為人知，因此也並不構成當時論戰脈絡的一部分。」（《重訪

法律的概念》第 1706-1707 頁）。儘管如此，這些文章之中粗獷而過分謹慎的論述，加上《法律的概念》正文與後記中的宣告，都顯示出哈特在其整個職業生涯中既是包容性法實證主義的支持者，也是併入主義的支持者。

四、哈特是表達主義者嗎？

本章的最後一節本可以放到本書的第三章或第四章，因為它所涉及的一些問題與本書前面那些部分的內容有關。然而，由於我將在本節對在很大程度上受到有關道德分析之性質的哲學文獻影響，而在這些問題上採取的某種進路進行抨擊，我的這些看法最好還是在談及哈特對於道德的思考的章節中進行。具體而言，本節要討論的問題是，哈特對法律陳述之語義的理解——這些陳述是這個或那個法域之中運行著法律治理機構的人們從內在觀點做出的。

近年來，不少哲學家堅持認為，哈特在《法律的概念》中對法律陳述提出了一種表達主義式的說明。我對這一問題的討論，將從重述言說的語義與語用之區分開始——在本書第四章第一節的第四部分我曾簡練地描述過這一區分——然後再對上述哲學家歸諸給哈特的表達主義理論進行闡述。儘管我將援引這些哲學家中的某些人，不過我主要還是聚焦在都凱文（Kevin Toh）的一篇論文上，這篇論文是後來所有將表達主義歸諸給哈特的源頭。正如本節將論證的那樣，都凱文與和他一樣想的哲學家們在將某個語義版的表達主義歸諸給哈特的時候，走進了誤區。儘管哈特的法理論可以被恰當地歸類為表達主義，但只有當表達主義被理

解為是對法律陳述的一種語用說明而非語義說明時，這樣的歸類才是適當的。

（一）語義與語用區分之重述

　　正如我在第四章第一節第四部分闡述的那樣，語義和語用之間的區別可以粗略地概括為陳述的意思與陳述的原因之間的對比──即「陳述是關於什麼的」與「陳述的表述意在達到的目的或功能是什麼」之間的對比。當然，無論是陳述的意思還是陳述之表達要實現的目的都是多樣性的。在某些特定類型陳述之表達中，有一些目的對於這類陳述的近乎所有語境都是適用的，而另一些目的則是高度依賴語境的。有一些目的是全然一般性的或抽象的，而另一些目的是更詳細以及存在細微差別的。有一些目的是有意識地、周密地去追求的，而另一些目的則是被當作理所當然的。在交談的情境中，有一些目的對於每個能幹的、想透過表達來實現它們的參與者來說是相當明顯的，而另一些目的則是難以捉摸的。當然，陳述所傳達的意思也同樣具有多樣性。這些意思就其普遍性程度各有不同，而且對照來看，在表述之目的或功能可以具有的多種其他方式的不同方面，它們也各有不同。部分原因在於，交談活動的目的或功能是非常多種多樣的，又因為在這些活動中所表述的陳述之意思也同樣本就是多種多樣的，因此語義與語用的區分通常是既複雜又捉摸不定的。不過，在不少語境之中，這個區分還是很明確的，而且對於充分理解哈特的法哲學來說，它也是至關重要的。

　　當我在第四章第一節第四部分簡要地闡述語義與語用之二分時，我這樣做是為了指出哈特在他對法律解釋的闡述中，過度地強調了語義問題，相對忽視了語用問題的這一錯誤。在這裡，我

重新討論這一區別的原因則是完全不同的。正如我在前面的論述中非常樂於承認的那樣，哈特在他對法律的整體理論化之中——而不是在他關於法律推理和解釋的具體闡述中——極具洞察力地把握住了法律話語的錯綜複雜性與重要性。事實上，他對這種話語的語用之探索，深刻地影響了法哲學中幾乎所有在後的相關理論。正如我將在這裡力爭的，這些探索包括了哈特理論之建立的所有方面，而在都凱文和與他有一樣觀念的哲學家將之解讀成一種內在法律陳述的語義分析中，卻被忽略了。因此，我不會繼續指責哈特在對法律規範之解釋的思考中，忽視了語用的分析，我在這裡的討論將突顯他在為法律體系所提出的更為廣闊的模型中對這些因素的洞見。透過再次確認哈特法理論中的表達主義側重的是法律話語的語用而非語義，我將稱讚他的理論的這一重要性——因為作為說明法律或道德話語之語用的一種理論，表達主義是非常敏銳的，但用作這類話語的語義描述，表達主義則會是嚴重誤導性的。

（二）作為非認知主義的表達主義

　　那麼，什麼是表達主義？像許多其他的哲學術語一樣，「表達主義」這個術語也被哲學家們以不止一種方式使用著。在其最廣泛的意義上，這個術語指稱任何將各式各樣的言語行為方式理解為表達這些言語者的目標與態度的理論。當表達主義被如此寬泛地理解時，它很明顯就遮蓋了語用與語義之間的區分。這樣理解的話，表達主義作為一種法律或道德話語的處理進路，它既可以聚焦在語用問題上也可以聚焦在語義問題上，還可以同時處理這兩個問題。如果以這樣寬泛的方式來理解，表達主義就與以下觀念是完全一致的：信念與其他認知性態度，經由研究中的

通常是這一類型話語或行動的參與者所做出的陳述得到表達。這些信念與其他認知性態度的內容就是命題，可以被評價為為真或為假。因此，表達主義作為法律或道德話語的一種處理進路，就可以充分地維護這類話語在認知上的可靠性。

　　然而，正如都凱文正確地觀察到的那樣，「表達主義」一詞通常在更為狹義的意義上被使用。儘管表達主義有時被闡述為道德或法律話語的語用理論，[12] 但它更經常被闡述為這類話語的語義理論。此外，它還經常被處理為這樣一種理論：其主張，研究中的這一類型話語或行動的參與者所做出的陳述，所表達的僅僅是意向性的或非認知性的態度——譬如欲望與情緒等。都凱文與他的法哲學家隊友們正是以這樣的方式理解表達主義的。也就是說，他們主張，內在法律陳述的一種表達主義解釋會認為，這類陳述是對諸如欲望或情緒這種非認知態度的表達，而非表達如信念這樣的認知性態度。根據這些哲學家的觀點，哈特作為一個表達主義者，便會否認任何內在法律陳述能夠具有一個超越了該陳述之功能（表達某些非認知性態度）的語義內容。他將實際上主張，每一個這樣的陳述與其他語義內容完全是非認知性語用的言說，都是極其相似的。換句話說，每個內在法律陳述，都與諸如以下的這些言說相類似：「為波士頓凱爾特人隊加油」或「給紐約洋基隊喝倒彩」抑或「哇哦」、「天吶」、「哈囉」、「給我關門」。這類言說沒有一個可以被適當地評價為真或為假，這些

---

12 對於道德話語之語用的一種表達主義理論——我主要將之處理為是對西蒙・布萊克本（Simon Blackburn）的表達主義理論中的一些要素的提煉，可參見 Kramer 2017c, 198-206. 新近為法律話語之語用表達主義進路進行辯護的一篇文章可參考 Etchemendy, Matthew. 2016. "New Directions in Legal Expressivism." *Legal Theory* 22: 1-21.

言說的含義，也完全由它所表達出來的情緒或欲望或其他非認知性態度決定。根據都凱文和與他所見略同的訓詁家們的說法，這正是哈特所提出的法律語義學之觀點。

　　儘管都凱文向他的讀者保證，「表達主義者一開始就假定〔道德與法律〕話語沒有根本的缺陷，它們有著良好的信譽」（《哈特的表達主義與他的邊沁式規劃》第 80 頁），但他的這一保證充其量也是高度誤導性的。都凱文在這裡主張的是：表達主義者作為非認知論者，並不是力爭道德或法律話語中的肯定性陳述都是系統性地虛假的。他是在將表達主義者與道德哲學中被稱作錯誤論的理論家做對比，後者的確主張所有的道德義務或其他的諸如善這類道德屬性之歸屬都是虛假的。[13] 然而，作為非認知論的表達主義者在這個問題上之所以與錯誤論者分開，僅僅是因為表達主義者認為內在法律陳述或道德陳述完全不是適於真值的——換句話說，無法評價為為真或為假。也許這樣一種理解道德或法律陳述的進路與錯誤論學者的進路相比，稍稍少了一些傲慢與輕視，但很難說它是一個多麼值得稱讚的理論。恰如都凱文自己注意到的（《哈特的表達主義與他的邊沁式規劃》第 95 頁），像 A. J. 艾耶爾（A. J. Ayer）這樣的早期表達主義者著意於證明「道德陳述屬於沒有意義的『假陳述』」。誠然，近幾十年來的表現主義者已經遠離了艾耶爾這種粗暴的、過於不友好的嘲諷。不過，除非是已經沉迷於表達主義，否則沒有人會相信都凱文的這一論斷——即表達主義「對話語的規範性實踐提供了一

---

[13] 有關道德錯誤論最權威的章節可參見 Mackie, John. 1977. *Ethics: Inventing Right and Wrong*. London: Penguin Books, ch. 1. 對錯誤論的持久批評，可參見 Kramer 2017c, 186-96.

套非證僞式（nondebunking）的描述」（《哈特的表達主義與他的邊沁式規劃》第 81 頁）。畢竟，作爲一種對道德或法律話語的非認知主義的分析，表達主義主張，從來不存在爲眞的道德判斷或內在法律陳述。它認爲，每個道德判斷或內在法律陳述都極其類似於諸如「再見」和「呦」這樣的感嘆詞或者諸如「給我坐下」這樣的祈使句。無論這樣的立場能否被適當地看作一種旨在去僞的實踐，它都將道德和法律話語呈現爲欠缺充分的可靠性。

簡而言之，都凱文等人歸類給哈特的那套表達主義版本──作爲非認知主義語義論的表達主義──以一種相當貶低的色彩呈現著法律話語。因此，我們最好仔細審視都凱文爲支持他將哈特歸類爲表達主義所舉出的考量。鑑於哈特非常堅定地將自己與眞正的非認知主義者──斯堪地那維亞法律現實主義者──對立起來，我們便不應輕易接受他事實上與這些眞正的非認知主義者共用著共同的取向（只是在該取向的細節上與他們不同）的結論。我們也不應該輕易地相信他給法律話語分配了一個二等的地位。

可以肯定的是，都凱文本人要比其他一些將哈特歸類爲表達主義的法哲學家們更爲謹愼，而且他對哈特的著作也有著廣泛的理解。儘管如此，指引他將哈特解讀成他所理解的表達主義的那些要素仍然是沒有說服力的。讓我們以謹愼的眼光來審視這些要素。

（三）既非非認知主義也非語義論的表達主義

如上所述，都凱文所關注的那種表達主義──即作爲非認知主義語義論的表達主義──是表達主義更廣泛理論集合中的一種。一方面，毫無疑問，哈特是某種形式的表達主義者。正如我已經並將進一步強調的，哈特精闢地描繪了與法律宣告典型地關

聯在一起的態度或傾向。另一方面，我們應該對認爲哈特的表達主義聚焦的是法律宣告的語義，而非完全集中在語用的這一假定持謹愼的態度。更不必說，我們應該對將他的表達主義展現爲一種對這些宣告之語義的非認知主義理論的假定保持警惕。

　　因此，都凱文在他的文章的開頭處推進得太快了，他寫道：「哈特對內在法律陳述的『間接』分析可以概括如下：當說出一個內在的法律陳述時，言說者便表達了他對組成法律體系的該規範的接受。可見，哈特所給出的是一個對於內在法律陳述的表達主義或非認知主義的分析。」（《哈特的表達主義與他的邊沁式規劃》第76-77頁，相關註腳被省略）。都凱文在這裡是將「表達主義或非認知主義」用作同位詞而非眞正對立的選項。也就是說，他在這裡將「表達主義」與「非認知主義」視作可以交替使用的詞彙。只不過，儘管這段引文中的第一句話無疑是正確的，但它並沒有爲都凱文在第二句話中推斷出的結論提供任何依據。哈特確實認爲內在法律聲明是對接受態度的表達，他在這個廣泛的意義上是位表達主義者，但這一事實本身並不能爲前述內在法律陳述沒有表達任何認知性內容的結論提供依據。

（四）對早期理論工作的否認：第一個例證

　　正如我在第四章第一節第四部分的結尾處所指出的，哈特在他早期的一些著作中確實對某些內在法律陳述的內容給出了一些非認知主義的分析（《責任與權利的歸屬》；《法理學與哲學論文集》第一章）。因此，如果都凱文與他的訓詁家夥伴們全部對焦在哈特這些早期的著作上，那麼他們對哈特作爲非認知主義倡導者的概括基本上就是準確的。只不過，這一概括是特別無用的──因爲哈特在他後來的作品中明確地否定了這些著作。實際

上，都凱文並沒有斷然將他的注意力對焦在這些非常早期的文章上，相反地，他知道哈特否定了這些文章，他主要聚焦在哈特的《法律的概念》及其之後的論著上。儘管如此，雖然承認哈特與他短暫的非認知主義階段完全脫離了關係，都凱文在處理哈特對那一階段的放棄時，其做法既有些奇怪，也不令人滿意。

哈特對其 1953 年的論文《法理學中的定義與理論》中的非認知主義部分做了堅決的否定，都凱文處理這一觀點轉變的方式是尤為奇怪的。當哈特在三十年之後將這篇論文收入他的《法理學與哲學論集》的時候，他在引言中明確指出，其在 1953 年認為，在法律權利和責任的歸屬中，沒有任何認知性內容的觀點是錯誤的（《法理學與哲學論文集》第 2、4-5 頁）。正如哈特恰當地指出的，他的錯誤在於他沒能區分言說的語用方面與語義方面──進而因此忽視了語義的面向。他自嘲地承認，「倘若我在 1953 年撰寫《法理學中的定義與理論》的時候掌握了言說在『意義』與『力量』之間的重要區分，……我應該就不會宣稱有關法律權利與責任的陳述不是『描述性的』了」（《法理學與哲學論文集》第 2 頁）。

雖然承認哈特放棄了他在 1953 年的文章中給出的有關內在法律陳述的具體分析，但都凱文相當令人震驚地宣稱，哈特依舊堅持著他在那篇論文中堅決放棄了的內容：「但哈特事實上依然堅持著他在《法理學中的定義與理論》中得出的更為一般性的結論：包括法律陳述在內的宣布和應用規則的陳述，其構成了一個特定形式的非描述性的言語行為。」（《哈特的表達主義與他的邊沁式規劃》第 99 頁）。在一個註腳中，都凱文承認，他關於哈特繼續堅持著《法理學中的定義與理論》一文的非認知主義要旨的說法，與哈特自己對 1953 年這篇論文中相關要點的明確放

棄之間是不一致的。不過，雖然承認了這種明顯的不一致，都凱文卻沒有做任何事情來調和這種不一致（《哈特的表達主義與他的邊沁式規劃》第 99 頁註腳 40，省略了括弧內的引文）：

> 我必須承認，我在這裡所說的似乎與哈特在《法理學與哲學論文集》導言中的觀點不一致，他在那裡否定了《法理學中的定義與理論》一文所主張的法律推理是非描述性的結論。我發現哈特圍繞這些觀點所作的一般性討論非常地混亂，這些觀點本身也特別令人費解——尤其是考慮到哈特在同一個導言的其他地方講到，奧斯丁有關表述行為的研究對於分析法理學具有永久的價值。

都凱文的困惑本身是令人困惑的。哈特推崇二十世紀的哲學家 J. L. 奧斯丁（J. L. Austin），不僅是因為奧斯丁對言語行為的語用進行了細緻的描繪，而且也是因為他對語用和語義之區分的敏銳。這個區分正是哈特在《法理學與哲學論文集》中責備自己在三十年前的論文中所忽視的；正如他在 1983 年的書中所說，如果他能正確理解語用和語義之間的區別，他就不會接受非認知主義。如果他在早年就把握了這一區分，他就會理解權利和責任歸屬上的意動語用面向——當然，這些面向是關鍵且重要的——與這些歸屬的內容是命題性的這一事實之間是完全一致的。都凱文對於哈特後來這一明確的頓悟的困惑，實際上是在重複哈特早期的錯誤。都凱文以為，敏銳地抓住某些類型的言說的意動語用性的人，將會支持這類言說不具備任何認知性的語義內容的觀點。

（五）對早期理論工作的否認：第二個例證

　　哈特對他早期的非認知主義階段進行否認的另一個例子，發生在他為 1968 年的刑法哲學論文集《刑罰與責任》所寫的序言中。他在序言中解釋了為什麼他在文集中排除了他的文章〈責任與權利的歸屬〉——這篇文章發表於 1949 年，接近他的非認知主義階段的開始期。哈特講道：「我把它排除在外的原因很簡單，因為它的主要論點在我看來不再站得住腳，而且近年來對它的主要批評是有道理的。」（《刑罰與責任》第 v 頁）。在一個註腳中，哈特表示同意彼得・積奇（Peter Geach）在一篇經典論文（〈歸屬主義〉）中提出的批評，這篇文章不僅針對哈特，而且更廣泛地針對整個非認知主義陣營。

　　都凱文坦率地承認：「我不相信哈特對他的〔非認知主義〕的否認和我認為他繼續堅持表達主義之間的明顯不一致可以被消除。」（《哈特的表達主義與他的邊沁式規劃》第 102 頁）。他有點儼然以恩人的態度補充道：「這也許是因為哈特從來沒能領會到積奇的批評的全部含義。」（《哈特的表達主義與他的邊沁式規劃》第 102-103 頁）。但不管怎麼樣，在對包括哈特的一段話在內做了一些簡單的反思之後——這段話我待會兒還要提及——都凱文再次坦率地承認：「我沒有解釋以消除哈特對〔非認知主義〕的否認，與我認為他**繼續**對內在法律陳述堅持一種表達主義分析之間的明顯不一致。」（《哈特的表達主義與他的邊沁式規劃》第 105 頁）。

　　當然，消除哈特立場之間的任何不一致的明顯做法，是得出以下結論：都凱文仍然認為哈特在其職業生涯的早期階段之後，對內在法律陳述**繼續**持有一套非認知主義的理解，以致都凱文自

己陷入了錯誤之中。至少，哈特懷疑地看待著任何這一類的解讀，他對此進行否定的那些段落強烈地反對著都凱文對《法律的概念》（以及哈特後期的其他論著）的解讀。鑑於哈特強烈地拒絕了都凱文歸予他的立場，除非有令人信服的考量能夠支持，否則我們不應該接受都凱文的解讀。到目前為止，我們所檢視的那些考量要素都是非常微弱的。正如我們將看到的，都凱文以及與他有同樣想法的訓詁家們所舉出的剩下的那些要素也同樣是無效的。

（六）不同意義上的「非認知」

　　都凱文自己就足夠仔細地注意到「哈特與拉茲對於哈特立場的描述將作為我會依賴的一些證據，用『非認知主義』和『表達主義』對一些哲學立場進行描述，其中的一到兩個可以歸因到哈特……但這些觀點之中只有某一些與我的表達主義和非認知主義的版本相重疊」（《哈特的表達主義與他的邊沁式規劃》第 78 頁註腳 6）。然而，並不是所有都凱文的訓詁學夥伴們都像他那樣謹慎。例如，斯蒂芬‧佩里就宣稱，「哈特明確表示，他接受了一套對法律陳述的非認知主義分析」（《所有的權力去哪了？哈特式的承認規則、非認知主義，以及法律的憲法性與法理性基礎》第 310 頁註腳 53）。為了支持他的論斷，佩里援引了哈特討論法律責任和義務的論文的最後幾頁（哈特，《論邊沁》第 158-161 頁）。事實上，「非認知主義」（noncognitivist）一詞根本就沒有出現在哈特的那篇論文中。相反地，哈特使用了「非認知的」（non-cognitive）一詞——這應該能提醒讀者注意到這樣一個事實，即哈特在這裡討論的並不是關於非認知主義作為一套法律或道德陳述的語義之說明的爭議。毋寧說，他是在與拉茲

就法律責任或法律義務的概念進行爭辯。拉茲認為，責任或義務的概念在法律和在道德話語中是一樣的，因此他主張，官員們在他們適用法律的實踐中為尋求依據而對法律責任的所有訴諸，都意味著存在著要求人們遵守這些責任的道德理由。哈特不同意拉茲認為在法律話語和道德話語之間共用一套單一的責任概念的觀點，他也不同意拉茲認為官員訴諸法律責任以證立自己的決定將蘊含同時附隨命題的觀點。對於所有這類斷言公民因此有道德上的理由去實現這些責任的論斷，哈特均予以否定。他將拉茲在這個問題上的立場歸類為「認知性的」，而將自己的立場歸類為「非認知性的」。雖然這樣的歸類可能是無益的、具誤導性的，但哈特採用這些標籤並不是為了去表明，他對內在法律陳述的語義秉持什麼一般性的非認知主義的說明。相反地，他著意的是剛剛在這裡挑明的爭論。也就是說，他在質疑拉茲的觀點——拉茲認為，官員們每一個援引和應用法律責任所做的宣告，都因此意味著宣告指向的每個對象都有道德上的理由來遵守這些宣告中的規定。某些學者可能贊同、擴展乃至完善哈特在這一問題上的立場——正如我在其他論著中做過的那樣（克萊默，《為法實證主義辯護》第四章）——同時遠離內在法律陳述一般不存在命題性內容的主張。

（七）自然主義式的全神貫注？

正如我在開篇第八節中探討過的，哲學自然主義的支持者認為，唯一真實的是那些具有因果效能的實體和屬性。儘管這個形而上論點與道德或法律話語的非認知主義說明之間，不存在任何方向上的蘊含關係，它們兩者卻經常結合在一起。恰如都凱文已經注意到的（《哈特的表達主義與他的邊沁式規劃》第80-81

頁），許多自然主義的信徒同時背書了非認知主義，以避免得出這樣的結論：道德或法律話語所做出的各種陳述——諸如對責任和權利進行歸屬的陳述——均是確認眾多非真實實體與屬性之存在的命題性論斷。所以，都凱文認為，倘若他能證實哈特在哲學層面持有的是自然主義的確信，他將非認知主義歸屬給哈特的做法就得到了更強的支撐。

都凱文抓住了《法律的概念》第九章中的一些段落，在這些段落中，哈特謹慎地闡述了亞里斯多德式的自然概念觀——一種強目的論的概念觀，哈特認為這是古典自然法哲學家們理論的基礎。都凱文引用哈特的話說，亞里斯多德式的「看法在很多方面與構成現代世俗觀念之框架的一般自然概念觀是對立的」（第186頁，轉引自都凱文，《哈特的表達主義與他的邊沁式規劃》第84頁）。讓我們在這裡撇開這樣一個事實：哈特對亞里斯多德式目的論的總體討論，要比都凱文從引用的孤立句子中所可能推斷出的更具同情心。即便哈特比他實際上要更尖銳地與亞里斯多德主義拉開距離，我們也無法有效地從中推斷出他持有此種自然主義的論點：不具因果效能的實體和屬性是非實在的。亞里斯多德式的目的論，很難說是自然主義論點的唯一替代方案，當今拒絕自然主義的道德實在論者，他們當中很少有人是任何經典的目的論自然概念觀的擁護者。

都凱文還引用了哈特的其他一些似乎可以展示其自然主義取向的句子。都凱文梳理說，對於那些將法律規範的援引建構為對不遵守法律規範將遭受的制裁之預測的理論，哈特進行了初步的反對之後，還指出了這些理論的批評者所可能感受到的一些擔憂。都凱文（《哈特的表達主義與他的邊沁式規劃》第83頁）引用了《法律的概念》開篇如下的一大部分段落（第11頁，強

調爲原文所加）：

　　然而，在那些對〔規範和義務的〕預測性理論提出反對意見的學者之中，有些人坦承這裡存在著一些晦澀之處；有些東西阻礙了以清晰的、確鑿的、事實性的術語展開分析。在對那些偏離慣常行爲模式的人施加規律性的、因此可預測的懲罰或責備之外，規則中還能存在著什麼東西將它與單純的群體習慣區分開來呢？除了這些可以清楚加以確認的事實之外，能夠真的存在某種東西，某些額外的要素，來指引法官並證成他的懲罰或給予他一個懲罰的理由嗎？

　　都凱文接著宣稱，「哈特說，我們可能被誘使去『想像存在著某些外在之物，宇宙構造之中某些暗藏著的部分，在這些活動中指引和控制著我們』」（《哈特的表達主義與他的邊沁式規劃》第 83 頁，引用哈特，《法律的概念》第 11-12 頁）。都凱文告訴他的讀者們，「哈特本人抵制著這種誘惑。他抵制這種誘惑的動機是希望對……法律話語的說明，能夠與他和其他表達主義者所共用的自然主義世界觀保持一致」（《哈特的表達主義與他的邊沁式規劃》第 84 頁）。都凱文接著提到了哈特對古典自然法理論中的目的論自然概念觀的懷疑，這部分我在本小節的開頭已經討論過了。

　　都凱文嚴重曲解了他所引用的《法律的概念》的開頭部分。在該部分中，哈特詳細闡述的乃是他將在該書的第七章予以批判的那些極端規則懷疑論者的觀念和關切。上面所引用的相對較長的那段話中，包含的並不是哈特發出的疑問，而是哈特正在討論的極端規則懷疑論者的追問。他所使用的是自由間接引語——也

就是說，他是以類比的視角進行寫作——來表達那些規則懷疑論者的擔憂，儘管哈特並不同意這些擔憂。此外，在那句包含了誇張措辭「宇宙構造之中某些隱藏的部分」的句子中，哈特表達的不是他自己或他的讀者們可能感受到的誘惑。相反地，他仍是在闡述那些他並不認同的極端規則懷疑論者的觀念與關切。根據這些規則懷疑論者的說法，普通人傾向於以上述誇張措辭的方式來理解法律規範。對此，規則懷疑論者以同樣誇張的方式來否認法律規範的實在性與約束力。

　　（不同於都凱文）哈特在回應規則懷疑論者的立場時，並沒有採取任何「不具因果效能的實體和屬性是非實在的」的自然主義教義，而是指出，規則懷疑論者對於法律規範之實在性的焦慮的回應「需要對社會規則與趨向一致的行為習慣之間的區別做出進一步的闡述。這一區分對於理解法律來說至關重要，也構成了本書前幾章的重心」（第 12 頁）。總之，對構成法律規範或其他社會規範的行為和態度提出一套改進的理解很重要，哈特透過強調這一理解的重要性，回應了規則懷疑論者的焦慮。這一回應與他後面在書中對那些預測理論的回應相類似，那些理論認為，對法律義務的歸屬就是對不遵守法律所遭受制裁的預測。哈特說道，這種理論，尤其與邊沁和奧斯丁的理論一起，被一些法理學者譽為「在日常、可觀察事實的世界『之上』或『背後』，存在著的神祕不可見的形而上之義務或責任概念觀的唯一替代選項。但存在著非常多的理由拒絕這類將義務的陳述解釋成預測的做法，而且，事實上它也不是晦澀難懂的形而上詮釋之唯一替代選項」（第 84 頁）。哈特自然是堅持認為，更可取的替代選項在於對構成法律義務之存在的行為和態度模式，做出仔細的闡述。都凱文則聲稱，「哈特心目中的，也是他在《法律的概念》中

提出的第三種替代方案，是一套對於內在法律陳述的表達主義分析」（《哈特的表達主義與他的邊沁式規劃》第 85 頁）。如果這裡的「表達主義」一詞是在廣義層面被應用，那麼都凱文的主張就是無可厚非的。哈特確實認爲，法律義務之存在的條件，係於特定的社會實踐之中——運行著治理體系的官員在該實踐中表達了對施加義務的法律規範的接受。遺憾的是，都凱文顯然不是在廣義的層面，而是在狹義的層面運用「表達主義」一詞，以指稱一套對於內在法律陳述之語義的非認知主義分析。有鑑於此，他的論斷就是欠缺依據的。無論是在批判規則懷疑論者的主張之時，還是在指責義務的預測理論之時，哈特均沒有暗示內在法律陳述不存在任何認知性的內容，進而藉此訴諸非認知主義。同樣地，他也沒有訴諸於任何「不具因果效能的實體和屬性是非實在的」的自然主義教義。相反地，他強調了他所從事的理論規劃的必要性：即對內在法律陳述中所援引的現象（法律規範和法律義務等），提煉構成這些現象的行爲與態度模式。他認爲，這個理論規劃是對規則懷疑論的最好矯正方法，後者經常虛無主義地「採取極端的形式，將具有約束力的規則之概念譴責爲要麼是一種混淆，要麼是一種虛構」（第 12 頁）。

可以肯定的是，正如我在開篇第八節對自然主義的討論中評述過的，哈特寫作《法律的概念》以及其他作品的時候，有關「眞」與「實在性」的極簡主義理論還沒有像如今這般顯著和有影響力。因此，他並沒有公然借鑑任何這類理論。不過，倘若他晚幾十年寫作，他很可能會被極簡主義吸引，因爲它與他的理論規劃是如此的契合。面對對法律規範之實在性的懷疑，抑或將法律義務還原爲制裁之高度可能性的企圖，哈特對構成法律規範與法律義務的社會實踐提出了一套精確又具澄清性的分析，透過

強調這一分析的有用性對懷疑論與預測論進行反擊。這些社會實踐是由法律規範與法律義務結構化和指引的，反過來，這些法律規範與法律義務又是由這些社會實踐所構成的。倘若哈特當時有一套對於真與實在性的極簡主義概念觀的話──大致按照我在第一章第八節[14]簡單勾勒的思路──他也許已經明確將之用於他的法理學事業。事實上，即使當時並沒有這樣的概念觀可供哈特使用，他也可以被合理地解讀為在這一概念出現之前即採用了一種極簡主義的進路。在回應對法律規範和法律義務之實在性或不可還原性的懷疑論時，他的主張與極簡主義的核心見解是相互支持的。換句話說，他認識到以下兩個問題是等同的：(1) 在某個特定的法域 J，是否真的存在針對某個行為模式 MC 的法律禁令；(2)MC 在 J 中是否真的是被法律禁止的。哈特和極簡主義的支持者會同意，如果我們旨在了解 J 中是否真的存在這個法律禁令，我們便需要確認，在 J 中是否存在足以構成這個禁令的條件。當然，經由哈特這樣的法實證主義者的計算，這些條件在根本上存在於特定的行為和態度模式之中。在發現這些模式之後，我們可能還需要進行一些道德判斷──如果 J 法域的治理體系是包容主義式或併入主義式的話──但形而上學上的深奧問題之反思，將是完全不相干的。

（八）被歸諸給哈特的分析

　　在《法律的概念》第六章中，有幾頁關於承認規則的內容，

---

[14] 正如我在第一章備註的，我在其他論著中以較長的篇幅為「真」與「實在性」以及「事實性」的極簡主義概念觀，做了闡述和辯護（Kramer 2007, 71-82; 2009a, 200-7, 261-88）。

它們對那些將內在法律陳述的非認知主義分析歸諸給哈特的訓詁家們特別重要。斯科特‧夏皮羅在對這個問題的思考之中就經常引用這幾頁的內容（《什麼是內在觀點》第 1168-1170 頁），同樣，它們在都凱文對哈特的立場的描述中也占據著中心地位。在那幾頁受到詳細審視的文本中，哈特努力地在內在陳述和溫和的外在陳述之間做出區分。具體一點說，他在那幾頁文本中強調，治理體系內部的官員們依靠承認規則來識別體系中的法律之時所作的陳述，有別於記錄該法域之中該承認規則之有效運作的觀察者所作的陳述。哈特在其中一個相關的段落中寫道（第 102 頁）：

> 法院和其他人運用未明確說明的承認規則來確定體系之中的特定規則，這是內在觀點的典型特徵。那些以這種方式使用規則的人，因此表明了他們自己對這些規則的接受，將之用作指引性規則，……這種對規則的共同接受的態度與觀察者的態度形成了對比，後者從外部對某個社會群體接受這類規則的事實予以記錄，但他自己無需接受這些規則。

根據這段話中的前兩句，都凱文認為哈特對內在法律陳述做出了如下的說明：「用 R 來代表言說者所肯認的他所在社群的承認規則……〔當且僅當〕言說者 (1) 表達了他對 R 的接受，以及 (2) 預設了 R 被社群其他成員普遍地接受和遵守時，他做出了一個法律陳述。」（《哈特的表達主義與他的邊沁式規劃》第 88 頁）。我在後文中將都凱文歸諸予哈特的這個分析指稱為「AH」。

儘管都凱文認為 AH 是闡述內在法律陳述之語義的一個有希

望的出發點，但他也承認目前的情況並不令人滿意。他表示，他「只是將 AH 辯護為對哈特方案的一個重構」（《哈特的表達主義與他的邊沁式規劃》第 90 頁）。只不過，AH 在訓詁上和哲學上都問題重重，而都凱文卻沒有注意到。此外，他對 AH 的討論本身也是有缺陷的。我將在本小節說明以下幾點：都凱文所引用的、並作為他將 AH 歸給哈特之依據的那幾頁內容，與 AH 之間並不一致；AH 存在一個都凱文沒有發現的重大缺陷；而都凱文在 AH 中察覺到的缺陷實際上並不存在於其中；而且，即使將 AH 歸諸哈特是正確的，它本身也不能支持他所提議的對法律話語之語義進行一套非認知主義分析的主張。

　　AH 的第一個部分指向的只是表達一個人對 R 的接受，而哈特在所引用的段落中（以及其他地方）指向的是，透過使用 R 來識別所在治理體系之中的其他法律，這表達了一個人對 R 的接受。儘管我們應該假定，都凱文是在哈特限定的技術層面使用「接受」一詞，用以表達對 R 的批判性反思態度上的三個全部要素，但許多表達可以在不使用 R 來識別其他法律的同時滿足 AH 的第一個部分。正是在這裡，我們可以看到都凱文所忽視了的 AH 中的主要缺陷。讓我們假定，美國法律體系中的蘇珊相信，現行有效承認規則的內容等同於美國憲法的內容。蘇珊的信念錯在過於簡單化了，但就目前的目的而言，她有關 R 的內容之信念是否正確並不重要。現在，假設蘇珊感嘆道「美國憲法萬歲！」結合她的其他諸多言說，她的這個感嘆表達了她對她所理解的所在法域之普遍流行的承認規則的接受。因此，AH 將她的感嘆詞「美國憲法萬歲」歸類為內在法律陳述。這樣的歸類不僅表明 AH 作為對內在法律陳述的說明是不勝任的，而且也表明都凱文將 AH 歸諸給哈特是錯誤的。不同於都凱文對 AH 的勾劃，

凱文所引用的哈特的那段話，其要旨並不會將「美國憲法萬歲」歸類為內在法律陳述。

　　儘管 AH 作為對內在法律陳述之性質的闡述存在著嚴重缺陷，但它並不存在都凱文所理解的那種缺陷。在回答一個假定的反對意見時，凱文承認「正如〔AH〕所暗示的那樣，設想每個內在法律陳述都涉及到言說者對他所在法律體系之中他所認為的承認規則的援引，這樣的設想是難以置信的」（《哈特的表達主義與他的邊沁式規劃》第 90 頁）。在我們考慮為什麼 AH 沒有受到都凱文闡述的問題困擾之前，我們應該注意到，哈特本人——無論是都凱文引用的段落還是在其他的文本中——從來沒有主張過「所有的內在法律陳述均是聚焦在識別法律之上的」。有許多內在法律陳述確實是聚焦在這一方面，但還有很多陳述聚焦在將各種法律應用於各類情境的問題之上，後一類陳述通常將適用於這些情境的法律之識別的問題視作既定的前提。就像法律之確認的陳述一樣，法律適用的陳述也屬於內在法律陳述。因此，倘若 AH 蘊含的不是這樣的意思，我們便有進一步的理由否認 AH 是對內在法律陳述的恰當分析——我們也有了進一步的理由否認 AH 是對哈特有關這類陳述之理解的恰當概括。

　　只不過，事實上，AH 並沒有被都凱文歸諸的弱點所毀壞。讓我們首先留意，在我最近一次對都凱文的引用中，他有關「言說者對他所在法律體系之中他所認為的承認規則的援引」這一表述的含糊性。都凱文從未對這一表述做過澄清。倘若它的意思是說，言說者明確地訴諸他所認為的承認規則中的判準，那麼 AH 的第一個部分，就不意味著每一個內在法律陳述都涉及了對承認規則的援引。只有當 AH 第一個部分中的「表達了他對 R 的接受」，被非常狹義地解釋為只包括了對承認規則的明確援引時，

才能得出上面的意思。然而，如果對 AH 第一個部分作如此狹義的解讀，那麼作為對哈特的內在法律陳述概念觀的概括，AH 就是千真萬確地不準確的。所有的內在法律陳述都會涉及對現行承認規則的明確援引，對於這一觀點，哈特反覆地、斷然地予以了否認（第 101-103 頁）。即使是官員們在法律之確認的過程中所做出的宣告中，大多數內在法律陳述也不會涉及這類對承認規則的明確援引，就更不用說在官員們適用法律的過程中做出的宣告了。正如哈特所寫道的：「在大多數情況下，承認規則是未闡明的，它的存在*顯現於*法院或其他官員抑或私主體或他的顧問們識別特定規則的方式中。」（第 101 頁，強調為原文所加）。因此，如果 AH 的第一個部分與哈特的內在法律陳述之概念觀有任何相似之處，「表達了他對 R 的接受」這一表述，就必須被廣義地建構為既包括了隱默依賴 R 的情形，也包括了明確援引 R 的情形。只不過，當這一表述以適當廣義的方式被闡述時，AH 並沒有（每個內在法律陳述都涉及到官員們對所認為的承認規則之判準的明確援引）這個意思。

因此，我們假設都凱文心裡有關「言說者的援引」的表達，不僅包括對承認規則中之判準的明確地或有意識地援引，也包括了隱默地或未加反思地依賴這些判準的情形。在這種情況下，他認為 AH 蘊含了每個內在法律陳述都涉及一些這樣的援引的意思就是正確的。只不過，他的錯誤在於，他認為 AH 可以推導出這樣的意思是難以置信的。每個內在法律陳述，事實上都涉及到言說者對其所認為的承認規則中之判準的依賴，無論這種依賴是明確的還是隱默的。結合法律之確認中的陳述，這一要點就尤為明顯——在都凱文引用的、用作將 AH 歸諸哈特之依據的段落中，哈特所關注的就是法律確認這類陳述——但這一要點也同樣適用

於法律之適用的陳述。正如我在前幾章中不止一次提到的，每一個法律之適用的事例如果不是明確地也將是隱默地依賴這樣的主張，即任何被用作法律加以實施的規範，都是在現行承認規則中的判準之下被賦予了法律的地位。要麼這些規範是直接被承認規則中的判準確認爲法律，要麼它們是被其他的法律直接確認爲法律，而這些其他法律自身的效力最終也是由承認規則中的判準確認的。因此，儘管言說者對承認規則中的判準之依賴在任意內在法律陳述中都可能是間接的、隱默的（特別是在法律之適用的陳述中，但也包括了法律之確認的陳述中），但在任何這類陳述的表達之中，都會涉及到這些依賴——無論是隱默的還是明確的。當然，正如我在前面的一些章節中所指出的，法律治理體系中的官員們接受著承認規則中的標準之指引，這一事實本身並不意味著他們能夠對每一條這樣的標準做出準確的闡述。儘管如此，無論官員們能否準確地闡述這些標準，或明確或隱默地接受這些標準的指引是他們的每一個內在法律陳述的基礎。

　　讓我們最後留意這一點：即使將 AH 的失敗以及都凱文對 AH 的失敗討論放在一邊，將 AH 歸諸給哈特也不足以證明以下主張，即哈特對內在法律陳述的語義提出了一套非認知主義的分析。AH 的兩個部分 [15] 提煉了內在法律陳述的語用方面，它們分別將內在觀點標記爲不同於外在觀點和模擬觀點的視角。AH 的第一個部分，抓住了內在法律陳述之中將它們與外在法律陳述和模擬法律陳述區別開來的方面，而 AH 的第二個部分，抓住了內在法律陳述之中將它們與模擬法律陳述區別開來的方面。[16] 對內

---

[15] 譯者注：預防讀者困惑，這裡指的是前述 AH 的 (1)(2) 兩點。

[16] 誠然，如我在第三章第二節指出的那樣，一些模擬的法律陳述的確預設

在法律言說的這些語用方面的提煉，與這個命題——所有的或大多數此類言說都具有命題性的內容——是完全一致的。因此，即使都凱文將 AH 歸諸給哈特是正確的，他也不會因此為他更為宏大的主張——認為哈特對於內在法律陳述的語義之說明接受了非認知主義——提供任何支援。

（九）一個偏離脈絡的段落

在《法律的概念》中，沒有任何段落支持都凱文將哈特解讀為非認知主義者，但成問題的是哈特撰寫的出版於 1967 年的百科全書詞條中的一段。[17] 在該詞條的相關部分，哈特簡要地思考了將法律規範適用於特定情境的決定，是否可以被恰當地展示為演繹推理。根據極端非認知主義者的觀點，無論是任何一般的法律規範，還是任何有關特定行為實例之法律意義的具體結論，都不可能被恰當地評價為為真或為假。因為這些規範和結論都不是適於真值的，也就是說，因為它們沒有命題性內容，所以它們永遠不能成為任何真正的演繹論證的步驟。這就是哈特不屑一顧予以拒絕的極端非認知主義觀點。儘管他對這種觀點的直率地否定是有正當理由的，但他拒絕的方式則是令人不安的（《法理學與哲學論文集》第 100 頁）：

了 R 的普遍效力。只不過，每一個內在法律陳述都作了這樣的預設，而一些模擬的法律陳述卻不需要這樣做。

[17] 譯者注：這裡指的是哈特在 1967 年發表在 Paul Edwards 主編的 The Encyclopedia of Philosophy 叢書第 6 卷中的「Philosophy of Law, Problems of,」一文，該文後來以「Problems of the Philosophy of Law」為名收錄進哈特 1983 年出版的 *Essays in Jurisprudence and Philosophy* 一書中。

這種觀點依賴於一個限制性定義，該定義依據眞和假來界定有效演繹推理以及諸如一致性和矛盾這類邏輯關係的概念。這不僅會將法律規則或法律陳述排除在演繹推理的範圍之外，而且也會把命令以及通常被認爲是存在邏輯關係或者屬於有效演繹論證之組成部分的許多其他語句排除在外。儘管涉及到相當複雜的技術問題，但邏輯學家們現在已經爲有效演繹推理的概念制定了幾個更普遍的定義，這些定義使得該概念適用於組成成分無法被描述爲爲眞或爲假的推理。在下文中，與大多數當代法理學文獻一樣，我們假定這種更爲普遍的有效推理的定義是可以接受的。

換句話說，哈特不是透過確認許多法律規範以及具體的法律結論是適於眞值的來回應極端的非認知主義觀點，而是透過爭辯說不具有眞假值的要素也能夠組成演繹推理。他似乎讓步說法律規範和具體的法律結論從來都不是適於眞值的，而且——令人驚訝的是，依據他對奧斯丁的批評——他將所有這樣的規範和結論與命令一起，歸爲不具有眞假值的實體（諸如「把門關上」這類祈使語氣的命令的確是無法評價爲爲眞或爲假的）。

這段百科全書詞條中的摘錄是在《法律的概念》之後發表的，而且是在哈特在他非常早期的著作中對非認知主義做了不認眞的思考之後又過了很久才發表的，我們應該怎樣看他的這段話呢？這段摘錄是否應該讓我們得出結論，哈特在他後期的法理學著作中繼續擁抱著非認知主義？需要注意的一點是，正如都凱文指出的（《哈特的表達主義與他的邊沁式規劃》第 104 頁），哈特在這段話的倒數第二句中提到的邏輯學家很可能包括喬治·亨里克·馮·賴特（Georg Henrik von Wright）和理查·黑爾（Richard Hare）——他們每個人都發展了一種道義邏輯的版

本，排除了義務之間的可能衝突（這些哲學家每一位都將施加義務的規範發揮作用的條件與施加義務的規範得到履行的條件混爲一談，進而錯誤地做出了那種排除[18]）。在最初發表於1968年的一篇討論凱爾森的論文中，哈特明智地認識到，法律義務之間的衝突實際上是完全可能的（《法理學與哲學論文集》第325-327頁）。既然如此，他對馮·賴特和黑爾提出的觀點的曾經擁護就顯然是無關緊要的。

此外，哈特在所引用的段落中對非認知主義的任何讓步，都可能是純粹基於論證的需要。畢竟，他引入這個問題的目的，是爲了擊敗極端的非認知主義主張，這種主張認爲，法律規範和具體的法律陳述永遠不可能成爲演繹論證的前提與結論。爲了這個目的，哈特可能基於論證的需要選擇了認可極端非認知主義的核心預設之一——法律規範以及具體的法律陳述從來不具備眞假值——即使他著手攻擊他們由此得出的推論。透過這樣做，哈特可以留住那些認同不適於眞值之基本預設的讀者。當然，鑑於他提到的道義邏輯版本，存在著我已經指出的嚴重缺陷，哈特援引它們來反對極端的非認知主義者是不明智的。只不過，我這裡的要點並不是想說哈特對極端非認知主義的反駁是明智的，我想說明的是，他對於極端非認知主義者有關法律規範和具體法律陳述不具有眞假值之預設的默許，可能只是純粹的策略。

我在本章第四節第五點所敘述的內容增強了前述的這兩種考慮。正如那裡所討論的，哈特在1968年公開宣布，他同意積

---

[18] 這種災難性的混淆也是邊沁所謂「意志的邏輯」的一大特徵，參見 Hart 1982, 111-17. 對於道德衝突之可能性的全面闡述，以及對諸如賴特和黑爾這類哲學家的回擊，可參見 Kramer 2014a, 1-19.

奇在 1960 年對規範性話語之語義的非認知主義進路的批評。該批判對哈特早期有關責任歸屬的理論工作持反對意見，它批判所針對的正是非認知主義的論點，即道德判斷或其他規範性判斷之表述，永遠不能被評價爲爲眞或爲假。這個批評針對的既是黑爾，也是哈特。我們無法確切地知道哈特是何時擺脫他早期的觀點的（透過學習積奇的反對意見，或許甚至早於理解這些反對意見），但我們可以有把握地推測，在 1967 年他在《哲學百科全書》中的詞條出版之前，這一思想演變就已經發生。因此，我們不應該從表面上看待他的詞條中的某句話，儘管這句話似乎有他已經放棄的非認知主義的味道。

值得注意的還有另外兩點。第一，哈特對極端非認知主義的反駁是他在《哲學百科全書》的《法哲學的問題》一文中，對法律推理進行討論時的一個非常快速的開端。它很難成爲對內在法律陳述之語義的一個深思熟慮的說明。第二，與我在本章第四節第六部分揭示的一致，哈特堅持認爲，某些法律和具體的法律陳述（尤其是在邪惡的治理體系之中）最好被定性爲命令。他對非認知主義的明顯讓步儘管對於大多數法律和具體的法律陳述來說並不適當，但對這些構成例外的法律和陳述來說還是合適的。

誠然，這裡提出的考慮，都不足以完全消除哈特在所引段落中的言論之令人沮喪之處。即便如此，當這個段落與他在其他晚期作品中明確區分法律陳述的語義與語用的許多段落放在一起時，將《法律的概念》以及後來著作中的哈特，歸類爲非認知主義者的理由就明顯薄弱了。不過，這麼說並不是說他以任何持續且嚴格的方式對內在法律陳述的語義提出了認知主義的說明。儘管我試圖反駁都凱文將哈特解讀爲一個非認知主義者，但我並沒有說哈特在放棄他早期的非認知主義的同時，還發展出了一個在

方法上可行的替代他早期觀點的方案。不過，在《法律的概念》以及他的其他晚期著作中，有足夠的段落可以讓我們適度地重建他對內在法律陳述之語義的進路。我們現在將轉而處理這一進路，以作為我對這個問題之探討的一個簡要總結。

（十）內在法律陳述的語義

如前所述，內在法律陳述的類別包括了法律之確認的宣告，與法律之適用的宣告。哈特對法律之確認的宣告提供了一些適度明確的陳述。他在以下這段話中特別強調了這一點（第 103頁）：

「有效」一詞儘管並不是總是，但最經常被用於內在陳述之中——將某個未明確闡述但被接受的承認規則，應用於法律體系的某個特定的規則之上。說某個特定的規則是有效的，就是承認它透過了由承認規則所規定的所有檢測，因此成為了體系中的一員。我們的確可以簡單地說，「某條規則是有效的」這一陳述意味著它滿足了承認規則提供的所有判準。它只有在遮蔽了這類陳述的內在屬性到一定程度才會變成不正確的，因為，就好比板球運動員的「出局」一樣，這些有效性的陳述通常應用於某個承認規則被言說者和其他人接受了的特定情境，而非只是明確指出該承認規則已經被滿足的特定情境。

幾頁之後，哈特再次宣布，進行法律之確認工作的官員對某個法律規範之存在的確認是「應用某個未闡明但被接受的承認規則的內在陳述，其含義（大致）是『根據本體系的效力判準，該規則是有效的』」（第 110 頁）。

正如這些話所表明的那樣，哈特堅定地認為，任何法律之確認的陳述，其語義內容均具不可還原的規範性。在這方面，他對此類陳述的評論與他對法律預測理論的攻擊之間是一致的。舉例說，在他對丹麥法哲學家阿爾夫·羅斯（Alf Ross）提出的法理論的反駁中，哈特指出（《法理學與哲學論文集》第168頁，強調為原文所加）：

這個……將根據某個未闡明但被接受的承認規則或判準做出的內在陳述不實地呈現為預測體系正常運行之事實的外在陳述的誘惑，源自對規則的普遍接受以及體系具有功效這些事實的確是這類內在陳述之做出所依賴的通常語境……但在做出內在陳述時所預設的這個有關功效的通常語境必須與該內在陳述的規範意義或內容區分開來。

在這個關節點，以及在他晚期著作的其他地方，哈特均仔細地區分了內在法律言說的語用與這些言說的規範語義。

那麼，我們應該如何理解在這些以及其他類似段落中起作用的這個對於法律語義的說明呢？對哈特進行非認知主義解讀的支持者們無疑會試圖爭辯說，哈特所提及的規範性意義或內容是一個表達規範性態度的問題。這類哲學家們可能會抓住哈特論羅斯的論文中的以下內容，它出現在我剛剛引用的部分之後：「因此，至關重要的是，如果我們要理解社會規範以及語言的規範使用——它們是社會生活這一複雜現象不可分割的一部分，我們就不能接受羅斯的兩難困境：『要麼將它們解釋成對於司法行為和情感的預測，要麼解釋成對事實世界之上的不可觀察之實體的形而上斷言』。」（《法理學與哲學論文集》第168頁）。對哈特

進行非認知主義解讀的擁護者們會認為,哈特在後期的工作中繼續信奉著非認知主義,以作為對粗糙的預測理論以及晦澀的形而上理論的替代方案。諸如都凱文以及夏皮羅這些支持這種解釋的學者確實堅持認為,哈特將他的命運與自然主義綁在了一起。畢竟,正如本章第四節第七部分所指出的那樣,對規範性實體與屬性之實在性的自然主義式擔憂,一直是規範話語之語義的非認知主義進路之發展背後的主要因素之一。

　　只不過,自然主義不太可能是晦澀的形而上理論的唯一替代方案。從我在本章第四節第七部分以及首章第八節對極簡主義的討論中,應該可以很明顯地看出,對法律實體與屬性——或者道德實體與屬性——的某個極簡主義的說明,並沒有讓我們遭遇任何形而上上的奧祕困境。相反地,它讓我們得以面對我們已經開始處理的實質性的法律問題和道德問題。根據任何極簡主義理論的計算,以下兩個問題是相等的:(1) 在英國是否真的存在對縱火行為的法律禁止;(2) 在英國,縱火行為是否是被法律所禁止的。有關實質性法律規範之實在性的形而上問題,被極簡主義處理為實質性的法律問題。

　　正如我在本書剛才提到的章節中所論證的,哈特在其晚期著作中的傾向沿著的是極簡主義的路線,而非自然主義和還原主義的路線。儘管哈特無法直接從在其退休和去世之後才得到精心闡述的有關真、事實性與實在性的極簡主義進路中獲益,但他在很大程度上就是按照這些進路推進的。因此,促使許多哲學家發展他們對道德或法律話語之語義的非認知主義說明的主要擔憂之一——自然主義者對將無因果效能的規範性實體與屬性納入真正存在的事物進行計算的擔憂——並不為哈特所共有。

　　以極簡主義的方式進行,哈特既可以避免任何晦澀的形而上

理論，同時也可以避免作爲非認知主義語義理論的表達主義所遭遇的嚴重問題。在他晚期的理論工作中，哈特肯定意識到了其中最棘手的問題之一，積奇對非認知主義的批評引起了他的注意，正如我在本章第四節第五部分已經指出的——哈特在對自己早期的理論工作進行否定時贊同了這一批評，積奇在 1965 年發表的跟進論文同樣引起了他的注意。[19]因爲都凱文（《哈特的表達主義與他的邊沁式規劃》第 102-104 頁）討論了由積奇所揭露出來的困境，也因爲我在本章這一部分主要的關切，是反對將哈特劃作非認知主義者的分類，而非論證非認知主義作爲一套語義理論的不可行性，我將不在這裡剖析前文提及的困境。指出這一點就足夠了，即非認知主義爲解決這一困境所作的努力，又觸犯了我在本章第四節第九部分批評過的那個混淆：將施加義務的規範的存在條件與得到履行的條件混爲一談。[20]在哈特後來的著作中，他能夠透過避開他在早期的論著中所支持的非認知主義語義論來規避這些難題。在這些後來的著作中，他理解到，任何數量的內在法律陳述的語義內容均是規範性命題，指向著應當以極簡主義方式加以解釋的規範性實體與屬性（再說一次，我並不是在主張，哈特本人明確地用這些術語呈現了他的理論。我的主張毋寧是說，如果我們用這些術語來分析《法律的概念》以及他後期的其

---

[19] 對積奇所提出的問題的一個非常好的討論可參見 Kalderon, Mark. 2005. *Moral Fictionalism*. Oxford: Oxford University Press, ch. 2. 我自己對與之相關的多個問題的討論可參見 Kramer 2009a, ch. 8.

[20] 這個混淆是極其明瞭的，布萊克本的《準實在論論文集》第十章就是個例子。在他後來的著作中，布萊克本對作爲語義理論的表達主義敬而遠之，轉而接受了作爲道德話語之語用理論的表達主義。參見 Kramer 2017c, 202-8.

他著作，我們就能最好地理解這些分析）。

　　簡而言之，儘管哈特可以被準確地歸類為廣義上的表達主義者，但他在後期著作中的表達主義是對法律話語的語用而非語義的說明。他精細地分析了內在法律陳述之表達所通常追求的各種目的，並經由闡述這些目的，將這類陳述與從外在視角或模擬視角所作的陳述，區分開來。他對法律話語之語用的複雜面向的關注，與他認識到種種內在法律陳述具有命題性內容之間是完全一致的。與當今許多法哲學家所宣稱的相反，哈特提出了一種法理論，在其中，任何日常內在法律陳述的命題形式都對應著它的命題性實質。

第六章
結　論

　　儘管本書在多個場合表明了我對哈特的巨大敬意，但在應該批評他的時候，我也沒有回避對他進行相當尖銳的批評。儘管他在有關法律的性質的理論工作中有著深刻的見解，他在許多重要的問題上還是誤入了歧途。特別是因爲他的一些錯誤幾乎和他的大量洞見一樣具有影響力，對這些錯誤的糾正對於任何負責任地投身他的理論工作的學者來說，都是不可或缺的。哈特對於法律的說明的豐富性和深度的一個標誌是，他的理論在一波又一波針對它的反對之中能夠得到改進。當然，多年來有不少反對意見均是誤導性的——有時是嚴重的誤導——但哈特本人在《法律的概念》的後記中承認「在我的思慮多有不及之處，我的批評者〔羅納德‧德沃金除外〕是正確的」（第239頁）。

　　事實上，自《法律的概念》出版以來，哈特的法理學思考的偉大之處，既在於其自身引發的分歧，也在於其說服懷疑者以及糾正誤解的能力。自1960年代初以來，大多數自然法理論，以及從那時起幾乎所有的法實證主義理論，都部分是爲了回應哈特的觀點而出現的。此外，他對法律治理的描述刺激了新的思路和新的論爭焦點的發展，對於這一議題，《法律的概念》一直是一部關鍵性的參考文獻。例如，我們已經在第五章中看到，包容性法實證主義和排他性法實證主義之間的爭論，是如何從哈特對法律和道德之間關係的思考中產生的。同樣，我們已經看到，對當今有關眞、實在性和事實性的極簡主義概念觀表達支持的哲學家

們，是如何從哈特在《法律的概念》（以及他後期的其他法理學著作）所採用的方法中找到靈感的。當哈特的文本根據後世哲學家們的關切和創新被重新解釋時，它們被增強的次數要遠遠多於被削弱的次數。

　　當然，正如本書一開始所指出的，哈特對法律、政治和道德哲學的貢獻遠遠超出了他對法律制度的結構及其運作所作的分析。在本書的範圍內，我們沒能對以下事項做出任何檢視：哈特在政治哲學中對自由主義傳統之價值觀的捍衛；他對法律因果關係的性質進行的極具影響力的探索；他在刑法哲學中對主體性和責任之複雜性的闡明；以及他爲明確法律權利的基本特徵所作的努力。哈特的這些理論事業及其貢獻——這些我在其他地方做過長篇討論，[1]值得各自出版單獨的著作予以研究。

　　事實上，即使是面對《法律的概念》，我也不得不有所選擇。雖然該書的大部分內容在這裡都有涉及，但我幾乎沒有論述該書的第八章——論正義以及道德的一般特徵[2]——以及對該書的最後一章（關於國際法），我也只談了很少的一部分。儘管如此，哈特法理論的每一個主要構成都在本書中得到了極其細緻的

1　在 Kramer, Matthew. 2014b. "Legal Responses to Consensual Sexuality between Adults: Through and Beyond the Harm Principle." In Christopher Pulman (ed.), *Hart on Responsibility*. Basingstoke: Palgrave Macmillan, pp. 109-128 中，我討論了哈特的責任概念觀，以及他堅守密爾式自由主義價值觀的努力。在 Kramer, Matthew. 2003. *The Quality of Freedom*. Oxford: Oxford Uni- versity Press 一書中，我力圖在哈特對因果關係分析的基礎上再推進一步。在 Kramer 1998 一文中，我間斷性地對哈特闡述法律權利的多個方面進行了反駁。

2　對哈特主要在《法律的概念》第八章給出的論證的長篇反駁，可參見 Kramer 2004, 249-94.

審查。大多數理論構成在審查中都立住了腳跟，但我對它們的檢視也不止一次顯示，那些希望維持一個與哈特提出的模型大體一致的法律體系模型的法哲學家們還有大量的工作要做。

讓我們扼要列舉一下有待完成的五項理論任務的例子。第一，哈特在其理論的關鍵部分有忽略授予權力的法律以及授予豁免的法律的傾向，在努力描述官員和公民們面對這些法律所採取的內在觀點中必須予以糾正。在本書的第二章中，我嘗試開啓了這第一個任務。第二，一套令人滿意的法理論必須包括一個比哈特在《法律的概念》中所提供的要更好的對於法律推理和解釋的說明。這樣的說明將在借鑑語言哲學之見解的同時，關注不同法域之間乃至同一個法域之中的法律推理和解釋模式的差異性。第三，哈特對使得法律規範運作起來的行政官員的各種作用的忽視傾向也同樣需要被糾正。法律之適用是任何治理體系的行政部門和司法部門都要進行的一項工作。第四，儘管哈特對法律話語之語用的分析非常地有價值，但它們應該以更加詳細深入的分析予以擴充。這種擴充的努力，不僅應該包括對施加義務的法律之外的法律上的內在觀點的充實，還應該包括提煉出構成法律話語相對於其他社會實踐之獨特性的語用方面（艾克曼迪，《法律表達主義的新動向》第 17-19 頁）。第五，對法律話語的語用所作的更為詳盡的闡述需要伴隨著對內在法律陳述之語義的闡釋——後一個闡釋既是認知主義的，又是極簡主義的。與我在之前的幾本書中對真的極簡主義說明的討論一道（克萊默，《客觀性與法治》第 71-82 頁；《作為道德理論的道德實在論》第 200-207、261-288 頁），本書第一章和第五章對內在法律陳述之語義的必需分析應該如何進行提供了一些建議，不過，在這些分析的闡述和辯護方面還有很多事情要做。

　　顯然，剛才列舉的五項任務並不是法實證主義者必須應對的挑戰的全部，他們的目標是將法理理論工作的傳統發揚光大，而哈特在其中發揮了使之興旺發達的作用。許多其他的任務也迫在眉睫，這些任務既困難重重又饒有趣味。在迎接這些眾多挑戰的過程中，法實證主義者自然要用更複雜的分析方法取代哈特法哲學的某些要素。然而，總體而言，他們將延續並精進他的理論規劃。哈特給他的後繼求道者們留下了一般法理學的進路和大量醒目的觀點，但最重要的是，他給他們留下了一個志向，即透過嚴格的哲學思考，去為法律的性質做出清晰又準確的說明。當他的後繼求道者們努力透過上述那種嚴格的哲學思考來推進他的法理論時，這一志向便得到了延續而非挫敗。

參考文獻

Bix, Brian. 1993. *Law, Language, and Legal Determinacy*. Oxford: Oxford University Press.

Blackburn, Simon. 1993. *Essays in Quasi-Realism*. Oxford: Oxford University Press.

Coleman, Jules. 2001. *The Practice of Principle*. Oxford: Oxford University Press.

Coleman, Jules. 2007. "Beyond the Separability Thesis: Moral Semantics and the Methodology of Jurisprudence." *Oxford Journal of Legal Studies* 27: 581-608.

Cotterrell, Roger. 2003. *The Politics of Jurisprudence*, 2nd edn. London: LexisNexis Butterworths.

Dworkin, Ronald. 1978. *Taking Rights Seriously*. Cambridge, MA: Harvard University Press.

Dworkin, Ronald. 1984. "A Reply by Ronald Dworkin." In Marshall Cohen (ed.), *Ronald Dworkin and Contemporary Jurisprudence*. London: Duckworth, pp. 247-300.

Dworkin, Ronald. 1986. *Law's Empire*. London: Fontana Press.

Dworkin, Ronald. 1996. "Objectivity and Truth: You'd Better Believe It." *Philosophy and Public Affairs* 25: 87-139.

Dworkin, Ronald. 2006. *Justice in Robes*. Cambridge, MA: Harvard University Press.

Dworkin, Ronald. 2011. *Justice for Hedgehogs*. Cambridge, MA: Harvard University Press.

Dworkin, Ronald. 2017. "Hart's Posthumous Reply." *Harvard Law Review* 130: 2096-2130.

Endicott, Timothy. 2000. *Vagueness in Law*. Oxford: Oxford University Press.

Endicott, Timothy. 2013. "The Generality of Law." In Luis Duarte d'Almeida, James Edwards, and Andrea Dolcetti (eds.), *Reading HLA Hart's* The Concept of Law. Oxford: Hart Publishing, pp. 15-36.

Etchemendy, Matthew. 2016. "New Directions in Legal Expressiv- ism." *Legal Theory* 22: 1-21.

Finnis, John. 1980. *Natural Law and Natural Rights*. Oxford: Oxford University Press.

Finnis, John. 2013. "How Persistent are Hart's 'Persistent Ques- tions'?" In Luis Duarte d'Almeida, James Edwards, and Andrea Dolcetti (eds.), *Reading HLA Hart's* The Concept of Law. Oxford: Hart Publishing, pp. 227-236.

Fuller, Lon. 1969. *The Morality of Law*, rev. edn. New Haven, CT: Yale University Press.

Gardner, John. 2012. *Law as a Leap of Faith*. Oxford: Oxford University Press.

Geach, Peter. 1960. "Ascriptivism." *Philosophical Review* 69: 221- 225.

Geach, Peter. 1965. "Assertion." *Philosophical Review* 74: 449-465.

Giudice, Michael. 2002. "Unconstitutionality, Invalidity, and Charter Challenges." *Canadian Journal of Law and Jurisprudence* 15: 69-83.

Giudice, Michael. 2008. "The Regular Practice of Morality in Law." *Ratio Juris* 21: 94-106.

Green, Leslie. 1996. "The Concept of Law Revisited." *Michigan Law Review* 94: 1687-1757.

Green, Leslie. 2012a. "Notes to the Third Edition." In H.L.A. Hart, *The Concept of Law*, 3rd edn. Oxford: Oxford University Press, pp. 309-25.

Green, Leslie. 2012b. "Introduction." In H.L.A. Hart, *The Concept of Law*, 3rd edn. Oxford: Oxford University Press, pp. xv-lv.

Green, Leslie. 2013. "The Morality in Law." In Luis Duarte d'Almeida, James Edwards, and Andrea Dolcetti (eds.), *Reading HLA Hart's* The Concept of Law. Oxford: Hart Publishing, pp. 177-207.

Greenawalt, Kent. 1987. "The Rule of Recognition and the Constitution." *Michigan Law Review* 85: 621-671.

Greenberg, Mark. 2011. "Legislation as Communication? Legal Interpretation and the Study of Linguistic Communication." In Andrei Marmor and Scott Soames (eds.), *Philosophical Foundations of Language in the Law*. Oxford: Oxford University Press, pp. 217- 256.

Hacker, Peter. 1977. "Hart's Philosophy of Law." In Peter Hacker and Joseph Raz (eds.), *Law, Morality, and Society*. Oxford: Oxford University Press, pp. 1-26.

Hart, H.L.A. 1949. "The Ascription of Responsibility and Rights." *Proceedings of the Aristotelian Society* 49: 171-194.

Hart, H.L.A. 1955. "Are There Any Natural Rights?" *Philosophical Review* 64: 175-191.

Hart, H.L.A. 1968. *Punishment and Responsibility*. Oxford: Oxford University Press.

Hart, H.L.A. 1982. *Essays on Bentham*. Oxford: Oxford University Press.

Hart, H.L.A. 1983. *Essays in Jurisprudence and Philosophy*. Oxford: Oxford University Press.

Hart, H.L.A. 1987. "Comment." In Ruth Gavison (ed.), *Issues in Contemporary Legal Philosophy*. Oxford: Oxford University Press, pp. 35-42.

Hart, H.L.A. 1994. *The Concept of Law*, 2nd edn. Oxford: Oxford University Press.

Hart, H.L.A. 2013. "Answers to Eight Questions." In Luis Duarte d'Almeida, James Edwards, and Andrea Dolcetti (eds.), *Reading HLA Hart's* The Concept of Law. Oxford: Hart Publishing, pp. 279-297.

Himma, Kenneth. 2001. "The Instantiation Thesis and Raz's Critique of Inclusive Positivism." *Law and Philosophy* 20: 61-79.

Himma, Kenneth. 2002. "Inclusive Legal Positivism." In Jules Coleman and Scott Shapiro (eds.), *The Oxford Handbook of Jurisprudence and Philosophy of Law*. Oxford: Oxford University Press, pp. 125-165.

Hohfeld, Wesley. 1923. *Fundamental Legal Conceptions as Applied in Judicial Reasoning*, ed. Walter Wheeler Cook. New Haven, CT: Yale University Press.

Holton, Richard. 2010. "The Exception Proves the Rule." *Journal of Political Philosophy* 18: 369-388.

Horton, John. 1992. *Political Obligation*. London: Macmillan.

Horwich, Paul. 1998. *Truth*, 2nd edn. Oxford: Oxford University Press.

Kalderon, Mark. 2005. *Moral Fictionalism*. Oxford: Oxford University Press.

Keil, Geert and Poscher, Ralf (eds.). 2016. *Vagueness and Law*. Oxford: Oxford University Press.

Knowles, Dudley. 2010. *Political Obligation*. New York: Routledge.

Kramer, Matthew. 1991. *Legal Theory, Political Theory, and Deconstruction*. Bloomington: Indiana University Press.

Kramer, Matthew. 1998. "Rights without Trimmings." In Matthew Kramer, N.E. Simmonds, and Hillel Steiner, *A Debate over Rights*. Oxford: Oxford University Press, pp. 7-111.

Kramer, Matthew. 1999. *In Defense of Legal Positivism*. Oxford: Oxford University Press.

Kramer, Matthew. 2001. "Getting Rights Right." In Matthew Kramer (ed.), *Rights, Wrongs, and Responsibilities*. Basingstoke: Palgrave Macmillan, pp. 28-95.

Kramer, Matthew. 2003. *The Quality of Freedom*. Oxford: Oxford University Press.

Kramer, Matthew. 2004. *Where Law and Morality Meet*. Oxford: Oxford University Press.

Kramer, Matthew. 2007. *Objectivity and the Rule of Law*. Cambridge: Cambridge University Press.

Kramer, Matthew. 2009a. *Moral Realism as a Moral Doctrine*. Oxford: Wiley-Blackwell.

Kramer, Matthew. 2009b. "Moral Principles and Legal Validity." *Ratio Juris* 22: 44-61.

Kramer, Matthew. 2011a. *The Ethics of Capital Punishment*. Oxford: Oxford University Press.

Kramer, Matthew. 2011b. "For the Record: A Final Reply to N.E. Simmonds."

American Journal of Jurisprudence 56: 115-133.

Kramer, Matthew. 2013a. "John Austin on Punishment." *Oxford Studies in Philosophy of Law* 2: 103-121.

Kramer, Matthew. 2013b. "In Defense of Hart." In Wil Waluchow and Stefan Sciaraffa (eds.), *Philosophical Foundations of the Nature of Law*. Oxford: Oxford University Press, pp. 22-50.

Kramer, Matthew. 2013c. "Working on the Inside: Ronald Dworkin's Moral Philosophy." *Analysis* 73: 118-129.

Kramer, Matthew. 2014a. *Torture and Moral Integrity*. Oxford: Oxford University Press.

Kramer, Matthew. 2014b. "Legal Responses to Consensual Sexuality between Adults: Through and Beyond the Harm Principle." In Christopher Pulman (ed.), *Hart on Responsibility*. Basingstoke: Palgrave Macmillan, pp. 109-128.

Kramer, Matthew. 2017a. *Liberalism with Excellence*. Oxford: Oxford University Press.

Kramer, Matthew. 2017b. "Shakespeare, Moral Judgments, and Moral Realism." In Craig Bourne and Emily Caddick Bourne (eds.), *Shakespeare and Philosophy*. London: Routledge.

Kramer, Matthew. 2017c. "There's Nothing Quasi about Quasi- Realism: Moral Realism as a Moral Doctrine." *Journal of Ethics* 21: 185-212.

Lacey, Nicola. 2004. *A Life of H.L.A. Hart: The Nightmare and the Noble Dream*. Oxford: Oxford University Press.

Lamond, Grant. 2013. "The Rule of Recognition and the Founda- tions of a Legal System." In Luis Duarte d'Almeida, James Edwards, and Andrea Dolcetti (eds.), *Reading HLA Hart's* The Concept of Law. Oxford: Hart Publishing, pp. 97-122.

Leiter, Brian. 2007. *Naturalizing Jurisprudence*. Oxford: Oxford Uni- versity Press.

Leiter, Brian. 2011. "The Demarcation Problem in Jurisprudence: A New Case for Scepticism." *Oxford Journal of Legal Studies* 31: 663-677.

Locke, John. 1988. *Two Treatises of Government*, ed. Peter Laslett. Cambridge: Cambridge University Press. Original edition pub- lished in 1689.

Lyons, David. 1973. "On Formal Justice." *Cornell Law Review* 58: 833-861.

Lyons, David. 1977. "Principles, Positivism, and Legal Theory." *Yale Law Journal* 87: 415-435.

MacCormick, Neil. 2008. *H.L.A. Hart*, 2nd edn. Stanford, CA: Stan- ford University Press.

Mackie, John. 1977. *Ethics: Inventing Right and Wrong*. London: Penguin Books.

Marmor, Andrei. 2001. *Positive Law and Objective Values*. Oxford: Oxford University Press.

Marmor, Andrei. 2008. "The Pragmatics of Legal Language." *Ratio Juris* 21: 423-452.

Marmor, Andrei. 2011. "Can the Law Imply More Than It Says? On Some Pragmatic Aspects of Strategic Speech." In Andrei Marmor and Scott Soames (eds.), *Philosophical Foundations of Language in the Law*. Oxford: Oxford University Press, pp. 83-104.

Marmor, Andrei. 2013. "Farewell to Conceptual Analysis (in Juris- prudence)." In Wil Waluchow and Stefan Sciaraffa (eds.), *Philo- sophical Foundations of the Nature of Law*. Oxford: Oxford University Press, pp. 209-229.

Perry, Stephen. 2009. "Where Have All the Powers Gone? Hartian Rules of Rec- ognition, Noncognitivism, and the Constitutional and Jurisprudential Foun- dations of Law." In Matthew Adler and Kenneth Himma (eds.), *The Rule of Recognition and the U.S. Con- stitution*. Oxford: Oxford University Press, pp. 295-326.

Plunkett, David. 2016. "Negotiating the Meaning of 'Law': The Metalinguistic Dimension of the Dispute over Legal Positivism." *Legal Theory* 22: 205-275.

Rawls, John. 1999. "Legal Obligation and the Duty of Fair Play." In *Collected Papers*, ed. Samuel Freeman. Cambridge, MA: Harvard University Press, pp. 117-129. Originally published in 1964.

Raz, Joseph. 1979. *The Authority of Law*. Oxford: Oxford University Press.

Raz, Joseph. 1980. *The Concept of a Legal* System, 2nd edn. Oxford: Oxford University Press.

Raz, Joseph. 1994. *Ethics in the Public Domain*. Oxford: Oxford Uni- versity Press.

Schauer, Frederick. 2008. "A Critical Guide to Vehicles in the Park." *New York University Law Review* 83: 1109-1134.

Shapiro, Scott. 1998. "On Hart's Way Out." *Legal Theory* 4: 469- 507.

Shapiro, Scott. 2006. "What is the Internal Point of View?" *Fordham Law Review* 75: 1157-1170.

Shapiro, Scott. 2009a. "What is the Rule of Recognition (and Does It Exist)?" In Matthew Adler and Kenneth Himma (eds.), *The Rule of Recognition and the U.S. Constitution*. Oxford: Oxford University Press, pp. 235-268.

Shapiro, Scott. 2009b. "Was Inclusive Legal Positivism Founded on a Mistake?" *Ratio Juris* 22: 326-338.

Shapiro, Scott. 2011. *Legality*. Cambridge, MA: Harvard University Press.

Soames, Scott. 2009. "Interpreting Legal Texts: What is, and What is Not, Special about the Law." In *Philosophical Essays: Volume I*. Princeton, NJ: Princeton University Press, pp. 403-423.

Soper, Philip. 1977. "Legal Theory and the Obligation of a Judge: The Hart/Dworkin Dispute." *Michigan Law Review* 75: 473-519.

Stalnaker, Robert. 1973. "Presuppositions." *Journal of Philosophical Logic* 2: 447-457.

Tapper, Colin. 1973. "Powers and Secondary Rules of Change." In A.W.B. Simpson (ed.), *Oxford Essays in Jurisprudence: Second Series*. Oxford: Oxford University Press, pp. 242-277.

Toh, Kevin. 2005. "Hart's Expressivism and His Benthamite Project." *Legal Theory* 11: 75-123.

Waldron, Jeremy. 2009. "Who Needs Rules of Recognition?" In Matthew Adler and Kenneth Himma (eds.), *The Rule of Recogni- tion and the U.S. Constitution*. Oxford: Oxford University Press, pp. 327-349.

Waldron, Jeremy. 2013. "A 'Relatively Small and Unimportant' Part of Jurisprudence?" In Luis Duarte d'Almeida, James Edwards, and Andrea Dolcetti (eds.), *Reading HLA Hart's* The Concept of Law. Oxford: Hart Publishing, pp. 209-223.

Waluchow, W.J. 1994. *Inclusive Legal Positivism*. Oxford: Oxford Uni- versity Press.

Waluchow, W.J. 2000. "Authority and the Practical Difference Thesis: A Defense of Inclusive Legal Positivism." *Legal Theory* 6: 45-81.

Waluchow, W.J. 2009. "Four Concepts of Validity: Reflections on Inclusive and Exclusive Positivism." In Matthew Adler and Kenneth Himma (eds.), *The Rule of Recognition and the U.S. Constitution*. Oxford: Oxford University Press, pp. 123-144.

Waluchow, W.J. 2011. "H.L.A. Hart: Supervisor, Mentor, Friend, Inspiration." *Problema: Anuario de Filosofia y Teoria del Derecho* 5: 3-10.

Wittgenstein, Ludwig. 1958. *Philosophical Investigations*, trans. G.E.M. Anscombe. Oxford: Basil Blackwell.

譯後記

　　開始提筆寫譯後記，也就到了我與這本書的翻譯工作說再見的時候了。能在拖延症的困擾中完成一件主要工作，解除壓在心上的道德負荷，自己也在整個過程中體會到實實在在的收穫，說不定這份產出還能對不少學生與學者有所幫助，這些都讓我在如釋重負的同時感到興奮與喜悅。

　　不過，我也深刻地意識到，學術翻譯應當是件小眾但專注的事業。它對譯者的中文素養與英文能力都提出了非常高的要求，語言之準確、乾淨與高貴猶如喜馬拉雅之山巔，是非我這樣的平庸之輩所能輕鬆登頂的。我們很多人在求學或科研工作的進程中，仍然可能從事一段時間的翻譯工作，但這主要是基於審慎的目的。換言之，它是為自己的科研需要或利益服務的，譯者是這個過程中最大的受益者，儘管事實上，譯者的工作明顯對應著風險外溢的公共影響。正是因為這樣的原因，我認為學術翻譯的實踐應當立基於道德的理由進行。

　　也就是說，作為一項具有獨立價值的工作，學術翻譯需要依據自身的目的被實現，這便意味著投身這份事業需要一個有效的乃至不加保留、不留餘地的承諾，以使得這樣的學術工作也能成為一份志業。坦率地說，作為知識分子，我許下了一個呈現並恪守真相、批判以追求真理的承諾，但個人實踐這份承諾的路徑卻並非是走學術翻譯這條路。職是之故，這本書的翻譯是我在誠惶誠恐之中勉力完成的。在記述個人的翻譯歷程之前，我想先說幾句倘若以上對學術翻譯的理解是正確的將意味著什麼的一點拙見。

　　最緊要的推論是說，在邏輯和道德上都有重要的理由，要求我們明確區分學術翻譯與以外文文獻爲對象的學術閱讀。儘管兩者互有交疊，也並非只能非此即彼，但這是兩件性質不同，要求也不相同的專業工作。

　　簡要言之，學術翻譯就其自身是件語言轉換的工作，以英文文獻爲例，翻譯就是用中文將英文作者所作的論述按照作者的方式與內容再說一遍。以目標語言（如中文）轉換他人所思所想，自然會要求目標語言呈現的是對象語言（如英文）中對方確切的想法，而非缺斤少兩、偷梁換柱、暗渡陳倉抑或張冠李戴、乃至面目全非；與此同時，這種語言轉換所形成的言語表達又應當符合目標語言自身的語法與句法，是要求用目標語言的組織方式來呈現作者在對象語言上的既有創作：因爲只有這樣，才可能有效地將對象語言中作者的洞見傳遞給目標語言世界中的讀者們。正是基於對翻譯工作之性質與要求的理解，嚴復將這一工作的標準闡述爲「信、雅、達」。

　　但外文文獻的學術閱讀並非翻譯，一次有效的語言轉換無法自動實現閱讀的目標，閱讀也不以語言的轉換爲前提。乍一看這種論斷似乎有違直覺和經驗，中文世界的讀者閱讀外文文獻，往往先有一個不自覺的語言轉換然後才作理解的過程，查字典就是這一進程的一個明證，但這種看法是一種誤解。

　　學術翻譯既不是外文學術閱讀的必要條件，也不是它的充分條件。就前者來說，我們能列舉出許多不做學術翻譯乃至不能勝任學術翻譯工作但外文學術閱讀做得很好的人；就後者來說，我們見過更多做過學術翻譯但甚至對其所翻譯的文本都一知半解、不知所云的人，也見過不少其所作的學術翻譯大體是準確、有效的，但總是抓不住或理解不了外文學術文獻的人。在這兩個有著

不同結構的活動之中，即使是同一個舉動，譬如檢索某個單詞的準確含義，抑或同一類要求，譬如眞實、準確、淸楚，都有著不同的屬性與含義。這是因爲，以查字典爲例，在外文文獻的翻譯中，檢索某個單詞的準確含義，是爲了能夠將之轉換成妥切對應的中文詞語，這是翻譯的目標所決定的檢索的性質與目的；但在外文文獻的閱讀之中，檢索某個單詞的準確含義，不是爲了尋找妥切對應的中文詞語，有沒有這樣的中文詞語都不是最緊要的，它的目的在於讓那個單詞所在的語句能夠被自己理解，進而可以被給予有效的分析、把握、評價和批判。

　　換言之，包括外文文獻在內的學術閱讀，就其性質來說，包含了兩個核心的部分，一是對文獻的論述作準確的、合理的理解與重述，二是對該文獻的論述作有效的檢驗與批判。對於學術閱讀，無論該閱讀對象處理的是何種層次和領域中的具體議題，其性質都是爲了獲得對包括我們在內的世界的眞實理解，是爲了推進對包括我們在內的世界的眞實理解，它要求我們將自己擺放到與作者相平等的位置，理解、把握他的論述，就其討論的問題展開對話與競爭。學術閱讀是我們人類對話、競爭、協作以把握自我與世界之眞相的最基礎的一種方式。

　　看到學術翻譯與學術閱讀的區別，我們便能理解將閱讀外文文獻做成翻譯外文文獻的錯誤與危害。在此基礎上，結合筆者在高校從事的教學工作，還可以得出一個進一步的重要推論。

　　此即，倘若我們同意，教育的核心目標是培養與提升人的理解力，教育中的學生作爲人之能力的成就乃是教育的目的，教育中的學生不是各位老師、各類機構實現其各種現實目標的手段，那麼，我們就不應該繼續錯誤地認爲：訓練新一代年輕人的專業能力就是給他們外文專業書以訓練他們翻譯外文學術文獻的能

力；或者，翻譯一流外文學術文獻才是對他們展開專業教育的好方式、高級的方式、負責任的方式、正當的方式。這樣的做法，無論有多少合理的成分，其在性質上都屬於對大學教育的誤解和對大學教育目標的辜負。

對大學教育來說，縱使是通識教育學院或者外國語學院中的翻譯專業，其對翻譯理論與技藝的教導與訓練都是爲了使得學生能透過該專業管道達致好的、自主的理解力、分析力、表達力與執行力這個「學以成人」的目標。大學的專業只是我們攀登人性這座山峰的路徑，不同的專業是不同的登山路，各自的要求和方法多有不同，但其承載的教育目標與性質在本來的意義上都是一樣的。當代年輕人具備可靠的閱讀外文優質文獻的意識、能力與習慣非常之重要，但這個重要性及其實現建立在他們的閱讀能力、理解能力而非翻譯能力之上。

這並非意味著翻譯的工作是不重要的。對將學術閱讀處理成學術翻譯之當下常見現象的反思與糾正，在邏輯上並不會，在價值上也沒有否定或減損學術翻譯的獨立意義。學術翻譯是現代社會的人們獲得和保持優質信息持續輸入的一個主要方式，是不同社會的人們之間相互理解與溝通的重要保證，即使將學術翻譯可以帶來的重大裨益擱置一旁，其作爲一種求知和求眞的專業活動便足以確立自身的重要性。學術翻譯不是（外文文獻）學術閱讀的充分條件，也不是它的必要條件，但好的學術翻譯在優秀的語言能力之外，還需要也應當呈現好的理解力與表達力，它的成效與品質需要依據這些價值被共同評定。

回到本書的翻譯上來。劍橋大學法學院的馬修‧克萊默教授位居當代最重要的法哲學家之列，他撰寫並出版了一系列學術論著，議題橫跨法哲學、道德哲學與政治哲學。他的論著在這些

領域均產生了不俗的影響，這些是我在翻譯他的《哈特《法律的概念》：理解法律的性質》一書之前便知道的。但只有在細緻閱讀、理解、推敲、翻譯整本書的過程中，我才對前述學界風傳的專業口碑與間接的認知有了直接而深切的體會。

　　自人類社會的生活進展到出現有組織的法律治理以來，一個在認知上的基礎性追問便是要求解答法律的存在及其性質，而在最根本的層面致力於系統地回答這一問題的智識活動及其產生的學問便是法哲學。每當人類社會的處境、人們生活的境況越發艱難困苦，這樣的追索便越發激烈。

　　一開始的法哲學，整體上作為一種研究應然的道德學說，試圖在一元、綜合且無需高區分度的神性觀或道德觀中找尋和確立法律的根據，以展現法律應有的特徵、功能與結構。

　　近代法哲學最核心的一個變化，是拒斥傳統、綜合、一元但無法驗證的道德願景式論述，轉而要為法律的存在及其性質給出一個立基於法律自身且可觀察和驗證的真實說明。這一轉變的最顯著成果便是約翰·奧斯丁（John Austin）所代表的法律命令理論。這套理論將法律的存在與性質歸溯到主權者的存在及其頒布命令的行為，以及守法者們普遍地遵守這些命令的行為，以及在守法者不遵守命令的場合，官員們規律性地施加強力制裁的行為。由此，法律的存在以及法律的性質便可以在這些規律的、可觀察的社會事實的基礎上得到客觀的或科學的說明。

　　這套近代以來的命令強制論因為在說明力上的強大優勢，成為影響全世界的主導學說，但又因為其在法律規範性問題上的含糊、冷漠或無力，給特別是 1930、40 年代以來的人們帶來極大的困擾與不安，進而引發二戰之後的集體反思、批判或再澄清。

　　現代法哲學的主要工作與進展就在於，它明確繼承法律命令

理論所追求的科學性或說眞實有效性的目標，同時致力於爲法律的規範性給出一套妥當的分析和說明，以完整地對法律的存在及其性質做出更爲清晰、準確、有說服力的闡述。

二戰以來的人類社會，在法哲學的層面第一次系統又清楚地完成這一理論任務，奠定之後法哲學之理論框架與概念分析工具的學者，是英國牛津大學法哲學家 H.L.A. Hart 教授。哈特教授幾乎是以一己之力，將牛津大學提升爲二戰之後從哲學的進路研究法律的智識中心與最高殿堂，他爲牛津大學本科生撰寫的法哲學教科書《法律的概念》一書，成爲了當代法哲學界的學術教科書[1]。也是經由他的工作，當代法實證主義得以擺脫眾多流行的誤會，成爲追求法學眞理的志業中最具主導性和影響力的學術陣營。可以說，以哈特和他的法理論爲中心所進行的學術探索與競爭，塑造和決定了當今的法哲學。

馬修・克萊默教授這本著作的貢獻便在於，他以極清晰的框架，極準確的理解與重述，極嫻熟且深入淺出的剖析和批判，與極優美又可近的文筆，爲所有對法哲學感興趣的學生與學者，提供了一整套理解哈特的法理論與當今法哲學最新發展的指引和說明。在目前市面可見的對哈特《法律的概念》進行分析、闡釋、批判的學術著作中，這是可靠又優質的最新權威版本。

克萊默教授按照《法律的概念》一書的章節次序，逐一分析了哈特法理論中最重要的分析概念與理論論證。克萊默本人即是當代法實證主義最主要的在世法哲學家，是當代法哲學一系列基礎議題的主要參與者與推動者。以他的視野與素養，讀者們得以

---

[1] 「學術教科書」這個說法，最早源自中國人民大學法學院陳景輝教授。

通盤了解和理解：哈特法哲學版圖上最重要的理論議題有哪些？哈特如何做出了開拓性的貢獻？又存在怎樣的局限與缺陷？在這些基礎議題上分別聚集了哪些當代最優秀的競爭者與捍衛者？如何理解他們各自理論進展的實質與成效？法哲學接下來的工作任務與可行進路是什麼？等等。

不僅如此，讀者們還可以經由本書，比較系統地把握克萊默教授本人三十來年在法哲學領域的主要工作。為了完成對《法律的概念》一書庖丁解牛式的說明，克萊默持續提取了他在一系列相關議題上的重要論著，並對其中的部分理論論證給出了最新的修正和補充說明。簡要進行羅列，範圍至少涉及《法理論、政治理論及其解構》、《為法實證主義辯護》、《自由的品質》、《法律與道德在何處相遇》、《客觀性與法治》、《作為道德理論的道德實在論》、《死刑的倫理學》、《朝向卓越的自由主義》、《准實在論的「准」並不存在：道德實在論作為一種道德理論》等。

回顧整本書的翻譯過程，每當翻譯的時候，我總處在快樂、有收穫感和成就感的心情之中，隨著閱讀和翻譯的推進，我得以意識到以往的認知和理解存在怎樣的偏狹或錯誤，我對法哲學這件事也有了更深切的體會。但是，每次能沉浸在翻譯中的時間總是短暫的、間歇性的。我總是隔段時間才能重新拾起翻譯，每當重新著手，我又總會把所有的翻譯從頭到尾再快讀一遍，有一次光重讀就間隙用了一個多月的時間，害得我每次都要痛罵自己：楊建啊楊建，你在幹什麼？！能不能麻利一點？你的責任感和羞恥心都哪裡去了？！統計地看，痛罵的效果與其說是鞭笞，毋寧是讓當下的心情好受一些。排除本職的教學和科研工作以及家庭責任的必要承擔之外，我的翻譯工作之路上橫躺著兩大敵

人：一個是我的拖延症，一個是越發沉重的公共世界。

拖延症這種病，它會讓所有應完成任務之外的許多事務變得特別具有誘惑力起來，忍不住要人分割時間投入進去，往往是三分時間留給應有任務，七分時間花在了其他事務上。開始抽出時間做一會兒法哲學的翻譯，社會學、歷史學等其他領域的新書、閒書、講座就開始強烈召喚自己過去坐一會兒，此外要麼就是站起來燒壺水泡壺茶吃點東西，要麼就是「工欲善其事，必先利其器」般擦桌子、找本子、整理工作環境，要麼就是上廁所刷手機動態，甚至還有過對著翻譯頁面持續打幾小時遊戲的經歷。明明翻譯是有成就感和滿足感的事，但就是不做，這種事情遭遇多了，對人性的理解感覺也變得厚重了許多。

不過在翻譯這本書的歷程中，與拖延症相比，越發沉重的公共生活帶來的阻礙要遠為顯著。換做平時，這樣說給別人聽，會與自己共情的人肯定更少。這本書走過的恰好是疫情這兩年，太多悲慘的故事和人為的苦難了。

疫情在武漢剛開始肆虐的時候，我和家人安居在台灣，但我彷彿與武漢人共同經歷了整個過程。最開始的兩周，微博上、微信群組和朋友圈的消息猶如渦輪增壓發動機，每天以幾何倍數的速度遞增，恐慌與危情已如百米巨浪，但那一邊還執意大張旗鼓地舉行百步亭萬家宴，一邊刪帖逼人檢討，一邊否認淡化疫情；等臨近封城，內部已是人間煉獄，走投無路的家庭和個人發出的求救聲，數量之龐大，內容之衝擊性，讓我扔不下手機，淚流滿面、坐立難安。很多消息集中爆發於深夜，我便追尋跟隨至深夜。那些天是不可能睡的，睡也睡不著，內心憤怒與焦急翻滾，必須要做點什麼才能把日子過下去。寫帖子傳遞疫情與防疫消息，批評對武漢人的仇恨、排斥和污名化，批評政府部門、呼

籲改變做法，募錢捐錢，找人買口罩，找物流投遞給武漢當地醫院，能做的幾乎都做遍了。整個人是持續激憤的狀態，其他什麼事都做不了。人生三十來年，這是頭一次。

之後疫情席捲全球，國外步武漢的後塵，老牌資本主義大國彷彿紛紛陷入泥潭，政府與社會亂像層出不窮，太多的意外超乎想象，川普政府疫情管控上的表演更是看得人目瞪口呆。一時間，「制度優越論」甚囂塵上。再後來，又有過西安疫情、親歷過南京疫情，目睹了揚州疫情，然後 2022 年突然的某一天，俄羅斯開始侵略烏克蘭，就在國人為了這場戰爭快爭出輿論內戰的當口，沒有人會想到，在曾經慘烈的武漢封城之後還會迎來一次強硬程度勝過百十倍的上海封城，誰會相信最發達的上海會迎來最嚴厲的清零呢？彼時我與家人遠在美國，置身事外，翻譯也只剩下二十來頁，但上海封城兩個月，翻譯隻字未動，每天都在信心粉碎的震驚之中寫各種帖子。寫了被刪，刪了再寫，領過幾次封禁的懲罰，仍舊要在公共輿論中守一寸地、講一份道理。

這兩年多密集而來的公共事件，每一件都像投進湖泊的石頭，或大或更大，攪動著我們當下的世界和社會生活。要與同一個社會同一個族群的人爭論方方與胡錫進孰是孰非，李文亮醫生是 2 月 6 日還是 7 日去世，為什麼不應該追究不幸染疫之人的刑事責任，「鐵鍊女」事件的真相究竟是什麼，俄羅斯的普京為什麼應當被追究戰爭罪、反人類罪，為什麼不應該強制市民方艙隔離，為什麼不可以濫用健康碼，為什麼動態清零需要停止，為什麼既要批判以色列當權政府的倒行逆施又要大聲對哈瑪斯的恐怖主義罪行說不等。常常有人問，學法哲學有什麼用？對我來說，法哲學一直是有用的：清晰求真的能力、理解與反思的能力、不和稀泥、不中庸的能力是法哲學帶給我的用處——它要我們以人

的屬性活著，幫助我們區分事情的眞與假，鑒別事情的對與錯，
爲良心和道德勇氣的實踐確立可靠的基礎，奉勸我們永遠站在雞
蛋的一邊，追求自由與公正。

　　我很高興終於在 2022 年初夏完成了這本書的翻譯工作。譯
事艱辛，難有止境，無論我第幾次重讀，幾乎每次都能發現一些
可矯正之處，因此，如果您在閱讀之中對譯文有所指正，非常歡
迎給我來信。我的電郵是 jianyang@protonmail.ch，確屬顯明或
重要的錯誤，我願贈書以表達謝意。

　　譯著能在台灣出版對我來說是非常開心的事。回首求學年
代，當時的大陸遠沒有如今強勢，學術的氛圍與社會環境也比較
寬鬆，一面是求知若渴的年輕學生眞心誠意謀求進步，一心覺
得該由我們這代人來推動和實現專業的革新了；另一面是簡體中
文學術的魚龍混雜以及一流中英文學術文獻的嚴重匱乏。不只是
我，包括我在內的很多學生以及中青年學者都受惠於台灣法學界
甚多。記得 2007 年至 2012 年之間，爲了求得顏厥安、莊世同、
張嘉尹、王鵬翔等學者的最新論著，可以說費盡了自己的心力、
時間與錢包。當時一是震驚，覺得這些顯然是中文世界更爲嚴
謹、認眞、規範、紮實的學術論述；二是興奮與緊張，既覺得這
是訓練、鍛造自己的捷徑，又覺得諸位先進看的都是外文文獻，
但外文文獻在哪裡？如何獲得？我還來不來得及去找去看？現在
回頭去看，台灣學者的很多文獻當時看得都很匆忙，囫圇呑棗、
不求甚解，讀過他們對法理論最新進展的梳理，藉此了解到一些
法哲學家、各自的代表作、基本爭議以及核心概念，就認爲這便
是如今法理學的核心，且這些要義既然已爲我所知，便能爲我所
用。台灣學者的很多梳理用自己的話再說一遍，甚至很多表述是
對台灣學者之總結的粗糙模仿與挪用，嚴格來說，自己這段時間

的寫作有學術不端的嫌疑，遊走在作弊、抄襲的邊緣。當時的自己肯定不會這樣認為，並且還會洋洋得意，覺得自己一直處在專業上持續進步的快速通道之中，現在想來，真是汗顏。儘管這其間有很多誤解和錯誤，它的確是我個人學術經歷中非常有教益的部分，無論是收穫的部分還是教訓的部分，均是如此。我也因此對台灣學界頗生好感與嚮往之情，自覺不自覺會用感恩和理解的心境面對台灣的動態訊息。

　　能夠以繁體中文版與大家見面，還離不開五南圖書劉靜芬副總編輯的肯定與支持，本書的責任編輯林佳瑩小姐更是付出了大量的時間，幫我把一些長句改短，將一些表達貼心地替換成台灣習慣的用語，錯字錯句的修正更是不在話下。我非常感恩她的付出，讓繁體中文版的譯作得以更可靠更通順的形式面世。這本書的功勞很多都要歸諸五南圖書和她優秀勤勞的編輯們，所有的文責均由我承擔。此外，我還想特別致謝謝世民教授、王鵬翔教授的提攜與幫助，我與他們均沒有直接面對面的接觸，是他們善意的相助，讓本書在台灣的出版有了最初的可能。最後也要感謝我的太太李瑋君，沒有她的包容與支持，這本書大概還要繼續拖延下去。

楊建

2022 年 11 月 30 日一稿

2023 年 11 月 09 日二稿

於綺色佳康乃爾大學哈斯布魯克公寓

家圖書館出版品預行編目(CIP)資料

哈特與《法律的概念》：理解法律的性質／馬
修.克萊默(Matthew Kramer)著；楊建譯.--初
版.--臺北市：五南圖書出版股份有限公司，
2024.1
面；　公分
譯自：H.L.A. Hart.
ISBN 978-626-366-811-9(平裝)

1.CST: 哈特(Hart, H. L. A. (Herbert Lionel
　　　 Adolphus), 1907-1992.)
2.CST: 法律哲學

80.1　　　　　　　　　112019812

1QD6

哈特與《法律的概念》：
理解法律的性質

作　　　者 — 馬修·克萊默（Matthew Kramer）

譯　　　者 — 楊　建（318.4）

發 行 人 — 楊榮川

總 經 理 — 楊士清

總 編 輯 — 楊秀麗

副總編輯 — 劉靜芬

責任編輯 — 林佳瑩

封面設計 — 姚孝慈

出 版 者 — 五南圖書出版股份有限公司

地　　　址：106台北市大安區和平東路二段339號4樓

電　　　話：(02)2705-5066　　傳　　真：(02)2706-6100

網　　　址：https://www.wunan.com.tw

電子郵件：wunan@wunan.com.tw

劃撥帳號：01068953

戶　　　名：五南圖書出版股份有限公司

法律顧問　林勝安律師

出版日期　2024年1月初版一刷

定　　　價　新臺幣420元

本書翻譯自MATTHEW KRAMER, H.L.A. HART
Copyright © MATTHEW KRAMER 2018
This edition is published by arrangement with Polity
Press Ltd., Cambridge
Complex Chinese translation rights © 2024 by Wu-Nan
Book Inc.

經典永恆・名著常在

五十週年的獻禮——經典名著文庫

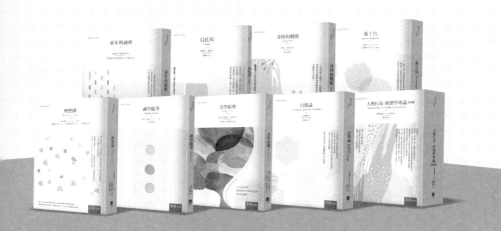

五南,五十年了,半個世紀,人生旅程的一大半,走過來了。
思索著,邁向百年的未來歷程,能為知識界、文化學術界作些什麼?
在速食文化的生態下,有什麼值得讓人雋永品味的?

歷代經典・當今名著,經過時間的洗禮,千錘百鍊,流傳至今,光芒耀人;
不僅使我們能領悟前人的智慧,同時也增深加廣我們思考的深度與視野。
我們決心投入巨資,有計畫的系統梳選,成立「經典名著文庫」,
希望收入古今中外思想性的、充滿睿智與獨見的經典、名著。
這是一項理想性的、永續性的巨大出版工程。
不在意讀者的眾寡,只考慮它的學術價值,力求完整展現先哲思想的軌跡;
為知識界開啟一片智慧之窗,營造一座百花綻放的世界文明公園,
任君遨遊、取菁吸蜜、嘉惠學子!